21世纪应用型本科会计系列规划教材

省级重点学科

省级精品课程教材

省级精品资源共享课程教材

Fundamental of Accounting

2nd edition

U0861870

会计学基础

（第二版）

马春英 姜 昕 主 编

徐丽军 吴留全 副主编

东北财经大学出版社 Dongbei University of Finance & Economics Press | 大连

图书在版编目（CIP）数据

会计学基础 / 马春英，姜昕主编．—2版．—大连：东北财经大学出版社，2018.6

（21世纪应用型本科会计系列规划教材）

ISBN 978-7-5654-3159-3

Ⅰ.会… Ⅱ.①马… ②姜… Ⅲ.会计学-高等学校-教材 Ⅳ.F230

中国版本图书馆CIP数据核字（2018）第097699号

东北财经大学出版社出版

(大连市黑石礁尖山街217号 邮政编码 116025)

网　址：http://www.dufep.cn

读者信箱：dufep@dufe.edu.cn

大连雪莲彩印有限公司印刷　东北财经大学出版社发行

幅面尺寸：170mm×240mm　字数：398千字　印张：19.25

2018年6月第2版　2018年6月第2次印刷

责任编辑：蔡　丽　周　慧　责任校对：慧　心

封面设计：冀贵收　版式设计：钟福建

定价：39.00元

教学支持　售后服务　联系电话：（0411）84710309
版权所有　侵权必究　举报电话：（0411）84710523
如有印装质量问题，请联系营销部：（0411）84710711

第二版前言

会计是经济管理的重要组成部分，经济越发展，会计越重要。随着社会经济的发展，我国的会计理论和会计实务发生了深刻的变化，会计法律在不断地调整和完善中。在这一背景下，根据企业会计准则的要求和会计理论研究的成果，同时根据教学需要和学生特点，编写出一本适于教师教学和学生学习的教材尤为必要。因此，我们在以最新的会计法规为依据的基础上，借鉴了国内外同类教材的先进经验，并在教材的逻辑结构和内容界定等方面试图作一些新的尝试，修订了这本《会计学基础》教材。

本书旨在介绍会计的基本理论、基本知识和基本方法，注重联系现代企业的会计核算实践，比较系统地讲述了会计科目和账户的设置、复式记账、填制和审核凭证、登记账簿、成本计算、财产清查和编制财务报告等会计核算的专门方法，循序渐进，由浅入深，使读者能完整地掌握会计基本工作的全过程，为其学习其他会计专业课程奠定基础。

本书各部分内容难易适度，语言力求通俗易懂，大量的表格和图使内容更加直观化和简单化。另外，教材每章中重要的知识点后设置了例题等，每章正文后设置了“拓展阅读”（二维码的形式），以拓宽视野、启发思维，培养学生对信息的提炼、分析和判断能力。教材每一章后面准备了相应内容的基本训练题，帮助学习者理解和巩固知识，提高学习效率。

本书由马春英、姜昕担任主编，负责全书内容和章节体系的设计。徐丽军、吴留全担任副主编。本书具体分工如下：姜昕负责第 1、3、6、11 章，马春英负责第 2、5、9、12 章，徐丽军负责第 4、7、10 章，吴留全负责第 8 章。

本书是为了满足高等院校会计学专业及其他经济、管理类专业的教学需要而编写的，对有志于会计问题研究的读者也有一定的参考价值。

本书在编写过程中，参考了国内外出版的教材和著作，在此表示感谢。

尽管我们作了很大努力，但由于水平有限，加之时间仓促，书中难免存在不足之处，敬请广大读者批评指正。我们的电子邮箱为：sydxmcy@163.com。

编　者

2018 年 5 月

目　录

第1章　总　论

学习目标

- ◆ 了解会计产生的原因和演进的历史过程。
- ◆ 重点掌握会计对象、会计要素及各要素的关系。
- ◆ 掌握会计的含义、职能与目标。
- ◆ 掌握会计方法体系与会计核算程序。

1.1　会计的产生与发展

1.1.1　会计产生的原因

会计作为一种经济管理活动，与社会生产的发展有着不可分割的关系，它是为了满足人们对生产活动进行管理的客观需要而产生的。

生产活动是人类社会得以存在和发展的基础。人们在生产活动中，一方面要创造物质财富，取得一定的劳动成果；另一方面要投入和耗费一定的财产物资及劳动，发生一定的劳动耗费。不论在何种社会状态下，人们在进行生产活动时总要力求以最少的劳动耗费来取得最大的劳动成果。为此，人们在社会生产活动中必须加强经营管理，对劳动耗费和劳动成果进行记录和计算、分析和比较，借以控制生产活动，节约劳动耗费，提高经济效益。会计就是在这种需要的基础上产生并发展成为一种以对生产经营活动进行核算与监督为基本职能、以进行价值管理为主要特征的经济管理活动。

1.1.2　会计发展的历史阶段

会计经历了漫长的发展过程，从世界范围来考查，可以划分为以下四个阶段：

1. 会计的萌芽阶段

从旧石器时代中晚期到奴隶制时代，这一期间在会计史上被称为会计的萌芽阶段，或被称为原始计量、记录时代。中国、巴比伦、埃及等古老国度的会计都曾经历了这样一个萌芽阶段。

根据考古发现，人类最早的会计思想与会计行为起源于旧石器时代的中晚期。当时的社会生产力有了很大的发展，出现了剩余产品，社会的再生产活动日益复杂。于是，人们开始借助于一定的方式和方法，对劳动成果和劳动耗费进行计量、记录。我国在文字产生之前，这种计量、记录的方法是极简单的，如结绳记事，在树木、石头或龟甲兽骨上刻符号记录等。外国也有一些类似的方法，如巴比伦的泥板、埃及的刻石等。

在会计的萌芽阶段，所谓的会计还不是一项独立的工作，而只是生产职能的附带部分，是在生产时间之外，附带地把劳动成果、劳动耗费等事项记载下来。这种计量、记录行为是一种综合性质的行为，它不仅与会计有关，而且与数学、统计学以及其他学科有关。会计正是在这种综合的原始计量、记录行为的基础上，逐渐发展分化出来的。

2. 古代会计发展阶段

从奴隶制时代到封建制时代末期，这一期间在会计史上被称为古代会计发展阶段。在这一阶段，中国一直走在世界会计发展的前列，为会计的发展作出了重要贡献。

在我国西周时代，会计的发展就已取得了相当大的成就。《周礼》中曾经提到："会计，以参互考日成，以月要考月成，以岁会考岁成"。其中，"日成""月要""岁会"均属报告文书，它们已初步具备现代会计报表的作用。从春秋战国至秦代，这段时间出现了"籍书"（或称"簿书"），"入""出"作为记账符号来反映经济出入事项。到了西汉时代，"籍书"或"簿书"的应用又取得了显著的进展，这时的会计记录与统计记录有所区别，属于统计范畴的内容开始从会计中分离出去，记录会计事项的为"簿"，记录统计事项的为"籍"。唐宋两代，我国的会计方法有了新的发展。当时的会计账簿和会计报表的设置日益完备，记账的规则也有了比较一致的做法，特别重要的是创建和运用了"四柱结算法"。所谓"四柱"，就是旧管（期初余额）、新收（本期收入）、开除（本期支出）、实在（期末结存）。"四柱"之间的关系可以表示为：旧管+新收-开除=实在。这是我国会计方法的重大发展。到了明末清初，为了适应商品货币经济迅速发展的需要，人们在"四柱结算法"的基础上，创造了一种称为"龙门账"的会计核算方法，后来又在"龙门账"的基础上，进一步发明了"四脚账"。这些发明创造都为"复式记账"原理作出了重大贡献。由此可见，从"日成""月要""岁会"的出现到"籍书""簿书"的应用，从"四柱结算法"的创建到"龙门账""四脚账"的发明，我国的会计方法从简单到复杂，从不系统到系统，从不完善到逐渐完善，会计文化已成为文明古国辉煌文化中的一部分。

在古代会计发展阶段，会计实现了两个转变：第一个转变是会计逐渐从生产职能中分离出来，成为特殊的、专门委托的当事人的独立的职能。特别是官厅会计，其在古代会计发展中占主导地位。第二个转变是会计从原始、简单的计量与记录方法转变为较先进、较科学的计量与记录方法。其中，单式簿记方法体系的形成和运用，是这一阶段会计方法最显著的特点。

3. 近代会计发展阶段

从 15 世纪借贷复式簿记的确立到 20 世纪 50 年代管理会计的诞生，这一期间在会计史上被称为近代会计发展阶段。在这一阶段，欧洲成为世界会计发展的中心。

复式簿记产生于意大利。当时的意大利是欧洲的经济中心，意大利的威尼斯、热那亚等城市，经济十分发达，是商业贸易的集散地，资本借贷业务已经兴起，资本主义生产关系已经开始萌芽。在这种情况下，传统的单式簿记方法已不能满足核算资本借贷这类经济业务的需要，于是借贷复式簿记便产生了。1494 年，意大利数学家卢卡·帕乔利出版了他的著作《算术、几何、比及比例概要》，这本著作在对“威尼斯式簿记”“热那亚式簿记”等民间流传的借贷复式簿记进行总结的基础上，阐述了借贷复式簿记原理。这一具有划时代意义的文献把会计推入了近代会计发展阶段。正是通过卢卡·帕乔利的著作及其后来的一系列研究成果，才使得借贷复式簿记传播到欧洲各国，乃至世界各地。卢卡·帕乔利的著作问世以后，从 15 世纪至 18 世纪的大约 300 年间，会计再没有发生什么重大变化。而进入 19 世纪以后，随着产业革命的进行，会计又得到了迅速发展。

在近代会计发展阶段，会计发生了三大变化：一是实现了由单式簿记向复式簿记的转变，卢卡·帕乔利关于复式簿记的著作的问世，是会计发展史上公认的第一个里程碑；二是注册会计师职业的出现，英国于 1853 年在苏格兰的爱丁堡成立的世界上第一个注册会计师专业团体，即爱丁堡会计师协会，被誉为会计发展史上的第二个里程碑；三是企业成为会计服务的主要对象，企业会计逐渐发展起来，官厅会计退出主导地位。

4. 现代会计发展阶段

20 世纪 50 年代，在新技术革命的推动下，生产社会化程度不断提高，经济生活日渐复杂，市场竞争越发激烈，为了适应现代市场经济发展变化的要求，近代会计便开始朝着现代会计的发展方向转变。

管理会计的出现和计算机在会计上的应用，是近代会计发展成为现代会计的重要标志。第二次世界大战以后，随着经济的发展和科技的进步，科学管理对企业的重要作用越来越明显。如何利用会计提供的信息为企业内部管理服务，使会计成为分析经营活动现状、考核经营活动成果、预测经济活动前景、提供经营决策依据的现代管理方法，就成为会计实践和理论研究的重要课题。人们在实践的基础上，运用现代管理科学理论，逐步总结并形成了管理会计体系，并于 1952 年在世界会计师联合会上正式通过了“管理会计”这个专门术语。管理会计的产生结束了几千年来会计基本上处于事后反映经济活动的被动局面，使会计迈向了主动控制生产过程的新阶段，成为会计发展史上的第三个里程碑。现在，管理会计与财务会计被公认为会计的两大分支。会计电算化的出现，也是会计发展史上的一个具有划时代意义的重大事件。随着电子计算机的应用与普及，会计逐步由手写发展成为利用电子数据处理系统处理，会计电算化促进了会计信息传递速度的提高与使用范围的扩大，使会计信息的作用更加重要，为会计职能的充分发挥创造了有利的条件，使沿用了数千年的手工会计方法发生了重大变革。可以说，会计电算化的出现是会计发展史上的第四个里程碑。

在现代会计发展阶段，无论是会计的理论体系，还是会计的技术方法，都发生了深刻的变化，会计学已成为一门真正的科学，会计工作也已成为经济管理的重要组成部分。进入21世纪，会计的发展又面临着新的历史机遇与挑战。知识经济的到来，尤其是现代信息技术的发展，将使会计受到一次全面而深刻的洗礼。可以预见，世界会计界通过改革创新，把握机遇，迎接挑战，必将会把现代会计推进到一个崭新的历史时期。

1.1.3 会计的产生和发展过程说明的问题

从会计的产生和发展过程可以看到：会计是应管理生产的客观需要而产生的，它一开始就以经济管理的形式出现，原始的计量、记录行为就是最初的管理形式，这种管理属于生产职能的附带部分。随着生产的发展，会计成为了一种独立的职能，成为经济管理的重要组成部分。长期以来，人们往往认为会计就是记账、算账，把会计单纯地看作是一种提供数据资料的管理工具，这种片面的认识是不符合历史和现实的。记账、算账是会计的基础和核心，但它只是会计职能的一部分，即核算职能。会计还要在核算的基础上实行监督职能，包括参与决策、事中控制、分析效果、考核业绩等。马克思所说的“过程的控制和观念总结”是对会计最精辟的概括。

会计产生和发展的历史告诉我们：会计对劳动成果和劳动消耗进行核算与监督，其目的在于：以尽可能少的劳动消耗取得尽可能多的劳动成果。会计管理与人们讲求经济效益的社会实践活动密切相关，它是提高经济效益的重要手段；人们讲求经济效益的迫切程度，制约着会计的产生和发展，决定了会计工作的地位。正是由于人们讲求经济效益的实际需要，会计才从简单的计量、记录发展到提供复杂的经济信息，从事后的核算与监督发展到同时进行事前的预测分析和参与决策，从为基层单位服务发展到为整个国家的宏观经济管理服务。

在会计的发展过程中，我们还可以看到：会计是随着社会生产的发展逐渐完善的，特别是商品货币经济的出现，更促进了会计的进步。在货币产生以前，会计主要是以实物量为计量单位；随着商品货币经济的发展，货币则成为会计的主要计量单位。马克思曾经说过：“我们在计算时，在记账时，每时每刻都把商品转化为价值符号，抛开商品原材料和它们所具有的一切自然属性，只把它们当作交换价值登记下来。”马克思在这里描绘的，已经是商品货币经济条件下的会计了。会计以货币为主要计量单位，进行价值管理，对经济活动过程的核算和监督具有综合性、连续性和系统性。这是会计管理区别于其他管理的重点标志。

1.2 会计的含义、职能与目标

1.2.1 会计的含义

会计的含义，也即会计的本质。对于这个问题，从会计产生到现在，古今中外一直没有一个明确、统一的说法。由于会计所处的社会环境不同，人们认识会计的角度不同，因此不同的时空有不同的主流观点，不同的学者也有不同的看法。下面介绍几种主要流派：

1. 会计管理工具论

“管理工具论”将会计的本质归纳为管理经济活动的一种工具或提供财务信息的一种方法。20世纪五六十年代，这种观点在苏联和我国较为流行，曾一度占据主导地位，较有代表性的观点包括：

苏联会计学专家马卡洛夫在其所著的《会计核算原理》(1954) 一书中写道：会计核算是在完成国民经济计划的各个部门中反映和监督经济活动的方法。在社会主义经济中，会计核算是对国民经济统一体系的各个环节进行监督和领导的最重要的工具。

原上海财经学院会计核算原理教研组编写的《会计核算原理》(1958) 认为：会计核算是经济核算的一种，是反映经济过程中各个经济事实或经济现象的一种工具。

原厦门大学财务会计教研室编写的《会计学原理》(1962) 认为：会计是用来反映和监督经济过程，进行观察、计量、登记和分析的方法。

原高等财经院校会计教材编写组编写的《会计原理》(1963) 认为：会计是反映和监督生产过程的一种方法，是经济管理的一个工具。

“管理工具论”片面强调会计只是一种管理的工具、方法，降低了会计在经济活动中的地位、职能和作用。在这种理论的指导下，会计工作长期处于记账、算账、报账等循环的阶段，阻碍了会计作用的发挥。

2. 会计管理活动论

“管理活动论”把会计的本质定义为一种经济管理活动。这一观点继承了会计“管理工具论”的合理部分，吸收了最新管理科学的思想，认为会计不单单是一种工具、一种方法，更是一项管理工作，是一种管理活动。

视会计为管理活动的思想在西方管理理论学派中产生较早，举例如下：

“古典管理理论”学派的代表人物法约尔，把会计活动列为经营的六种职能活动之一。

美国人卢瑟·古利克，把会计管理列为管理的功能之一。

20世纪50年代后期出现的“管理经济会计学派”，认为进行经济分析和建立管理会计制度就是管理。

在我国，杨纪琬、阎达五教授最早提倡“管理活动论”，他们在1980年中国会计学会成立大会上，作了题为《开展我国会计理论研究的几点意见——兼论会计学的科学属性》的报告，报告指出：“无论从理论上还是从实践上看，会计不仅仅是管理经济的工具，它本身就具有管理的职能，是人们从事管理的一种活动。”此后，杨纪琬、阎达五教授及其他许多学者对会计的本质进行了深入探讨，逐渐形成了较为系统的“管理活动论”的理论体系。

3. 会计信息系统论

“信息系统论”把会计的本质理解为一个经济信息系统。这种思想最早起源于美国。从 20 世纪 50 年代开始，随着信息论、系统论和控制论的发展，美国会计理论界和会计职业界越来越倾向于将会计的本质定义为会计信息系统。较有代表性的观点包括：

美国会计学家 A.C. 利特尔顿在 1953 年编写的《会计理论结构》一书中指出：会计是一种特殊门类的信息服务，会计的显著目的在于对一个企业的经济活动提供某种有意义的信息。

1966 年美国会计学会发表的《会计基本理论说明书》指出：会计是一个信息系统。

“信息系统论”在我国改革开放初期就被有些会计学者推崇和传播，其中较有代表性的人物和观点如：

余绪缨教授是我国较早接受会计信息系统论的会计学家。他在 1980 年发表的《要从发展的观点看会计学的科学属性》一文中首先提出了这一观点，提出“应把会计看作是一个信息系统，会计主要通过客观而科学的信息，为管理提供咨询服务”。

葛家澍教授是会计信息系统学派较有影响的会计学家。他在 1980 年出版的《会计学导论》一书中明确提出：会计是旨在提高经济效益、加强经营管理和经济管理，而在每个企业、事业、机关等单位范围内建立的一个以提供财务信息为主的经济信息系统。

会计信息系统思想在我国会计界的影响相当大，这种观点拥有比较多的支持者，许多学者以这种理论为指导，对会计的本质进行了比较深入和全面的讨论，不断完善和发展了会计信息系统论。

关于会计的含义，除以上几种观点外，还有一些其他观点，这种多种观点并存的现状是多角度认识会计的必然结果。从经济管理的手段上来看，会计就是一种方法，是一种工具；从经济管理的功能上分析，会计就是一项管理活动，是经济管理的组成部分；将经济管理作为一个系统研究，会计就是一个子系统，是一个信息系统。总之，站在不同的方位来观察同一对象，就会得出不同的结论。本书以“管理活动论”为基础，对会计的含义作如下表述：会计是以货币为主要计量单位，通过收集、加工和利用经济信息，对企业、事业、机关等单位的经济活动进行核算和监督，促使人们讲求经济效益的一项经济管理活动。

1.2.2 会计的职能

会计的职能是指会计在经济管理活动中所具有的功能或能够发挥的作用。会计的职能有很多，其中核算与监督是最基本的两个职能。

1. 会计核算职能

会计核算职能也称会计反映职能，是通过价值量对经济活动进行确认、计量、记录和报告。会计核算职能是会计的首要职能，也是全部会计管理工作的基础。任何企业、事业、机关等单位要进行经济活动，都需要对经济活动进行记录、计算、分类、汇总，然后通过会计核算将经济活动的内容转换成会计信息。会计核算职能具有以下几个特点：

首先，会计核算以货币为主要计量单位，从价值量上反映各单位的经济活动状况。虽然从数量上反映经济活动可以采用三种量度，即货币量度、实物量度、劳动量度，但是在商品经济条件下，会计核算是以货币为主要量度，通过价值量来综合反映经济活动的过程和结果的。

其次，会计核算具有连续性、系统性和全面性。会计核算的连续性是指对会计对象的确认、计量、记录和报告要连续进行，不能有任何中断；会计核算的系统性是指采用科学的方法对会计信息进行收集、加工和处理，形成一个有序的具有内在联系的会计数据资料，从而揭示出客观经济活动的规律性；会计核算的全面性是指对所有的会计对象都要进行确认、计量、记录和报告，不能有任何遗漏。

最后，会计核算要对各单位经济活动的全过程进行反映，包括事后、事中和事前核算。会计对已经发生的经济活动进行事后核算，反映经济活动的现实状况及历史状况，这是现阶段会计核算的重心和基础。随着市场经济的发展，企业竞争日趋激烈，经济活动日益复杂，经营管理需要加强预见性，这就要求会计要在事后、事中核算的基础上进一步发展到事前核算，提供反映未来经济活动的信息，这样才能更好地发挥会计的职能作用。

2. 会计监督职能

会计监督职能也称会计控制职能，就是按照经济管理的目标和要求，利用会计核算所提供的信息，通过预测、决策、控制、分析、考评等具体方法，对单位的经济活动进行控制，促使达到预期的目的。会计监督职能具有以下特点：

第一，会计监督主要是利用价值指标来控制经济活动。通过会计核算可以形成一系列综合反映经济活动的过程及结果的价值指标，会计监督就是依据这些价值指标，进行检查、分析和考核，进而控制有关经济活动。由于企业、事业、机关等单位的经济活动中都伴随着价值运动，表现为价值量的增减和价值形态的转化，因此，通过价值指标进行监督，可以全面、及时、有效地控制经济活动的各个环节，它是一种更为有效的监督。

第二，会计监督是对经济活动的全过程进行监督，包括事后、事中和事前监督。事后监督是对已经发生的经济活动进行的监督，如评价经营成果、考核经营业绩、总结经验教训；事中监督是对正在发生的经济活动进行的监督，如纠正经济活动进程中的偏差及失误，使其按照预定的目标运行；事前监督是在经济活动开始前进行的监督，如审查未来经济活动的可行性、合理性、合法性和有效性，预测和控制今后经济活动的发展趋势。

3. 会计核算职能与会计监督职能的关系

会计核算职能与会计监督职能是相辅相成的。一方面，核算职能是监督职能的基础，没有会计核算提供连续、系统、全面的会计资料，会计监督就没有客观的依据，也就无法进行；另一方面，监督职能又是核算职能的保证，没有会计监督提供有力的保障，会计核算就无法提供真实、可靠的会计信息，也就失去了存在的意义。总之，会计核算职能与会计监督职能紧密结合，缺一不可。只有二者相互配合，才能充分发挥会计管理的能动作用。

1.2.3 会计的目标

会计的目标是指会计工作所要达到的目的和要求，包括总目标和具体目标。会计的目标是会计理论研究中的一个重要课题，对会计实际工作具有重大意义。

1. 会计的总目标

由于会计是整个经济管理的重要组成部分，因此会计的目标与经济管理的目标具有一致性。在市场经济条件下，企业是以营利为目的的经济组织，经济管理的总目标就是提高企业的经济效益。经济效益是投入与产出相比较的结果，投入是在社会生产经营过程中消耗的价值量，产出是经过生产经营活动收回的价值量。因此，已经消耗的价值量与收回的价值量之比，就是经济效益。所谓提高经济效益，就是在投入价值量一定的情况下，尽量争取收回更多的价值量，或者是在收回价值量一定的情况下，尽量减少消耗的价值量。

会计管理活动的特点是价值管理，投入的价值量、收回的价值量以及增值的衡量都是会计核算和监督的重要内容，会计管理就是对价值运动的管理。所以，作为经济管理重要组成部分的会计管理工作，也应该以提高经济效益作为总目标。

2. 会计核算的具体目标

在将提高经济效益作为会计总目标的前提下，我们还需要研究会计核算的具体目标，即会计核算要达到什么目的。我国 2006 年颁布的《企业会计准则——基本准则》规定：企业应当编制财务会计报告。财务会计报告的目标是向财务会计报告使用者提供与企业财务状况、经营成果和现金流量等有关的会计信息，反映企业管理层受托责任履行情况，有助于财务会计报告使用者作出经济决策。可见，按照财务会计报告使用者的不同，会计核算的具体目标可以划分为三个层次：

第一层次是满足国家宏观调控的需要。在我国社会主义市场经济条件下，国家作为社会生活的组织者和管理者，具有宏观调控国民经济的职能。为此，国家必须掌握足够的、能够据以制定宏观调控政策的经济信息，其中基层单位提供的会计核算资料是重要的依据之一。强调会计要满足国家宏观调控的需要，是我国会计目标的一个重要特点。

第二层次是满足企业外部有关方面作决策的需要。企业是一个独立的利益实体，它在从事生产经营活动的过程中，必然与外界发生各种经济关系，从而形成存在于企业外部并与企业有经济利益关系的集团、单位和个人中，如企业的投资者、债权人、供应商等，他们出于对各自利益的考虑，都关注企业的经营状况，都需要根据企业的会计核算资料来作出相关决策。

第三层次是满足企业自身经营管理的需要。企业的管理层、企业的职工代表大会与工会、企业的各职能部门、企业的职工等，都离不开会计核算所提供的资料。企业需要利用会计资料进行经营决策、理财决策，利用会计资料加强内部各部门、各环节的管理与控制，利用会计资料维护广大职工的利益。

需要说明的是，会计按其核算和监督范围的不同，可以分为宏观会计与微观会计；微观会计按其服务主体经营性质的不同，又可分为营利组织会计和非营利组织会计；营利组织会计按其提供信息作用范围的不同，又可进一步分为财务会计（也称对外报告会计）与管理会计（也称对内报告会计）。本书主要以营利组织的财务会计为原型进行抽象概括，阐述会计的一般原理和方法，读者在使用本书时应该注意到这一情况。

1.3 会计对象与会计要素

1.3.1 会计对象

会计对象是指会计所要核算和监督的内容。明确会计对象对于理解会计的本质和职能、建立会计方法具有十分重要的意义。马克思说：“过程越是按社会的规模进行，越是失去纯粹个人的性质，作为对过程的控制和观念总结的簿记就越是必要……”这里，马克思所说的“过程”是指社会物质资料的再生产过程。物质资料的再生产过程具体包括四个环节，即生产、分配、交换和消费。在这四个环节中，会发生多种多样的经济活动，会计并不能核算和监督再生产过程中经济活动的所有方面，而只能核算和监督能用货币表现的那些内容。所以，会计对象就是社会再生产过程中的资金运动。这是对会计对象的最一般的概括。

会计工作是在一个企业或行政、事业单位里进行的。由于企业是以获利为目的的经济组织，而行政、事业单位是非营利组织，因此它们所从事的经济活动的具体内容不同，会计核算和监督的内容不同，会计的具体对象也就不同。本节仅以企业为原型来说明会计对象。

任何一个企业要从事经济活动，必须具备一定的物质基础，如货币资金、材料物资、厂房、建筑物、机器设备等。这些物质基础虽然具有不同的形态，但它们均能够用货币来计量。当各种财产物资用货币来计量其价值时，我们就可以得到一个会计概念，即资金。资金是社会再生产过程中各项财产物资的货币表现以及货币本身。可见，拥有一定数量的资金是企业进行生产经营活动的前提。

企业所拥有的资金总是有一定来源渠道的，包括所有者投入的资金和债权人投入的资金。所有者通常以货币、机器设备、厂房、建筑物、原材料等资产的形式对企业进行投资。所有者对企业投资后，要求参与企业的经营管理，并按投资比例获取一定的报酬。债权人通常以借款、应付款的形式对企业进行投资。债权人对企业投资后，要求企业按期偿还本金，并按照规定的利息率支付利息。所有者和债权人投资的共同特点是各种形式的投资均能够用货币表现。

企业所拥有的资金不是闲置不用的，其目的是要进行生产经营活动，为满足社会需求提供商品和劳务。在市场经济条件下，提供商品和劳务必然会获得一定量的经济利益流入。会计上将能够用货币表现的经济利益流入称为收入，如主营业务收入、其他业务收入等。企业为取得一定数量的收入，必须发生一定的垫支，如为取得主营业务收入而发生的生产工人的工资费用，设备、房屋发生的损耗，原材料的耗费等。会计上将能够用货币表现的资金流出或耗费称为费用。因此，这些资金流入、流出也都能够用货币表现出来。

经营活动中取得的劳动成果和发生的劳动耗费分别为收入和费用，收入大于费用的差额即为利润，收入小于费用的差额即为亏损。如果实现利润，所有者将要求分享利润中的一部分，即利润分配；如果发生亏损，所有者应承担亏损造成的损失，并采用一定的方式进行弥补，以保证经营活动在原有的规模上进行，即亏损弥补。这里所说的利润及利润分配、亏损及亏损弥补也能够用货币表现。

综上所述，企业的资金运动可以从静态和动态两个方面来考察。资金运动的静态表现是指资产、负债和所有者权益三个要素在特定时点下的表现形式，这种形式体现为企业资产的分布和存在状态，以及资产的取得和来源，表现为资产、负债和所有者权益要素。资金运动的动态表现是指收入、费用和利润三个要素在某一时期显著变化的过程，这个过程体现为资金的投入、退回，以及资金的耗费和收回，收回的资金弥补耗费的资金后为企业经营活动的成果。各类要素都具备一个共同的特征，即能用货币表现。而会计的主要功能是从价值量上核算和监督企业的经济活动。因此，具体地说，会计对象是基层单位组织以货币表现的经济活动。

1.3.2 会计要素

会计要素是会计对象的具体表现，即对会计对象的具体分类。在通常情况下，它是指会计报表的要素，是构建会计报表的基本指标。如前所述，会计要素包括资产、负债、所有者权益、收入、费用和利润，它们被称为六大会计要素。其中，前三个要素构成了资产负债表的基本指标，反映企业某一特定日期的财务状况；后三个要素构成了利润表的基本指标，反映企业某一时期的经营成果。整个会计工作都是围绕着对会计要素的核算和监督来展开的。因此，明确各会计要素的内涵和特点意义十分重大。

1. 资产、负债与所有者权益

（1）资产

资产是指企业过去的交易或者事项形成的、由企业拥有或者控制的、预期会给企业带来经济利益的资源。企业的资产按其流动性的不同，可分为流动资产和非流动资产。流动资产是指可以在 1 年或者超过 1 年的一个营业周期内变现或耗用的资产，主要包括货币资金、交易性金融资产、应收票据及应收账款、预付款项、存货等。非流动资产是指除流动资产以外的资产，主要包括长期投资、固定资产、无形资产等。长期投资是指除交易性金融资产以外的投资，包括持有时间准备超过 1 年

（不含1年）的各种股权性质的投资、不能变现或不准备随时变现的债券、其他债权投资和其他长期投资。固定资产是指同时具有下列特征的有形资产：一是为生产商品、提供劳务、出租或经营管理而持有的；二是使用寿命超过一个会计年度。房屋、建筑物、机器设备、运输设备、工具器具等都属于固定资产。无形资产是指企业拥有或者控制的没有实物形态的可辨认的非货币性资产，如专利权、非专利技术、商标权、著作权、土地使用权和特许权等。

资产虽然具有不同的形态，但它们均具有以下特点：第一，为企业所拥有和控制。不是企业拥有或控制的资源，不能列作企业的资产。第二，由企业过去的交易或者事项形成。只有过去的交易或者事项才能形成资产，企业预期在未来发生的交易或者事项不能形成资产。第三，能够给企业带来未来的经济利益。这是资产最本质的特点，说明了资产对企业未来经济活动的作用和拥有它的目的。因此，凡不能为企业带来未来的经济利益的资产都应在资产总值中剔除。

（2）负债

负债是指企业过去的交易或者事项形成的，预期会导致经济利益流出企业的现时义务。企业的负债按其流动性的不同，可分为流动负债和非流动负债。流动负债是指将在1年或者超过1年的一个营业周期内偿还的债务，包括短期借款、应付票据及应付账款、应付职工薪酬、应交税费和其他应付款等。非流动负债是指除流动负债以外的负债，包括长期借款、应付债券和长期应付款等。

负债的特点表现为：第一，它是企业承担的现时义务，是实实在在需要偿还的义务，潜在的义务不能确认为负债。第二，履行偿还义务的责任会导致经济利益流出企业。第三，它是由企业过去的交易或者事项形成的。

（3）所有者权益

所有者权益是指企业资产扣除负债后，由所有者享有的剩余权益。所有者权益按其来源的不同，可分为所有者投入的资本、直接计入所有者权益的利得和损失、留存收益等。所有者权益通常由实收资本、资本公积、盈余公积和未分配利润等构成。

所有者权益的特点表现为：第一，所有者权益体现了投资者对企业净资产的占有权，所有者权益的大小由资产与负债两个要素的大小共同决定。第二，所有者权益是永久性权益，不像负债那样需要在约定的日期偿还。第三，对企业净资产的占有权具有风险性和不确定性。

以上三个会计要素反映了企业在某一特定日期的财务状况，资产是企业拥有或控制的经济资源，负债（债权人权益）和所有者权益分别体现了债权人和所有者对企业资产的要求权。资产与负债、所有者权益是相互依存的，有一定数额的资产，必然有相应数额的负债、所有者权益；反之亦然。所以在数量上，任何一个企业的所有资产必定等于负债和所有者权益的总额。因此，资产、负债、所有者权益之间的数量关系是：

资产=负债+所有者权益

2. 收入、费用与利润

（1）收入

收入是指企业在日常活动中形成的、会导致所有者权益增加的、与所有者投入资本无关的经济利益的总流入。收入可以有不同的分类。按企业经营业务的主次，收入可以分为主营业务收入和其他业务收入。按性质的不同，收入可以分为销售商品收入、提供劳务收入和让渡资产使用权等取得的收入。

收入的特点表现为：第一，收入从企业的日常活动中产生，而不是从偶发的交易或事项中产生。偶然活动产生的经济利益流入只能形成利得，不是这里所讲的收入。第二，收入会导致所有者权益的增加。第三，收入是与所有者投入资本无关的经济利益的总流入。

（2）费用

费用是指企业在日常活动中发生的、会导致所有者权益减少的、与向所有者分配利润无关的经济利益的总流出。费用与收入相对应，它是企业为取得收入而付出的代价。费用的表现形式很多，但其本质是资产的转化形式，是企业资产的耗费。

费用的特点表现为：第一，费用是企业在日常活动中发生的经济利益的流出，而不是从偶发的交易或事项中发生的经济利益的流出。第二，费用将引起所有者权益的减少。第三，费用是与向所有者分配利润无关的经济利益的总流出。

（3）利润

利润是指企业在一定会计期间的经营成果，包括营业利润、利润总额和净利润。

营业利润为营业收入减去营业成本、税金及附加、销售费用、管理费用、财务费用、资产减值损失等，加上公允价值变动收益、投资收益、资产处置收益和其他收益等后的金额。利润总额为营业利润加上营业外收入，减去营业外支出后的金额。其中，营业外收入是指企业发生的与日常活动无直接关系的各项利得，如固定资产盘盈利得、捐赠利得等。营业外支出是指企业发生的与日常活动无直接关系的各项损失，如固定资产盘亏损失、无形资产出售损失、公益性捐赠支出、非常损失等。净利润为利润总额减去所得税费用后的金额。

以上三个要素反映了企业一定会计期间的经营成果。企业经营的目标就是从生产经营活动中获取收入，实现盈利。企业在取得收入的同时，也必然要发生相应的费用。将一定会计期间内实现的收入与发生的费用进行比较，就可以确定该会计期间企业的经营成果。当收入大于费用时，表明企业实现了利润；当收入小于费用时，则意味着企业发生了亏损。因此，收入、费用、利润之间的数量关系是：

利润=收入-费用

以上我们对资产、负债、所有者权益、收入、费用、利润六个会计要素作了简要介绍。上述六个会计要素之间也存在密切的关系，收入减去费用后的结果是利润，利润可以增加所有者权益和资产或减少负债；如果收入减去费用后的结果是亏损，则可以减少所有者权益及资产或增加负债。因此，会计六要素之间的关系也可以表示为：

资产=负债+所有者权益+（收入-费用）

3. 会计等式及其恒等性

会计等式是表明各会计要素之间数量关系的公式。“资产=负债+所有者权益”这一等式表明了资产、负债和所有者权益三个要素之间的关系，“收入-费用=利润”这一等式表明了收入、费用和利润三个要素之间的关系，“资产=负债+所有者权益+（收入-费用）”这一等式表明了会计六要素之间的关系。在这些会计等式中，“资产=负债+所有者权益”是最基本的会计等式。

企业经济业务的发生，只是表现在数量上影响企业资产总额与负债及所有者权益总额的同时增减变化，并不会破坏这一基本的恒等关系。这里所说的经济业务是指企业在生产经营过程中发生的、能够引起会计要素增减变化的事项，也叫会计事项。经济业务分为外部经济业务和内部经济业务两类。外部经济业务是指企业在对外经济往来中产生的业务，如从供货方购货、向购货方销货、向银行借款、向投资者融资等。内部经济业务是指发生在会计主体内部的经济业务，如企业生产车间生产产品领用材料、企业向职工发放工资、企业计提固定资产折旧等。企业发生的经济业务虽然千差万别，纷繁复杂，但从对会计等式的影响来看，可以分为以下四种类型：

①经济业务的发生引起会计等式的左右两方等额增加，即资产增加，负债和所有者权益也增加，会计平衡公式保持平衡。

②经济业务的发生引起会计等式的左右两方等额减少，即资产减少，负债和所有者权益也减少，会计平衡公式保持平衡。

③经济业务的发生引起会计等式的左方内各项目之间发生增减变化，增减金额相等，即一个资产项目增加，另一个资产项目减少，会计平衡公式保持平衡。

④经济业务的发生引起会计等式的右方内各项目之间发生增减变化，增减金额相等，即负债项目之间，所有者权益项目之间或者负债项目与所有者权益项目之间此增彼减，会计平衡公式保持平衡。

由于上述四种类型经济业务的发生，“资产=负债+所有者权益”这一会计等式不会被破坏，因此我们又称其为会计恒等式。

现举例说明如下：

【例 1-1】某企业 2017 年 12 月 31 日拥有全部资产 2 000 万元。它们的分布状态为：库存现金 0.1 万元，银行存款 289.9 万元，应收账款 270 万元，存货 740 万元，固定资产 700 万元。它们的来源渠道为：投资者投入的资本 1 200 万元，向银行借入的长期借款 500 万元，应付账款 300 万元。可用表 1-1 反映资产、负债、所有者权益的平衡关系。

在例 1-1 中，该企业在 2017 年 12 月 31 日，资产（2 000 万元）=负债（800 万元）+所有者权益（1 200 万元），反映了一个时点上企业的会计要素之间的平衡关系，它是一种静态的关系。

表 1-1 **资产负债表（简表）** 单位：万元

资 产	金 额	负债及所有者权益	金 额
货币资金	290	应付账款	300
应收账款	270	长期借款	500
存 货	740	实收资本	1 200
固定资产	700		
合 计	2 000	合 计	2 000

【例 1-2】承例 1-1，2018 年 1 月 10 日，国家向该企业追加投资 100 万元，当即存入银行。

这是一笔使该企业资产和所有者权益有关项目的金额同时增加的业务。它使该企业的银行存款增加了 100 万元，并且国家对这 100 万元银行存款拥有要求权，即所有者权益（实收资本）增加了 100 万元。这项经济业务对上述会计等式的影响为：

资产（2 000 万元）+银行存款增加额（100 万元）

=（负债+所有者权益）（2 000 万元）+实收资本增加额（100 万元）

资产（2 100 万元）=（负债+所有者权益）（2 100 万元）

可见，该企业的会计等式两方都增加了 100 万元，恒等式没有被破坏。

【例 1-3】承例 1-2，2018 年 1 月 12 日，该企业以银行存款支付上年未还的应付账款 150 万元。

这是一笔使该企业资产和负债有关项目的金额同时减少的业务。它使该企业的银行存款减少了 150 万元，并且使该企业的应付账款减少了 150 万元。这项经济业务对上述会计等式的影响为：

资产（2 100 万元）-银行存款减少额（150 万元）

=（负债+所有者权益）（2 100 万元）-应付账款减少额（150 万元）

资产（1 950 万元）=（负债+所有者权益）（1 950 万元）

可见，该企业的会计等式两方都减少了 150 万元，恒等式没有被破坏。

【例 1-4】承例 1-3，2018 年 1 月 15 日，该企业从银行提取现金 1 万元，以备日常开支使用。

这是一笔使该企业资产有关项目的金额发生增减变动，不涉及负债和所有者权益项目变动的业务。它使该企业的银行存款减少了 1 万元，并且使该企业的库存现金增加了 1 万元。这项经济业务对上述会计等式的影响为：

资产（1 950 万元）-银行存款减少额（1 万元）+库存现金增加额（1 万元）

=（负债+所有者权益）（1 950 万元）

资产（1 950 万元）=（负债+所有者权益）（1 950 万元）

可见，该企业的资产项目此增彼减的金额相等，对于资产项目总额没有产生影响，恒等式没有被破坏。

【例 1-5】承例 1-4，2018 年 1 月 20 日，该企业应付大华公司的账款为 50 万元，经双方协商同意，转作大华公司对该企业的投资。

这是一笔使该企业所有者权益有关项目的金额增加，负债有关项目的金额减少，但不涉及资产项目变动的业务。它使该企业的应付账款项目减少 50 万元，并且使该企业的实收资本项目增加了 50 万元。这项经济业务对上述会计等式的影响为：

资产（1 950 万元）

=（负债+所有者权益）（1 950 万元）-应付账款减少额（50 万元）+实收资本增加额（50 万元）

资产（1 950 万元）=（负债+所有者权益）（1 950 万元）

可见，该企业的负债项目减少了 50 万元，所有者权益项目增加了 50 万元，对恒等式右方的总额没有产生影响，恒等式没有被破坏。

依据上述经济业务，变化后的资产负债表见表 1-2。

表 1-2　**资产负债表（简表）**　单位：万元

资　产	金　额	负债和所有者权益	金　额
货币资金	（0.1+1）+（289.9+100-150-1）=240	应付账款	300-150-50=100
应收账款	270	长期借款	500
存　货	740	实收资本	1 200+100+50=1 350
固定资产	700		
合　计	1 950	合　计	1 950

通过上述分析可以看出，任何经济业务的发生都不会破坏会计等式的平衡关系。这一会计平衡关系对整个会计核算工作有着至关重要的作用，它是设置账户、建立复式记账和编制资产负债表的理论依据。

1.4　会计方法与会计程序

1.4.1　会计方法概述

会计方法是指用来实现会计目标，完成会计核算与监督职能的手段。会计方法是从会计实践中总结出来的，并随着经济的发展、科技的进步、管理要求的提高而不断发展和完善。关于会计方法所包括的内容，会计理论界与实务界存在不同的看法，我们认为应包括五个方面的内容，即会计核算方法、会计分析方法、会计考核方法、会计预测方法及会计决策方法。

1. 会计核算方法

会计核算方法是通过价值量对经济活动进行确认、计量、记录和报告所运用的方法，如设置账户、复式记账、编制会计报表等。客观经济业务纷繁复杂，包括大量的经济信息。会计核算就是将大量的经济信息，依照会计准则的规定进行确认、计量、记录和报告，使其转换成为有效的会计信息。会计核算方法是会计的主要方法，是其他各种方法的基础。

2. 会计分析方法

会计分析方法是依照会计核算提供的各项资料，结合经济业务发生的具体情况，对企业的经营过程及经营成果进行定性或定量的分析时所运用的方法，如比较分析法、比率分析法、因素分析法等。会计分析的资料将成为会计考核、会计预测、会计决策的主要根据。

3. 会计考核方法

会计考核方法是通过会计核算及会计分析所提供的资料，比照原定的目标，对企业经济活动进行检查、评价和控制所采用的方法，如定额控制法、动态数量分析法等。通过会计考核来检查企业发生的经济业务是否合理、合法，评价企业的经营业绩，监督经济运行的全过程，控制经济运行按预定的目标进行。

4. 会计预测方法

会计预测方法是通过会计核算及会计分析所提供的资料，考虑市场环境诸因素的影响，对单位经济活动未来的发展趋势作出测算、预计所运用的方法，如因果分析法、趋势分析法等。会计预测是可行性研究的重要组成部分，它为会计决策提供可选择的方案。

5. 会计决策方法

会计决策方法是以会计预测的结果为基础，从各种可行性方案中选出最优方案所运用的方法，如本量利分析法、决策树分析法等。由于会计信息使用货币量度，因此它具有综合反映企业生产经营活动的特点。会计参与经营决策，选择经济效益较高的方案，是我国会计工作发展的总趋势。

上述各种会计方法紧密联系，相互依存，相辅相成，形成了一个完整的会计方法体系。其中，会计核算方法是基础，是最基本、最主要的方法。学习会计首先应从基础开始，即要从掌握会计核算方法入手，本书主要是学习会计核算方法，至于会计分析方法、会计考核方法、会计预测方法以及会计决策方法，将在其他专业课程中陆续学习。

1.4.2 会计核算方法

会计核算方法包括设置账户、复式记账、填制和审核凭证、登记账簿、成本计算、财产清查和编制财务报告七种方法。

1. 设置账户

设置账户是对会计对象的具体内容分门别类地进行核算和监督的一种专门方法。会计对象包括资产、负债、所有者权益、收入、费用和利润六大要素，每一要素的具体内容又是多种多样、错综复杂的。在进行会计核算之前，首先应将其进行科学的分类，划分为若干个项目，然后为每个项目设置一个会计账户，每个会计账户只能反映一定的经济内容。全部账户既有分工，又有联系地反映整个会计对象的内容。这样，通过分类地核算和监督，企业就能得到管理所需要的各种指标。

2. 复式记账

复式记账就是对每笔经济业务，都以相等的金额在两个或两个以上相互关联的账户中进行登记的一种专门方法。任何一项经济业务的发生都会引起至少两个方面发生变化。例如，以银行存款购买材料，这笔经济业务，一方面引起材料增加，另一方面又使银行存款减少。复式记账通过对每项经济业务在两个或两个以上相互关联的账户中以相等的金额进行登记，使每项经济业务所涉及的两个或两个以上的账户之间产生对应关系，就可以反映该项经济活动的来龙去脉，完整、系统地记录资金运动的过程和结果。同时，在对应账户中所记录的金额又平行相等，通过账户的平行关系，可以检查有关经济业务的记录是否正确。

3. 填制和审核凭证

填制和审核凭证是为了保证会计记录正确、完整，审查经济业务是否合理合法而采用的一种专门方法。会计凭证是记录经济业务、明确经济责任的书面证明，是登记账簿的重要依据。每一项经济业务的发生、执行和完成，都必须取得或填制会计凭证。对取得或填制的会计凭证，会计部门、会计人员还要经过严格审核，在保证其符合有关法律、制度、规定而又正确无误的情况下，才能据以登记账簿。填制和审核凭证可以为会计记录提供真实的原始资料，为经济管理提供可靠的会计信息。

4. 登记账簿

登记账簿是全面、连续、系统地记录各项经济业务的一种专门方法。账簿是用来记录经济业务的、具有一定结构及格式的簿籍，是保存会计信息的重要载体。所有的经济业务都应根据审核无误的会计凭证在账簿中进行登记，既有分类记录，又有序时记录，既提供总括的核算指标，又提供某些明细的核算指标。把所有的经济业务记入账簿之后，还应定期结账和对账，使账证之间、账账之间、账实之间保持一致。账簿所提供的各种信息是编制会计报表的主要依据。

5. 成本计算

成本计算是将生产经营过程中发生的各种费用，按照一定的计算对象进行归集，借以确定各个成本对象的总成本和单位成本的一种专门方法。例如，按工业企业供应、生产和销售三个阶段分别归集各阶段所发生的费用，分别计算材料的采购成本、产品的生产成本和销售成本，包括它们的总成本和单位成本。通过成本计算，可以考核和监督企业经营过程中所发生的各项费用是否节约，以便采取措施，降低成本，提高经济效益；通过成本计算，还可以为合理确定生产耗费的补偿尺度、制定价格、正确计算和分配国民收入提供依据。

6. 财产清查

财产清查是通过盘点实物、核对账目来查明各项财产物资和资金的实有数额的一种专门方法。为了保证会计信息的真实准确，在日常会计核算的过程中，必须定期或不定期地对各项财产物资、货币资金和往来款项进行清查、盘点和核对。通过财产清查，企业可以检查账簿记录是否正确，如发现账实不符的情况，应分清原因，明确责任，并调整账簿记录，以做到账实相符；通过财产清查，企业还可以查明各项财产物资的保管和使用情况，以便采取措施挖掘物资潜力，有效利用财产物资，加速资金周转。

7. 编制财务报告

编制财务报告是以会计账簿资料为主要依据，按一定的表格形式，综合反映企业某一特定日期的财务状况和某一会计期间的经营成果、现金流量的一种专门方法。日常会计核算资料具有零星、分散、量大等特点，编制财务报告是对日常会计核算资料的总结，就是将账簿记录的内容定期地加以分类、整理和汇总，从而形成经营管理所需要的一套完整的指标体系。财务报告所提供的一系列核算指标，是企业自身考核和分析财务计划和预算执行情况的重要依据，是企业外部会计信息使用者进行决策的重要依据，也是进行国民经济宏观调控所必不可少的资料。

各种会计核算的方法组成了一个完整的方法体系。在会计对经济业务进行核算和监督的过程中，不论是采用手工处理方式，还是使用计算机数据处理系统方式，都必须全面地、相互配合地应用这些会计核算方法。对于日常所发生的经济业务，首先，要取得合法的凭证；其次，依据合法的凭证，按照所设置的账户，采用复式记账法，在有关账簿中进行登记；再次，根据账簿的记录，进行成本计算，并定期做好财产清查；最后，在账实、账证、账账相符的基础上编制财务报告。至此，一个循环的会计核算工作就完成了。

1.4.3 会计核算程序

企业日常发生的大量经济业务包括大量的经济信息，将这些经济信息按照会计的规则与方法加工成有用的会计信息，并提供给相关信息使用者，是一个十分复杂的过程。这一过程包括四个基本环节，即确认、计量、记录和报告。这四个环节就构成了会计核算程序。

1. 会计确认

（1）会计确认的含义

会计确认是按照规定的标准和方法，辨认和确定经济信息是否可以作为会计信息进行正式记录，并列入财务报告的过程。企业的经济业务复杂多样，有些是会计核算和监督的内容，有些则不属于会计核算和监督的范围，会计确认就是要从庞杂的经济信息中排除不属于会计核算和监督范围的部分，为会计信息使用者提供有助于经营管理和决策的会计信息。会计确认可分为初次确认和再次确认。

初次确认是指对原始经济信息能否输入会计核算和监督系统的确认。初次确认是从审核及填制原始凭证开始，对经济业务所产生的原始数据及其内容进行判断、选择和归类，筛掉多余的或不可接受的数据，再将筛选后有用的原始数据进行分类，并运用复式记账登记有关账簿。

再次确认是指对已输入会计核算和监督系统的信息如何列入财务报告的确认。

经过初次确认的原始数据，借助会计核算方法转化为账簿资料。再次确认是依据信息使用者的需要，对账簿资料继续进行加工、提炼、重组，确认账簿资料中的哪些内容应列入财务报告，或是在财务报告中应揭示多少财务资料和何种财务资料。

（2）会计确认的标准

会计确认要解决的问题包括：什么项目可以列入会计核算和监督范围？列入会计核算和监督范围的项目属于哪个会计要素？该项目在什么时间列入那个会计要素？解决这些问题需要哪些确认标准？

可计量性和可定义性是会计确认的两个基本标准。所谓可计量性，是指经济信息必须能够量化，能够以货币计量。一般而言，凡是企业经营活动过程中能够用货币计量的经济信息，都属于会计核算和监督的范围。所谓可定义性，是指列入会计核算和监督范围的项目属于何种会计要素（资产、负债、所有者权益、收入、费用、利润等），要按照这些要素的定义和特征加以确认。

收付实现制和权责发生制是会计确认的两种时间标准。

收付实现制又称现金制，是以款项是否实际收到或付出作为确定本期收入和费用的标准。在收付实现制下，凡是本期实际收到款项的收入和付出款项的费用，不论其是否归属于本期，都作为本期的收入和费用处理；反之，凡是本期没有实际收到款项的收入和付出款项的费用，即使应归属于本期，也不作为本期的收入和费用处理。举例说明如下：

【例 1-6】企业于 7 月 13 日销售商品一批，货款 8 000 元于 7 月 28 日收到，存入银行，按收付实现制要求，该货款应作为 7 月份的收入记账；

企业于 8 月 30 日用银行存款支付本月水电费 900 元，按收付实现制要求，该支付款项应作为 8 月份的费用记账；

企业于 9 月 9 日销售商品一批，10 月 10 日收到货款 6 800 元，存入银行，按收付实现制要求，该货款应作为 10 月份的收入记账；

企业于 10 月 10 日收到购货单位一笔货款 4 000 元，存入银行，但按合同规定于 12 月份交付商品，按收付实现制要求，该货款应作为 10 月份的收入记账；

企业于 12 月 30 日预付第二年全年的保险费 30 000 元，按收付实现制要求，该预付费用应作为 12 月份的费用记账；

企业于 12 月 30 日购入办公用品一批，价值 2 700 元，但该款项在第二年的 3 月份支付，按收付实现制要求，该款项应作为第二年 3 月份的费用记账。

权责发生制也称应计制，是指企业按收入的权利和支出的义务是否归属于本期作为确认收入、费用的标准，而不是按款项的实际收支是否在本期发生作为确认收入、费用的标准，也就是以应收应付为标准。在权责发生制下，凡是属于本期实现的收入和发生的费用，不论款项是否实际收到或实际付出，都应作为本期的收入和费用入账；凡是不属于本期的收入和费用，即使款项在本期收到或付出，也不作为本期的收入和费用处理。以前面所举例子说明如下：

【例 1-7】资料同例 1-6，在权责发生制下，第一笔业务的收入和第二笔业务的费用的归属期和款项的实际收付期同属相同的会计期间，确认的收入及费用与收付实现制相同。第三笔业务应作为 9 月份的收入入账，因为收入的权利在 9 月份就实现了，尽管货款在 10 月份收到。第四笔业务应作为 12 月份的收入入账，因为 10 月份只是收到款项，并没有产生收入的权利。第五笔业务应作为第二年的费用入账，因为支出的义务在第二年发生。第六笔业务应作为 12 月份的费用入账，因为 12 月份已经发生支出的义务了。

比较收付实现制和权责发生制，可以看出，按收付实现制的要求，只要款项的收付在本期，不管收入的权利和支出的义务归属于哪一期，都应确认为本期的收入和费用，而不需要考虑预收收入和预付费用，以及应计收入和应计费用的存在。到会计期末，根据账簿记录确定本期的收入和费用，因为实际收到和付出的款项必然已经登记入账，所以不存在对账簿记录于期末进行调整的问题。这种方法核算手续简单，但不能合理确定各期盈亏，不同时期缺乏可比性，所以它主要适用于行政、事业单位。与收付实现制相反，在权责发生制下，必须考虑预收、预付和应收、应付。由于企业日常的账簿记录不能完全地反映本期的收入和费用，因此需要在会计期末对账簿记录进行调整，使未收到款项的应计收入和未付出款项的应付费用，以及收到款项而不完全属于本期的收入和付出款项而不完全属于本期的费用，归属于相应的会计期间，以便正确地计算本期的经营成果。采用权责发生制核算比较复杂，但反映本期的收入和费用比较合理、真实，所以适用于企业。

2. 会计计量

（1）会计计量的含义

会计计量是以货币为主要计量单位，对被计量对象进行量化，以确定应记录金额的会计处理过程。会计计量与会计确认密不可分，互相依存。未经确认，就不能进行计量；没有计量，确认也失去意义。在初次确认时，只有经过计量，应输入的数据才能被正式记录；在再次确认时，也只有经过计量，输出的数据才能最终列入财务报表。因此，会计计量贯穿于会计核算的全过程。会计计量经历了漫长的发展历史，从早期的某些象征性符号，如结绳记事的“结”，向各种实物量度、劳动量度进化；到了商品经济社会，为了对企业的经济活动进行全面的、综合的反映，货币作为商品内在价值尺度的必然表现形式，取代了实物量度单位和劳动量度单位，成为会计统一的计量单位。

（2）会计计量基础

会计计量基础又称计量属性，是指用货币对会计要素进行计量时所采用的标准，如对会计要素的计量可采用历史成本、重置成本、可变现净值、现值、公允价值等标准。

历史成本又称实际成本，是指取得或制造某项财产物资时所实际支付的现金或其等价物金额。

重置成本又称现行成本，是指按照当前市场条件，重新取得同样一项资产所需支付的现金或现金等价物金额。

可变现净值是指在正常生产经营过程中，以预计售价减去进一步加工成本和预计销售费用以及相关税费后的净值。

现值是指对未来现金流量以恰当的折现率进行折现后的价值，是考虑货币时间价值的一种计量属性。

公允价值是指在公平交易中，熟悉情况的交易双方自愿进行资产交换或者债务清偿的金额。

3. 会计记录

会计记录是指对经过确认进入会计核算系统的项目，按照设置的账户，依据有关凭证，运用复式记账方法，在账簿上进行登记的过程。会计记录是会计核算的中心环节，不仅会计确认与计量的结果要通过会计记录反映，而且会计报告的形成也离不开会计记录。

在传统的手工会计系统下，会计记录的具体程序是：

（1）填制凭证

经过初次确认，将能够以货币计量的经济业务纳入会计核算系统后，进入会计记录的第一步，这就是要根据经过审核的原始凭证，填制记账凭证，将经济业务记录到记账凭证这个载体上。

（2）登记账簿

根据已填制的记账凭证，按照在账簿中开设的账户，运用复式记账法，在账簿上进行登记，将经济业务由记账凭证这个载体转录到账簿载体上，以便分类反映各会计要素。

（3）期末结账

结清各账户的发生额和余额，并将余额转入下期，结束本期的账务处理，为编制会计报表做好准备工作。

在计算机会计系统下，会计记录的基本原理并没有改变，但会计记录的载体、数据处理方式等发生了很大变化。在手工会计系统下的记录载体主要是以纸为材料的记账凭证、账簿，其占用空间大，查找困难，不易保管；而在计算机会计系统下，除必要的原始凭证外，软磁盘、硬磁盘、磁带以及光盘等各种磁性材料成为会计记录的载体，其体积小，存储密度大，便于检索，易于保管。在手工会计系统下，数据的处理要经过计算、分类、汇总，以及记账、结账等繁杂的操作；而在计算机会计系统下，原始数据通过自动扫描装置或人工输入方式输入，在对输入的数据进行加工时，计算机自动按照事先编制的程序，进行各种处理工作，很少或者完全不需要人工干涉，并且可以根据需要，随时结账或打印有关账簿。

4. 会计报告

会计报告是将通过会计记录所生成的信息，进行加工和转换，传递给信息使用者的过程。会计信息使用者所需要的信息是多种多样的，归纳起来主要有两个方面：

一是经营成果。所谓经营成果，是指企业在某一段时间内的利润（亏损）总额及其形成过程。利润表主要是为会计信息使用者提供有关企业经营成果方面的信息。利润表中直接关系到经营业绩计量的要素包括收入、费用、利润三类。通过利润表，可以了解企业实现利润或发生亏损的情况，评价企业经营业绩的优劣；了解企业利润的构成情况，分析企业利润形成的合理性；检查影响利润或亏损变动的原因，分析企业的盈利能力。

二是财务状况。所谓财务状况，是指企业在某一特定日期的资产总额及其构成、负债总额及其构成、所有者权益总额及其构成。资产负债表主要是为会计信息使用者提供有关财务状况方面的信息。资产负债表中直接关系到财务状况计量的要素包括资产、负债和所有者权益三类。通过资产负债表，可以了解企业拥有和控制的资产总额及其构成情况，借以分析企业的生产经营能力；可以了解企业的负债总额及其构成情况，判断企业未来需用多少资产或劳务清偿债务；可以通过资产与负债情况的比较，评价企业的偿债能力、筹资能力；可以分析企业资产、负债、所有者权益结构的合理性，评价财务状况的优劣及财务安全程度。

拓展阅读 1

基本训练

一、单项选择题

1. 会计的总目标是（　　）。

A. 提供会计信息　　B. 进行价值管理

C. 提高经济效益　　D. 控制和指导经济活动

2. （　　）是会计对象的具体表现。

A. 会计科目　　B. 会计要素

C. 会计事项　　D. 经济活动

3. 下列属于流动资产的是（　　）。

A. 交易性金融资产　　B. 固定资产

C. 无形资产　　D. 长期投资

4. 下列属于非流动负债的是（　　）。

A. 其他应付款　　B. 应付票据及应付账款

C. 应付债券　　D. 应付职工薪酬

5. 下列不属于无形资产的是（　　）。

A. 商标权　　B. 著作权

C. 土地使用权　　D. 经营权

6. 下列有关收入的说法错误的是（　　）。

A. 企业在日常活动中形成的

B. 会导致所有者权益增加

C. 与所有者投入资本无关

D. 按其性质不同，可分为主营业务收入和其他业务收入

7. 会计的基本职能是（　　）。

A. 记账、算账和报账　　B. 核算和监督

C. 预测、决策和分析　　D. 监督和管理

8. 下列属于所有者权益的是（　　）。

A. 主营业务收入　　B. 公允价值变动损益

C. 本年利润　　D. 投资收益

9. 静态的资金运动可表现为（　　）。

A. 收入　　B. 负债　　C. 利润　　D. 费用

10. 不属于会计核算方法的是（　　）。

A. 利润计算　　B. 填制凭证

C. 编制财务报告　　D. 财产清查

二、多项选择题

1. 在下列各项目中，属于流动资产的有（　　）。

A. 设备　　B. 完工产品

C. 银行存款　　D. 专利权

2. 在下列各项目中，属于所有者权益的有（　　）。

A. 未分配利润　　B. 实收资本

C. 资本公积　　D. 盈余公积

3. 在下列经济业务中，引起会计恒等式左右两方同时发生增减变化的有（　　）。

A. 投资者投入资本　　B. 以存款归还借款

C. 收到应收款存入银行　　D. 从银行提取库存现金

4.（　　）属于会计要素的计量基础。

A. 历史成本　　B. 重置成本　　C. 现值　　D. 公允价值

5. 会计核算的具体方法包括（　　）。

A. 登记账簿　　B. 成本计算　　C. 财产清查　　D. 编制报表

三、判断题

1. 会计是一种经济管理活动。（　　）

2. 会计职能只有两个，即核算职能和监督职能。（　　）

3. 资产与所有者权益在数量上始终是相等的。（　　）

4. 经济业务的发生可能对会计恒等式的平衡产生影响。（　　）

5. 会计确认可分为初次确认和再次确认。（　　）

6. 监督职能是核算职能的基础。（　　）

7. 会计对象就是社会再生产过程中的资金运动。 ( )

8. 企业的负债按其流动性的不同，可分为流动负债和非流动负债。 ( )

9. 只有企业拥有某项资源的控制权才能将其确认为企业的资产。 ( )

10. 经济业务的发生引起资产增加，负债和所有者权益也增加，会计等式保持平衡。 ( )

四、简答题

1. 会计是怎样产生和发展的？会计的演进过程说明了什么问题？

2. 如何理解会计的含义？

3. 会计的基本职能有哪些？说明各基本职能之间的关系。

4. 会计目标是什么？会计核算的具体目标包括哪几个层次的内容？

5. 什么是会计对象和会计要素？会计要素包括哪些内容？

6. 什么是会计等式？为什么经济业务的发生不会破坏会计等式的平衡关系？

7. 会计核算方法包括哪些内容？会计核算程序包括哪些基本环节？

8. 会计确认有哪两种时间标准？二者有何区别？

五、计算题

1.【目的】练习会计要素的划分。

【要求】根据资料，说明各项目属于哪一项会计要素，并计算资产总额、负债总额和所有者权益总额，说明会计恒等式的成立。

【资料】某企业 2017 年 12 月 31 日存在如下情况：

（1）房屋建筑物	450 000 元
（2）机器设备	600 000 元
（3）运输设备	450 000 元
（4）在建的房屋	150 000 元
（5）存放在银行的款项	120 000 元
（6）应收取的销货款	180 000 元
（7）库存材料	150 000 元
（8）期末在产品	45 000 元
（9）专利权	75 000 元
（10）银行贷款	600 000 元
（11）应付的购货款	150 000 元
（12）应交纳的税金	60 000 元
（13）投资者投入资本	1 350 000 元
（14）企业实现的利润	300 000 元
（15）对利润的分配	270 000 元
（16）提取的盈余公积	30 000 元

2.【目的】练习权责发生制和收付实现制的应用。

【要求】根据资料，分别采用收付实现制和权责发生制计算企业 2017 年 6 月份的净收入。

【资料】某企业2017年6月份发生如下经济业务：

（1）6月5日，销售产品1 000台，每台售价500元。除售给华光工厂100台产品的货款尚未收到外，其余货款400 000元均已收到，存入开户银行。

（2）第二季度每月发生短期借款利息2 000元，共计6 000元，6月30日以银行存款一次性支付。

（3）6月30日，以银行存款1 200元支付下半年的报刊杂志费。

（4）6月30日，收到东风工厂预付的货款10 000元，存入银行。

3.【目的】练习权责发生制的应用。

【要求】根据资料，按权责发生制分别确定本月收入和费用数额。

【资料】企业本月发生的部分经济业务如下：

（1）销售产品10 000元，款项收到，已存入银行。

（2）销售产品8 000元，收到5 000元存入银行，余款对方暂欠。

（3）以银行存款支付企业行政管理部门日常支出2 200元。

（4）以银行存款支付生产设备大修费12 000元，本月负担4 000元。

（5）收到某企业预交的购货款7 000元，存入银行，下月交货。

（6）出售产品6 000元，款项对方暂欠。

（7）提取本月负担的银行借款利息1 600元。

（8）以银行存款支付下年度保险费支出30 000元。

第2章　账户和复式记账

学习目标

- ◆ 掌握会计科目与账户的概念及关系。
- ◆ 了解设置会计科目的意义和原则。
- ◆ 掌握账户的基本结构。
- ◆ 了解记账方法的种类，掌握复式记账的原理。
- ◆ 重点掌握借贷记账法和总账与明细账的平行登记。

2.1　会计科目与账户

2.1.1　设置会计科目的意义

会计科目是对会计要素的具体内容进行分类核算的项目。会计需要对企业的资金运动过程和结果以及资金运动过程中所形成的经济关系进行完整、系统的反映和监督，不仅需要对会计对象作基本的分类，即确定会计要素，还应在确定会计要素的基础上进一步分类。比如，就负债而言，还应进一步明确是什么途径形成的，是借款、发行债券，还是应付项目；如为借款，是短期借款，还是长期借款；如为短期借款，还应明确是从哪个单位取得的借款。会计只有对会计要素的内容作进一步的分类，才能分门别类地组织会计核算，提供较为详细的信息以满足企业经济管理的需要。

设置会计科目，就是根据会计要素的具体内容和经济管理的需要，事先规定分类核算项目的一种专门方法。通过设置会计科目，可以对复杂的经济业务进行科学的分类，把会计对象中具体内容相同的归为一类，设置一个科目，凡是具备这类信息特征的经济业务，都在该科目下进行核算。例如，为了反映和监督各项资产的增减变动，企业设置了“库存现金”“银行存款”“应收账款”“原材料”“库存商品”“固定资产”等科目；为了反映和监督各项负债的增减变动，企业设置了“短期借款”“长期借款”“应付账款”“应付职工薪酬”“应交税费”等科目；为了反映和监督各项所有者权益的增减变动，企业设置了“实收资本”“资本公积”“盈余公积”“利润分配”“本年利润”等科目；为了反映和监督收入、费用和利润的增减变动，企业设置了“主营业务收入”“主营业务成本”“管理费用”“销售费用”“财务费用”等科目。由此可见，设置会计科目就是对会计要素的具体内容给予科学分类，进行全面、系统、分类核算和监督的一种方法。

在会计核算的各种方法中，设置会计科目占有重要的位置，它决定着账户的开设和报表结构的设计，是填制会计凭证和登记账簿的依据。

2.1.2　设置会计科目的原则

1. 必须结合会计对象的特点，全面反映会计对象的内容

会计科目的设置应当根据不同单位经济业务的特点，本着全面核算其经济业务的全过程及结果的目的来确定应该设置哪些会计科目。会计科目作为对会计对象具体内容进行分类核算的项目，其设置应能全面、系统地反映会计要素的全部内容。另外，各会计主体还要根据自身所处的行业，有选择地设置本单位所需要的会计科目。例如，生产加工企业，为了核算和监督产品加工过程中的制造成本，就需要设置“生产成本”“制造费用”等会计科目，而商品流通企业一般不经过产品加工过程，则不需要设置这类科目。

2. 既要符合对外报告的要求，又要满足内部经济管理的需要

会计科目的设置，对外应能满足政府部门加强宏观调控、制定方针政策的需要，要能满足投资者、债权人及有关各方面对企业经营业绩和财务状况作出准确判断的需要；对内要能满足企业内部加强经营管理的需要。因此，企业在设置会计科目时要兼顾对外报告和企业内部经营管理的需要，并根据需要数据的详略程度分设总分类科目和明细分类科目。总分类科目是对会计对象的具体内容进行总括分类的科目。通过总分类科目的核算，基本上能满足企业外部有关方面对会计信息的需要。明细分类科目是对总分类科目再进行分类的科目，它所提供的核算资料，主要为企业内部管理服务。

3. 既要适应经济业务发展的需要，又要保持相对稳定

会计科目的设置，要适应社会经济环境的变化和本单位业务发展的需要。例如，随着商业信用的发展，出现了委托代销业务，为了加强这部分业务的核算，增设了“委托代销商品”和“受托代销商品”等科目。又如，随着无形资产的价值越来越被企业重视，当企业购置商标使用权时，就应设置“无形资产”科目来核算该类资产的价值及其变动情况。同时，会计科目的设置还应保持相对稳定，同一企业会计科目的名称、内容、数量等应尽量不变，以便企业不同时期会计核算指标的比较分析。

4. 统一性与灵活性相结合

统一性是指各会计主体应按照国家有关会计制度对一些主要会计科目的设置及其核算内容所作的统一规定进行科目设置，以保证会计核算指标能在一个部门，乃至全国范围内综合汇总，分析利用。灵活性是指在保证提供统一核算指标的前提下，各会计主体可以根据本单位的具体情况和经济管理的要求，对统一规定的会计科目作必要的增补、拆分或合并。例如，企业预付业务不多时，可以不设“预付账款”科目，而将该类业务并入“应付账款”科目核算。在实际工作中，贯彻统一性与灵活性相结合的原则要防止两种倾向：一是要防止会计科目的设置过于简单，过于简单就不能满足经济管理的需要；二是要防止会计科目的设置过于繁琐，过于繁琐会加大会计核算工作量。

5. 字义相符，简单明确，通俗易懂

会计科目的名称应与其核算的经济业务内容相一致，并要字义相符，简单明确，通俗易懂。字义相符是指能够按照汉语习惯，望文生义；简单明确是指根据经济业务的特点尽可能简洁地规定科目名称；通俗易懂是指尽量采用经济生活中习惯使用的名称，避免使用生僻难懂的文字，以便于人们的正确理解。

2.1.3 会计科目的级次

会计科目按其提供指标的详略程度，或者说提供信息的详略程度，可以分为总分类科目和明细分类科目两大类。

1. 总分类科目

总分类科目也称一级科目或总账科目，它是对会计要素的具体内容进行总括分类的会计科目，是进行总分类核算的依据，提供的是总括的核算指标。在我国，总分类科目原则上是由国家财政部统一制定，以会计核算制度的形式颁布实施的。为了便于运用会计科目，实行会计电算化，还应对会计科目进行分类和编号。生产制造业常用的总分类科目，见表 2-1。

表 2-1 **生产制造业常用会计科目表**

顺序号	编号	会计科目名称	顺序号	编号	会计科目名称
		一、资产类			二、负债类
1	1001	库存现金	39	2001	短期借款
2	1002	银行存款	40	2201	应付票据
3	1012	其他货币资金	41	2202	应付账款
4	1101	交易性金融资产	42	2203	预收账款
5	1121	应收票据	43	2211	应付职工薪酬
6	1122	应收账款	44	2221	应交税费
7	1123	预付账款	45	2231	应付利息
8	1131	应收股利	46	2232	应付股利
9	1132	应收利息	47	2241	其他应付款
10	1221	其他应收款	48	2501	长期借款
11	1231	坏账准备	49	2502	应付债券
12	1401	材料采购	50	2701	长期应付款

续表

顺序号	编号	会计科目名称	顺序号	编号	会计科目名称
13	1402	在途物资	51	2702	未确认融资费用
14	1403	原材料			三、所有者权益类
15	1404	材料成本差异	52	4001	实收资本（股本）
16	1405	库存商品	53	4002	资本公积
17	1406	发出商品	54	4101	盈余公积
18	1408	委托加工物资	55	4103	本年利润
19	1471	存货跌价准备	56	4104	利润分配
20	1501	债权投资			四、成本类
21	1502	债权投资减值准备	57	5001	生产成本
22	1503	其他股权投资（其他权益工具投资）	58	5101	制造费用
23	1511	长期股权投资	59	5301	研发支出
24	1512	长期股权投资减值准备			五、损益类
25	1531	长期应收款	60	6001	主营业务收入
26	1532	未实现融资收益	61	6051	其他业务收入
27	1601	固定资产	62	6101	公允价值变动损益
28	1602	累计折旧	63	6111	投资收益
29	1603	固定资产减值准备	64	6301	营业外收入
30	1604	在建工程	65	6401	主营业务成本
31	1605	工程物资	66	6402	其他业务成本
32	1606	固定资产清理	67	6403	税金及附加
33	1701	无形资产	68	6601	销售费用
34	1702	累计摊销	69	6602	管理费用
35	1703	无形资产减值准备	70	6603	财务费用
36	1711	商誉	71	6701	资产减值损失
37	1801	其他应收款	72	6711	营业外支出
38	1901	待处理财产损溢	73	6801	所得税费用

2. 明细分类科目

明细分类科目是对总分类科目所含内容再做详细分类的会计科目，它能提供更加详细、具体的指标。如在“应收账款”总分类科目下再按具体单位分设明细分类科目，具体反映应收哪个单位的款项。

在实际工作中，有的总分类科目下设的明细分类科目太多，这时可在总分类科目与明细分类科目之间增设二级科目（也称子目)。二级科目所提供的指标的详略程度介于总分类科目与明细分类科目之间。例如，在“固定资产”总分类科目下，可按固定资产的类别设置二级科目：“房屋及建筑物”“机器设备”“车辆”等；又如在“原材料”总分类科目下，可按材料类别设置二级科目：“原料及主要材料”“辅助材料”“燃料”等。

综上所述，会计科目按提供指标的详略程度，一般分为三级，一级科目（总分类科目)、二级科目（子目）和三级科目（明细科目，也称细目)，总分类科目统驭所属各明细分类科目。集合全部横向结构的一级科目和全部纵向结构的二级科目和明细科目，就构成了一个有机完整的会计科目体系。会计科目按其提供指标详略程度分类见表 2-2。

表 2-2 **会计科目按提供指标的详略程度分类**

总账科目（一级科目）	明细分类科目	
	二级科目（子目）	三级科目（明细科目、细目）
固定资产	房屋及建筑物	甲房屋 乙房屋 ⋮
	机器设备	甲设备 乙设备 ⋮
	车辆	甲车辆 乙车辆 ⋮
原材料	原料及主要材料	圆钢 生铁 ⋮
	辅助材料	润滑油 防腐剂 ⋮
	燃料	汽油 柴油 ⋮

2.1.4　设置账户的意义

账户是根据会计科目开设的，它是分类、系统、连续记录各项经济业务，反映各项经济业务增减变动及其结果的一种手段。设置会计账户是会计核算的一种专门方法。会计科目仅仅是分类核算的项目或标志，而核算指标的具体数据资料，则要通过账户的记录取得。所以，设置会计科目以后，还必须根据规定的会计科目开设一系列反映不同经济内容的账户，用来对各项经济业务进行分类记录。由此可见，会计科目就是账户的名称。

账户和会计科目在会计学中是两个不同的概念，它们之间既有区别又有联系。二者的共同点是：都要对经济业务进行分类，都说明一定的经济业务内容。它们的主要区别在于：会计科目只是说明一定经济业务的内容；而账户不仅表明一定经济业务的内容，还具有一定的结构形式，可以对某类经济业务进行连续、系统的记录，以反映该类经济业务的增减变动和结存情况。

2.1.5　账户的基本结构

账户是用来分类记录经济业务的，因而必须具有一定的结构。账户的基本结构是由会计要素的数量变化情况决定的。由于经济业务发生所引起的各项会计要素的变动，从数量上看不外乎是增加和减少两种情况。因此账户的结构也相应地分为两个基本部分，即左方和右方，其中一方用来登记数量的增加，另一方用来登记数量的减少，至于哪一方用来登记增加，哪一方用来登记减少，是由不同的记账方法和所记录的经济业务内容决定的。账户简要的结构形式如下：

借方　　　　**账户名称（会计科目）**　　　　贷方

这种账户称为“丁”字账户，也称 T 形账户，是一种简化的账户结构形式，通常在教学上使用。

对于一个完整的账户而言，除了必须有反映经济业务数量增减变动的左右两栏外，还应包括其他栏目，记录和反映其他相关内容。账户的格式设计通常还应包括以下内容（见表 2-3）：①账户名称，即会计科目；②日期，记录经济业务的日期；③摘要，概括说明经济业务的内容；④凭证号数，账户记录的来源和依据；⑤金额，即增加金额、减少金额及余额。

表 2-3　**账户的一般格式**

账户名称（会计科目）

年		凭证号数	摘　要	增加金额	减少金额	余　额
月	日					

2.2 复式记账原理

2.2.1 记账方法概述

为了对会计要素进行核算和监督，在按一定原则设置了会计科目，并按会计科目开设账户之后，还必须选择科学的记账方法将会计要素的增减变动登记在账户中。所谓记账方法，就是按照一定的规则、使用一定的符号、采用一定的计量单位记录各项经济业务的技术方法。记账方法随着社会经济的发展而产生和不断完善。记账方法按记录方式的不同，可分为单式记账方法和复式记账方法两大类。

1. 单式记账方法

单式记账方法是指对发生的经济业务，通常只在一个账户中进行记录的方法。这种记账方法的主要特点是：对于每项经济业务，通常只登记库存现金和银行存款的收付业务，以及应收、应付款的结算业务，而不登记实物的收付业务。

【例 2-1】某企业用银行存款 100 000 元购买材料一批。

在采用单式记账方法记录这项经济业务时，企业只记录银行存款减少 100 000 元，而不记录原材料增加。

【例 2-2】用库存现金 4 000 元归还以前所欠的购料款。

在采用单式记账方法记录这项经济业务时，企业虽然也分别记录库存现金减少 4 000 元和应付账款减少 4 000 元，但不是从这项经济业务的两个方面的内在联系来考虑的，而是简单地、孤立地各记各的账。

综上所述，单式记账方法虽然简单，但由于它对经济业务的发生只进行单方面登记或不予登记，加之账户的设置不完整，因此，不能全面地反映经济活动的全过程，不便于检查账户记录的正确性，不能全面、系统地反映和监督经济活动的来源去向。

2. 复式记账方法

复式记账方法是指对发生的每一项经济业务，都以相等的金额，在相互联系的两个或两个以上账户中进行记录的一种记账方法。复式记账方法的实质是通过两个或两个以上相互联系的账户反映一项经济业务。现仍以单式记账方法的例题进行说明。

仍以例 2-1 为例，某企业用银行存款 100 000 元购买材料一批。

采用复式记账方法记账，这项经济业务的发生，一方面在“银行存款”账户中记录减少 100 000 元，另一方面在“原材料”账户中记录增加 100 000 元。从以上记录可以看出，银行存款的减少是由于购买了原材料，原材料的增加是用银行存款购买的。

仍以例 2-2 为例，用库存现金 4 000 元归还以前所欠的购料款。

采用复式记账方法记账，这项经济业务的发生，一方面在“库存现金”账户中记录减少 4 000 元，另一方面在“应付账款”账户中记录减少 4 000 元。从以上记录可以看出，库存现金的减少是由于偿还了材料价款，应付账款的减少是用库存现金偿还的。

综上所述，复式记账方法一方面需要设置完备的账户体系，对每一项经济业务的发生，都要在相互联系的两个或两个以上账户中进行双重登记，以便反映经济业务的来龙去脉；另一方面由于对每一项经济业务都以相等的金额分别进行登记，根据“资产=负债+所有者权益”的平衡关系，就可以对记账的结果进行试算平衡，以检查账户记录是否正确，从而保证账户记录的正确性和完整性。因此，复式记账方法是一种科学的记账方法。

2.2.2　复式记账方法的理论基础

会计的核算对象是资金运动，企业经营过程中所发生的每一项经济业务都是资金运动的具体过程，通过会计的工作，只有将企业所有的经济业务无遗漏地进行核算，才能完整地为信息使用者提供反映企业资金运动全貌的会计信息。

企业发生的所有经济业务，其资金的变化无非就是涉及资金的增加和资金的减少两个方面。在资金运动中，一部分资金的增加或减少，总是有另一部分资金的增减变动作为其变化的原因。这就要求在会计记账的时候，必须把每一项经济业务发生时所涉及的资金增减变动的原因和结果都记录下来，从而全面、完整地反映企业经济业务发生所引起的资金运动的来龙去脉。复式记账方法恰好适应了资金运动的这一客观规律，将每一项经济业务发生所涉及的资金增减变动，同时在相互联系的两个或两个以上账户中进行记录和反映。由此可见，复式记账方法的理论基础就是资金运动的内在规律。

2.2.3　复式记账方法的原则

1. 以会计等式作为记账基础

会计等式是会计要素之间相互关系的数学表达式。它是资金运动规律的具体化，是客观存在的经济现象。为了揭示资金运动的内在规律性，复式记账方法必须以会计等式作为记账基础。

2. 对每项经济业务都必须以相等的金额在相互联系的两个或两个以上账户中进行记录

根据资金运动规律，经济业务的发生必然引起资金的增减变动，这种变动又必然导致会计等式中至少有两个要素或同一要素中至少有两个项目发生等量变动。为了反映这种等量变动关系，记账时就应当在两个或两个以上账户中进行等额双重记录。

3. 按经济业务对会计等式的影响类型进行记录

企业发生的所有经济业务对会计等式的影响有两种类型：一类是经济业务发生时同时影响到会计等式等号两边的要素，这类经济业务的发生会使会计等式等号两边的要素等额同增或等额同减；另一类是经济业务发生时只影响到会计等式等号一边的要素，这类经济业务的发生会使会计等式等号某一边的要素等额地有增有减。这就决定了在记账时对第一类经济业务，应在会计等式两边的账户中等额记录同增或同减；对第二类经济业务，应在会计等式某一边的账户中等额记录有增有减。

4. 一定期间汇总的全部账户记录应当平衡

由于复式记账的每一笔经济业务都是等额的双重记录，不会破坏会计等式的平衡关系，因此，一定期间汇总的全部账户的数据也不会破坏会计等式的平衡关系。

2.2.4 复式记账方法的应用

复式记账方法虽然比较麻烦，但它却能全面、清晰地反映经济活动的过程和结果，能够应用试算平衡的方法来检查账簿记录是否正确、完整，因而被世界公认为是一种科学的记账方法而被广泛采用。

目前，我国的企业和行政事业单位所采用的记账方法都是复式记账方法。从复式记账方法发展的历史来看，曾经有“增减记账法”“收付记账法”“借贷记账法”等。我国现行有关制度规定企业和行政事业单位一律采用借贷记账法。这是因为借贷记账法经过数百年的实践，已被全世界的会计工作者普遍接受，是一种比较成熟、完善的记账方法。另外，企业间记账方法不统一，会给企业间横向经济联系及与国际经济交流等活动带来诸多不便，不同行业记账方法不统一，也必然会加大跨行业的公司和企业集团会计工作的难度，使经济信息不能及时反映。因此，统一全国各会计主体的记账方法，对会计核算工作的规范和更好地发挥会计的作用都具有重要的意义。

2.3 借贷记账法

2.3.1 借贷记账法的产生与发展

借贷记账法是国际通用的一种科学的记账方法。它是以“借”“贷”二字作为记账符号的一种复式记账方法。

借贷记账法产生于 13 世纪的意大利。当时，西方资本主义的商品经济有了长足发展，在商品交换中，为了适应商业资本和借贷资本经营者管理的需要，逐步形成了借贷记账法。“借”“贷”二字的含义，最初是从借贷资本家的角度来解释的，借贷资本家以经营货币资金的借入和贷出为主要业务，对于借进的款项，记在贷主名下，表示自身的债务增加；对于贷出的款项，则记在借主名下，表示自身的债权增加。这样，“借”“贷”二字分别表示债权、债务的变化。随着商品经济的发展，经济活动的内容日趋复杂化，记录的经济业务也不再仅限于货币资金的借贷业务，而逐渐扩展到财产物资、经营损益和经营资本等的增减变化。这时，为了求得记账的一致性，对于非货币性资金借贷业务，也利用“借”“贷”二字说明经济业务的变化情况。因此，“借”“贷”二字逐渐失去了原来的字面含义，转化为记账符号，变成了会计上的专业术语。到 15 世纪，借贷记账法逐渐完备，被用来反映资本的存在形态和所有者权益的增减变化。与此同时，西方国家的会计学者提出了借贷记账法的理论依据，即所谓“资产 = 负债 + 资本”的平衡公式。根据这个理论确立了借贷记账法的记账规律，使借贷记账法成为一种科学的记账方法，并被世界上许多国家广泛采用。世界各国都采用借贷记账法记账，使得会计成为一种国际信息和一种国际商业语言。

2.3.2　借贷记账法的记账符号

1.“借”“贷”记账符号的含义

借贷记账法的记账符号就是“借”“贷”二字，“借”字表示账户的左方，“贷”字表示账户的右方。在借贷记账法下，“借”“贷”二字对会计等式两边的会计要素规定了相反的含义，会计等式左方的资产、费用增加时记入“借”方，而等式右方的负债、所有者权益、收入由于性质与左方要素相反，所以增加就记入“贷”方。经济业务除了增加以外还有减少，等号左方的资产和费用减少的性质和自身增加应当相反，因此，当资产和费用减少时就记入“贷”方。同样道理，当负债、所有者权益、收入减少时就记入“借”方。“借”“贷”记账符号对会计要素增减变化的规定如图 2-1 所示。

借方　**账户名称（会计科目）**　贷方

资产增加	资产减少
费用增加	费用减少
负债减少	负债增加
所有者权益减少	所有者权益增加
收入减少	收入增加

图 2-1　“借”“贷”记账符号对会计要素增减变化的规定

2.“借”“贷”记账符号的作用

（1）“借”“贷”记账符号是编制会计分录的基础

会计分录是标明某项经济业务应借、应贷账户的名称及其金额的记录。也可以说，会计分录是会计记账的公式，在这个公式里同时包含了三个要素，即账户名称（会计科目）、记账金额和记账方向。下面通过几个实例进一步说明会计分录的含义。

【例 2-3】企业收到投资者投入的设备一台，价值 400 000 元。

该业务一方面使企业资产要素中“固定资产”项目增加 400 000 元，另一方面使企业所有者权益要素中“实收资本”项目增加 400 000 元。资产增加记入账户的“借”方，所有者权益增加记入账户的“贷”方，据此，可以编制如下会计分录：

借：固定资产　　400 000

　贷：实收资本　　400 000

【例 2-4】企业从银行提取现金 20 000 元备用。

该业务一方面使企业资产要素中“库存现金”项目增加 20 000 元，另一方面使企业资产要素中“银行存款”项目减少 20 000 元。资产增加记入账户的“借”方，资产减少记入账户的“贷”方，据此，可以编制如下会计分录：

借：库存现金　　20 000

　贷：银行存款　　20 000

【例 2-5】企业收回前欠货款 80 000 元，其中 60 000 元为银行存款，20 000 元为库存现金。

该业务一方面使企业资产要素中“银行存款”项目增加 60 000 元，“库存现金”项目增加 20 000 元，另一方面使企业资产要素中“应收账款”项目减少 80 000 元。资产增加记入账户的“借”方，资产减少记入账户的“贷”方，据此，可以编制如下会计分录：

借：库存现金　　20 000

　　银行存款　　60 000

　贷：应收账款　　80 000

编制会计分录的步骤：第一，分析经济业务涉及的账户名称；第二，确定记账方向；第三，确定记账金额；第四，按记账规则检查；第五，注意书写格式。

会计分录有简单会计分录和复合会计分录之分。简单会计分录是指两个账户发生对应关系的会计分录，即一借一贷的会计分录。例 2-3 和例 2-4 就属于简单会计分录。简单会计分录反映问题直观，便于检查。复合会计分录是指两个以上（不含两个）的账户发生对应关系的会计分录，即一借多贷、多借一贷或多借多贷的会计分录。上述例 2-5 就属于复合会计分录。复合会计分录实际上是由几个简单会计分录组合而成的。编制复合会计分录，可以集中、全面地反映某项经济业务的全面情况，可以简化记账手续。在实际工作中，如果一项经济业务涉及多借多贷的科目，为全面地反映此项经济业务，可以编制多借多贷的复合会计分录；为了保持账户对应关系清楚，一般不允许把不同类型的经济业务合并在一起编制复合会计分录。

（2）“借”“贷”记账符号是登记账户的基础

登记账户就是把会计分录的内容在事先设置好的账户中，按照科目不变、记账方向不变、记账金额不变的要求，登记到相应账户中的过程。登记账户是提供会计信息和编制会计报表的基础工作。下面将例 2-3、例 2-4、例 2-5 所编制的三个会计分录分别登记到相应的账户中，如图 2-2 所示。

2.3.3 借贷记账法的账户结构

在借贷记账法下，账户的基本结构是：每一个账户都分为“借方”和“贷方”，通常规定账户的左方为“借方”，账户的右方为“贷方”。我们在账户的借方记录经济业务，可以称为“借记某科目”，在账户的贷方记录经济业务，可以称为“贷记某科目”。

固定资产

借方	贷方
（例 2-3）400 000	

库存现金

借方	贷方
（例 2-4）20 000	
（例 2-5）20 000	

银行存款

借方	贷方
（例 2-5）60 000	（例 2-4）20 000

实收资本

借方	贷方
	（例 2-3）400 000

应收账款

借方	贷方
	（例 2-5）80 000

图 2-2　登记账户

采用借贷记账法时，账户的借、贷两方必做相反方向的记录。即对于每一个账户来说，如果规定借方登记增加额，则贷方登记减少额；如果规定借方登记减少额，则贷方登记增加额。究竟哪个账户的哪一方用来登记增加额，哪一方用来登记减少额，要看账户反映的经济内容，也就是账户的性质，不同性质的账户，其结构是不同的。在借贷记账法下，账户共有四种结构形式。

1. 资产类账户

资产类账户的结构是：账户的借方记录资产的增加额，贷方记录资产的减少额。在一个会计期间内，借方记录的合计数额称作借方发生额，贷方记录的合计数额称作贷方发生额，在每一会计期间的期末将借方和贷方的发生额相比较，其差额称作期末余额。资产类账户的期末余额一般在借方。例如“库存商品”账户，借方记录的增加额要大于（至少等于）贷方记录的减少额，所以形成借方余额（或无余额），借方期末余额转到下一期就成为下一期的借方期初余额。用公式可以表示如下：

$$\text{资产类账户期末借方余额}=\text{资产类账户期初借方余额}+\text{资产类账户本期借方发生额}-\text{资产类账户本期贷方发生额}$$

其结构形式如图 2-3 所示。

资产类账户

借方	贷方
期初余额	
发生额（增加额）	发生额（减少额）
本期发生额（增加额合计）	本期发生额（减少额合计）
期末余额	

图 2-3　资产类账户结构

2. 负债及所有者权益类账户

负债及所有者权益类账户的结构与资产类账户正好相反，其贷方记录负债及所有者权益的增加额，借方记录负债及所有者权益的减少额。负债及所有者权益类账户的期末余额一般在贷方。例如，“短期借款”账户，贷方记录的增加额要大于（至少等于）借方记录的减少额，所以形成贷方余额（或无余额），贷方期末余额转到下一期就成为下一期的贷方期初余额。用公式可以表示如下：

负债及所有者权益类账户期末贷方余额 = 负债及所有者权益类账户期初贷方余额 + 负债及所有者权益类账户本期贷方发生额 − 负债及所有者权益类账户本期借方发生额

其结构形式如图 2-4 所示。

负债及所有者权益类账户

借方	贷方
发生额（减少额）	期初余额 发生额（增加额）
本期发生额（减少额合计）	本期发生额（增加额合计） 期末余额

图 2-4　负债及所有者权益类账户结构

3. 费用类账户

费用类账户的结构与资产类账户的结构基本相同，账户的借方记录费用的增加额，贷方记录费用的减少额（转销额），由于借方记录的费用增加额一般都要通过贷方转出，所以该类账户通常没有期末余额。如果因某种情况有余额，也表现为借方余额。例如，“管理费用”账户的借方记录的增加额于每期期末，都要从贷方转到“本年利润”账户，所以费用类账户期末往往没有余额。

其结构形式如图 2-5 所示。

费用类账户

借方	贷方
发生额（增加额）	发生额（减少额） 转销额
本期发生额（增加额合计）	本期发生额（减少额合计）

图 2-5　费用类账户结构

4. 收入类账户

收入类账户的结构与负债及所有者权益类账户的结构基本相同，收入的增加额记入账户的贷方，收入的减少额（转销额）记入账户的借方，由于贷方记入的收入增加额一般要通过借方转出，所以该类账户通常没有期末余额。如果因某种情况有余额，也表现为贷方余额。例如，“主营业务收入”账户的贷方记录的增加额于每期期末，都要从借方转到“本年利润”账户，所以收入类账户期末往往没有余额。

其结构形式如图 2-6 所示。

收入类账户

借方	贷方
发生额（减少额） 转销额	发生额（增加额）
本期发生额（减少额合计）	期发生额（增加额合计）

图 2-6　收入类账户结构

2.3.4 借贷记账法的记账规则

1. 记账规则

根据复式记账的原理，任何一项经济业务都必须以相等的金额，在两个或两个以上相互关联的账户中进行记录。那么，在借贷记账法下，如何记录经济业务呢？以下通过几笔简单的业务实例，说明借贷记账法的具体运用，进而总结出借贷记账法的记账规律。

【例 2-6】大众公司收到某单位投入的资本 1 000 000 元，存入银行。

这项经济业务一方面使企业资产中的“银行存款”账户增加 1 000 000 元，另一方面使企业所有者权益中的“实收资本”账户增加 1 000 000 元。资产增加记借方，所有者权益增加记贷方。编制会计分录如下：

借：银行存款　　1 000 000

　贷：实收资本　　1 000 000

【例 2-7】大众公司以银行存款 120 000 元偿还前欠应付账款。

这项经济业务一方面使企业资产中的“银行存款”账户减少 120 000 元，另一方面使企业负债中的“应付账款”账户减少 120 000 元。资产减少记贷方，负债减少记借方。编制会计分录如下：

借：应付账款　　120 000

　贷：银行存款　　120 000

【例 2-8】大众公司以银行存款 400 000 元购入新设备一台。

这项经济业务一方面使企业资产中的“银行存款”账户减少 400 000 元，另一方面使企业资产中的“固定资产”账户增加 400 000 元。资产增加记借方，资产减少记贷方。编制会计分录如下：

借：固定资产　　400 000

　贷：银行存款　　400 000

【例 2-9】大众公司从远航公司购入材料 160 000 元，其中 100 000 元以银行存款支付，其余 60 000 元暂欠。

这项经济业务一方面使企业资产中的“原材料”账户增加 160 000 元，另一方面使企业资产中的“银行存款”账户减少 100 000 元，负债中“应付账款”账户增加 60 000 元。资产增加记借方，资产减少记贷方，负债增加记贷方。编制会计分录如下：

借：原材料　　160 000

　贷：银行存款　　100 000

　　　应付账款　　60 000

从以上所举的几个例子可以看出，每一项经济业务发生以后，运用借贷记账法进行账务处理，都必须在记入某一个账户借方的同时记入另一个账户的贷方，而且记入借方的金额总是等于记入贷方的金额。因此我们可以总结出借贷记账法的记账规则（也称记账规律）是：有借必有贷、借贷必相等。经济业务无论多么复杂，归纳起来只有四种类型，都可以按照借贷记账法的记账规则去处理。借贷记账方法的记账规则可用图 2-7 表示。

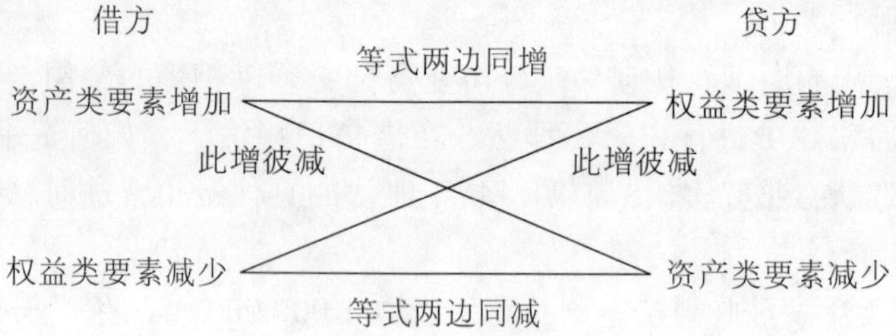

图 2-7　借贷记账法的记账规则

2. 账户的对应关系

运用借贷记账法处理经济业务，在某项经济业务发生时，总会在有关账户之间形成应借、应贷的关系，账户之间这种应借、应贷的相互关系，叫做账户的对应关系，存在着对应关系的账户称为对应账户。例如，用银行存款购买设备，就要在“银行存款”账户的贷方和“固定资产”账户的借方进行记录，这样，“银行存款”账户与“固定资产”账户就发生了对应关系，两个账户也就成了对应账户。通过账户的对应关系，可以了解每项经济业务的内容，以及由此而引起的资金运动的来龙去脉，检查经济业务处理得是否合理合法。

2.3.5　借贷记账法的试算平衡

试算平衡，就是根据“资产=负债+所有者权益”的平衡原理，按照“有借必有贷、借贷必相等”记账规则的要求，通过汇总计算和比较，来检查账户记录的正确性、完整性。

采用借贷记账法，由于对任何经济业务都是按照“有借必有贷、借贷必相等”的记账规则记入各有关账户的，所以不仅每一笔会计分录借贷方发生额相等，而且某一会计期间的全部经济业务都记入相关账户以后，所有账户的借方发生额合计数必然等于贷方发生额合计数。同时，期末结账以后，有借方余额的账户是资产类账户，有贷方余额的账户是负债和所有者权益类账户，根据“资产=负债+所有者权益”的平衡原理，全部账户借方余额合计数必然等于全部账户贷方余额合计数。因此，通过所有账户借贷两方本期发生额和期末余额的试算，如果借贷两方金额相等，则可以认为账户记录基本正确；反之，如果借贷两方金额不相等，则表明账户记录一定有错误。在借贷记账法下，账户发生额及余额的试算平衡计算公式分别为：

全部账户借方发生额合计数=全部账户贷方发生额合计数

全部账户借方余额合计数=全部账户贷方余额合计数

试算平衡工作，通常是在会计期末结出各个账户的本期发生额和期末余额后，通过编制总分类账户发生额试算平衡表和总分类账户余额试算平衡表来进行的。现将以上举例中的大众公司的 4 笔经济业务记入有关总分类账户，并结出各账户本期发生额和期末余额（如图 2-8 所示），分别编制总分类账户发生额试算平衡表（见

表 2-4）和总分类账户期末余额试算平衡表（见表 2-5）。

借方　**银行存款**　贷方

期初余额	1 200 000		
(例 2-6)	1 000 000		
		(例 2-7)	120 000
		(例 2-8)	400 000
		(例 2-9)	100 000
本期发生额	1 000 000	本期发生额	620 000
期末余额	1 580 000		

借方　**实收资本**　贷方

		期初余额	2 480 000
		(例 2-6)	1 000 000
本期发生额	0	本期发生额	1 000 000
		期末余额	3 480 000

借方　**应付账款**　贷方

		期初余额	800 000
(例 2-7)	120 000		
		(例 2-9)	60 000
本期发生额	120 000	本期发生额	60 000
		期末余额	740 000

借方　**固定资产**　贷方

期初余额	2 000 000		
(例 2-8)	400 000		
本期发生额	400 000	本期发生额	0
期末余额	2 400 000		

借方　**原材料**　贷方

期初余额	40 000		
(例 2-9)	160 000		
本期发生额	160 000	本期发生额	0
期末余额	200 000		

借方　**库存现金**　贷方

期初余额	40 000		
期末余额	40 000		

图 2-8　各账户本期发生额和期末余额

表 2-4 **总分类账户发生额试算平衡表**

2017 年 1 月 31 日 单位：元

账户名称	本期发生额	
	借方	贷方
银行存款	1 000 000	620 000
原材料	160 000	0
固定资产	400 000	0
应付账款	120 000	60 000
实收资本	0	1 000 000
合　计	1 680 000	1 680 000

表 2-5 **总分类账户期末余额试算平衡表**

2017 年 1 月 31 日 单位：元

账户名称	期末余额	
	借方	贷方
库存现金	40 000	
银行存款	1 580 000	
原材料	200 000	
固定资产	2 400 000	
应付账款		740 000
实收资本		3 480 000
合　计	4 220 000	4 220 000

在实际工作中，为了方便起见，还可将总分类账户发生额试算平衡表和总分类账户余额试算平衡表合并在一起，并结合各账户的期初余额，编制总分类账户发生额及余额试算平衡表（见表 2-6）。这样，在一张表上既可以进行总分类账户发生额平衡的试算，又能进行总分类账户余额平衡的试算。

必须指出，试算平衡具有局限性，经过试算，借贷金额相等，也不足以说明账户记录完全没有错误。因为有些错误并不影响借贷双方的平衡，通过试算也无法发现，如一笔经济业务重复记账、一笔经济业务漏记账、借贷记账方向彼此颠倒或方向正确但记错了账户等。

表 2-6　**总分类账户发生额及余额试算平衡表**

2017 年 1 月 31 日　单位：元

账户名称	期初余额		本期发生额		期末余额	
	借方	贷方	借方	贷方	借方	贷方
库存现金	40 000		0	0	40 000	
银行存款	1 200 000		1 000 000	620 000	1 580 000	
原材料	40 000		160 000	0	200 000	
固定资产	2 000 000		400 000	0	2 400 000	
应付账款		800 000	120 000	60 000		740 000
实收资本		2 480 000	0	1 000 000		3 480 000
合　计	3 280 000	3 280 000	1 680 000	1 680 000	4 220 000	4 220 000

2.4　总分类账户与明细分类账户

2.4.1　总分类账户与明细分类账户的关系

账户的开设是和会计科目的设置相适应的。会计科目分为总分类科目和明细分类科目，账户也就相应地分为成总分类账户和明细分类账户。

总分类账户及其所属明细分类账户在核算内容上是相同的，登记的原始依据也相同，只是两者对各个会计要素增减变化及其结果的反映详略程度不同，前者是总括反映，后者是详细反映。总分类账户是反映其所属明细分类账户的总括资料，对明细分类账户起统驭作用，所以在实际工作中常称其为明细分类账户的“统驭账户”或“控制账户”；明细分类账户是总分类账户的详细说明，对总分类账户所反映的总括资料作补充说明，所以称其为总分类账户的“辅助账户”。

例如，在“原材料”账户下按每一种原材料分别设置明细分类账户，既能通过“原材料”总分类账户总括反映所有原材料增减变化及其结果，又能通过其明细分类账户详细、具体地反映每一种原材料的增减变化和结果。

又如，“应付账款”账户只能总括反映全部应付账款结算情况，不能详细、具体地反映出每一债权人的情况，为此，需要在“应付账款”账户下按每一债权人设置明细分类账户。

明细分类账户的设置应遵循重要性原则，对重要经济业务应分项核算、分别反映。

再如，“应收账款”账户可按客户设置明细分类账户，“应交税费”账户可按税种设置明细分类账户。

对于一些比较复杂的经济业务内容，还可在总分类账户和明细分类账户之间再设置二级账户。如“原材料”账户除设置总分类账户、明细分类账户外，还可按原材料大类设置“原料及主要材料”“燃料”等二级账户。

2.4.2 总分类账户与明细分类账户的平行登记

1. 总分类账户与明细分类账户平行登记的概念

总分类账户和明细分类账户，两者登记的经济业务内容相同，仅是详略程度不一样。因而两者的关系，从提供的会计核算资料的角度看，存在着统驭和从属关系；从数量上看，存在着平衡关系。因此，在核算中对两者采用平行登记的方法。所谓总分类账户与明细分类账户的平行登记是指对所发生的每项经济业务都要以会计凭证为依据，一方面记入有关总分类账户，另一方面也要记入有关总分类账户所属的明细分类账户的方法。

2. 总分类账户与明细分类账户平行登记的要点

①相同依据，即将发生的交易或事项记入总分类账户及其所属明细分类账户时，所依据的会计凭证（特别是原始凭证）相同。虽然登记总分类账户及其所属明细分类账户的直接依据不一定相同，但原始依据是相同的。

②相同方向，即将发生的交易或事项记入总分类账户及其所属明细分类账户时，记账的借贷方向应当一致。如果该项经济业务记账时记入总分类账户的借方（或贷方），记入其所属的明细分类账户时，也应记入借方（或贷方）。

③相同期间，即对发生的每一交易或事项，既要记入有关的总分类账户，又要在同一会计期间内记入其所属明细分类账户。尽管登记总分类账户与明细分类账户的具体日期不一定相同，但都要在同一会计期间内进行登记。

④相同金额，即对发生的每一交易或事项，记入总分类账户的金额与记入其所属明细分类账户的金额之和相等。

3. 平行登记的步骤

首先，将月初余额分别记入总分类账户及其所属明细分类账户。在总分类账户中只以价值量体现，在存货类明细分类账户中，还需登记数量和单价，即同时以价值量和实物量反映。

其次，根据经济业务发生（增减）的先后次序在总分类账户及其所属明细分类账户中进行平行登记，并计算出各账户的本期发生额合计和期末余额合计。

最后，在期末可以对总分类账户及其所属明细分类账户进行核对和检查，以便发现和纠正错误。通常这种核对是通过编制“总分类账户和明细分类账户发生额及余额对照表”进行的。

下面举例说明总分类账户和明细分类账户平行登记的方法。

【例 2-10】2017 年 1 月 1 日，企业的“原材料”和“应付账款”总分类账户及其所属明细分类账户的余额如下：

“原材料”总账账户为借方余额 35 000 元，其所属明细分类账户结存情况为：

“甲材料”明细账户，结存 2 000 千克，单位成本为 10 元，金额计 20 000 元；

“乙材料”明细账户，结存 50 吨，单位成本为 300 元，金额计 15 000 元。

“应付账款”总账账户为贷方余额 10 000 元，其所属明细分类账户余额为：

“A 工厂”明细账户，贷方余额 6 000 元；

“B 工厂”明细账户，贷方余额 4 000 元。

2017 年 1 月份，企业发生的有关交易或事项及其会计处理如下：

（1）1 月 9 日，向 A 工厂购入甲材料 500 千克，单价 10 元，计 5 000 元；向 B 工厂购入乙材料 100 吨，单价 300 元，计 30 000 元，甲、乙材料已验收入库，货款均尚未支付。

对发生的该交易或事项，企业应编制会计分录如下：

借：原材料——甲材料　　5 000
　　　　　——乙材料　　30 000
　贷：应付账款——A 工厂　　5 000
　　　　　　　——B 工厂　　30 000

（2）1 月 12 日，向 A 工厂购入甲材料 400 千克，单价 10 元，计 4 000 元；乙材料 50 吨，单价 300 元，计 15 000 元，材料均已验收入库，货款尚未支付。

对发生的该交易或事项，企业应编制会计分录如下：

借：原材料——甲材料　　4 000
　　　　　——乙材料　　15 000
　贷：应付账款——A 工厂　　19 000

（3）1 月 20 日，以银行存款偿付前欠 A 工厂的货款 20 000 元，B 工厂货款 30 000 元。

对发生的该交易或事项，企业应编制会计分录如下：

借：应付账款——A 工厂　　20 000
　　　　　　——B 工厂　　30 000
　贷：银行存款　　50 000

（4）1 月 26 日，生产车间为生产产品从仓库领用甲材料 1 000 千克，金额为 10 000 元；领用乙材料 100 吨，金额为 30 000 元。

对发生的该交易或事项，企业应编制会计分录如下：

借：生产成本　　40 000
　贷：原材料——甲材料　　10 000
　　　　　　——乙材料　　30 000

根据平行登记的要求，将上述交易或事项在“原材料”和“应付账款”总分类账户及其所属明细分类账户中进行登记。平行登记结果见表 2-7、表 2-8、表 2-9、表 2-10、表 2-11 和表 2-12。

表 2-7 **总分类账**

账户名称：原材料

2017年 月	日	凭证号数	摘要	借方	贷方	借或贷	余额
1	1		期初余额			借	35 000
1	9	(1)	购入材料	35 000		借	70 000
1	12	(2)	购入材料	19 000		借	89 000
1	26	(4)	领用材料		40 000	借	49 000
			本月合计	54 000	40 000	借	49 000

表 2-8 **总分类账**

账户名称：应付账款

2017年 月	日	凭证号数	摘要	借方	贷方	借或贷	余额
1	1		期初余额			贷	10 000
1	9	(1)	购料欠款		35 000	贷	45 000
1	12	(2)	购料欠款		19 000	贷	64 000
1	20	(3)	偿还欠款	50 000		贷	14 000
			本月合计	50 000	54 000	贷	14 000

表 2-9 **原材料明细分类账** 计量单位：千克

明细账户：甲材料 金额单位：元

2017年		凭证号数	摘要	收入			发出			结存		
月	日			数量	单价	金额	数量	单价	金额	数量	单价	金额
1	1		期初余额							2 000	10	20 000
1	9	(1)	购入材料	500	10	5 000				2 500	10	25 000
1	12	(2)	购入材料	400	10	4 000				2 900	10	29 000
1	26	(4)	生产领料				1 000	10	10 000	1 900	10	19 000
			本月合计	900		9 000	1 000		10 000	1 900	10	19 000

表 2-10　　原材料明细分类账　　计量单位：吨

明细账户：乙材料　　金额单位：元

2017年		凭证号数	摘要	收入			发出			结存		
月	日			数量	单价	金额	数量	单价	金额	数量	单价	金额
1	1		期初结存							50	300	15 000
1	9	（1）	购入材料	100	300	30 000				150	300	45 000
1	12	（2）	购入材料	50	300	15 000				200	300	60 000
1	26	（4）	生产领料				100	300	30 000	100	300	30 000
			本月合计	150		45 000	100		30 000	100	300	30 000

表 2-11　　应付账款明细分类账

明细账户：A 工厂　　单位：元

2017年		凭证号数	摘要	借方	贷方	借或贷	余额
月	日						
1	1		期初余额			贷	6 000
1	9	（1）	购料欠款		5 000	贷	11 000
1	12	（2）	购料欠款		19 000	贷	30 000
1	20	（3）	偿还欠款	20 000		贷	10 000
			本月合计	20 000	24 000	贷	10 000

表 2-12　　应付账款明细分类账

明细账户：B 工厂　　单位：元

2017年		凭证号数	摘要	借方	贷方	借或贷	余额
月	日						
1	1		期初余额			贷	4 000
1	9	（1）	购料欠款		30 000	贷	34 000
1	20	（3）	偿还欠款	30 000		贷	4 000
			本月合计	30 000	30 000	贷	4 000

总分类账户与其所属明细分类账户之间平行登记的结果是：总分类账户与其所属明细分类账户之间必然形成相互核对的关系，可用公式表示如下：

总分类账户期初借（或贷）方余额=所属明细分类账户期初借（或贷）方余额之和

总分类账户本期借（或贷）方发生额=所属明细分类账户本期借（或贷）方发生额之和

总分类账户期末借（或贷）方余额=所属明细分类账户期末借（或贷）方余额之和

拓展阅读 2

基本训练

一、单项选择题

1. 账户是根据（　　）开设的。

A. 会计科目　B. 会计准则　C. 财务报告　D. 会计制度规定

2. 简单会计分录是指（　　）的会计分录。

A. 一借一贷　B. 一借多贷　C. 一贷多借　D. 多借多贷

3. 在下列账户中，期末一般没有余额的是（　　）。

A. “生产成本”账户　B. “应交税费”账户

C. “制造费用”账户　D. “累计折旧”账户

4. 在下列各项中，属于长期负债的是（　　）。

A. 应付账款　B. 应付债券

C. 应付职工薪酬　D. 预收款项

5. 在下列各项中，不属于损益类科目的是（　　）。

A. 销售费用　B. 管理费用

C. 制造费用　D. 财务费用

6. 投资人投入的资金和债权人投入的资金，投入企业后，形成企业的（　　）。

A. 权益　B. 费用　C. 负债　D. 资产

7. 会计科目与账户的本质区别在于（　　）。

A. 反映的经济内容不同　B. 记录资产和权益的内容不同

C. 记录资产和权益的方法不同　D. 账户有结构，会计科目无结构

8. 下列说法正确的是（　　）。

A. 资产类账户的期末余额一般在借方

B. 资产类账户一般无期末余额

C. 资产类账户的借方记录资产的减少额，贷方记录资产的增加额

D. 资产类账户期末借方余额=资产类账户期初借方余额-资产类账户本期借方发生额+资产类账户本期贷方发生额

9. 在借贷记账法下，“借”方登记（　　）。

A. 资产的增加　B. 资产的减少

C. 负债的增加　D. 收入的增加

10. 下列关于收入类账户的说法错误的是（　　）。

A.收入类账户的借方记录减少额
B.收入类账户的贷方记录增加额
C.收入类账户通常没有期末余额
D.收入类账户的期末余额通常在借方

二、多项选择题

1.复式记账法包括（　　）。
A.借贷记账法　　B.增减记账法
C.收付记账法　　D.平行登记法

2.借贷记账法下的试算平衡公式有（　　）。
A.借方科目金额=贷方科目金额
B.借方期末余额=借方期初余额+本期借方发生额-本期贷方发生额
C.全部账户借方发生额合计=全部账户贷方发生额合计
D.全部账户借方余额合计=全部账户贷方余额合计

3.在下列经济业务中，引起资产一增一减的有（　　）。
A.以银行存款购买设备　（　　）B.从银行提取库存现金
C.以银行存款购买材料　（　　）D.以银行存款偿还前欠货款

4.设置会计科目的原则有（　　）。
A.必须符合会计对象的特点，全面反映会计对象的内容
B.既要符合对外报告的要求，又要满足内部经济管理的需要
C.既要适应经济业务发展的需要，又要保持相对稳定
D.统一性与灵活性相结合，简单明确，通俗易懂

5.复式记账法的原则是（　　）。
A.以会计等式作为记账基础
B.对每项经济业务都必须以相等的金额在相互联系的两个或两个以上账户中进行记录
C.按经济业务对会计等式的影响类型进行记录
D.一定期间汇总的全部账户记录应当平衡

三、判断题

1.会计科目与账户两者所反映的经济内容是相同的。（　　）
2.资产类账户的贷方用来记录资产的增加额，借方记录资产的减少额。（　　）
3.单式记账法有时也会在经济业务发生后，在相关的两个账户中进行登记。（　　）
4.本期增加发生额-本期减少发生额=本期期末余额-本期期初余额。（　　）
5.通过试算平衡检查账簿记录后，若左右平衡就可以确定记账没有错误。（　　）
6.借贷记账法的记账规则是有借必有贷，借贷必相等。（　　）
7.如果记账时出现重记、漏记整笔业务，都可以通过试算平衡检查出来。

（ ）

8. 记账时，将借贷方向记错，不会影响借贷双方的平衡关系。（ ）

9. 借贷记账法是目前比较成熟、完善和科学的单式记账法。（ ）

10. 总分类账户的期初余额与其所属的几个明细分类账户的期初余额之和相等。

（ ）

四、简答题

1. 什么是会计科目？什么是账户？两者有何异同？
2. 账户的基本结构如何？
3. 什么是复式记账方法？该方法有何优点？
4. 何谓借贷记账法？借贷记账法下账户的基本结构是怎样的？
5. 什么是平行登记？平行登记的要点有哪些？
6. 所有者权益类账户的特点有哪些？

五、计算题

1.【目的】练习借贷记账法下编制会计分录、登记账户并编制试算平衡表。

【要求】根据下列资料：

（1）开设有关的T形账户，并登记期初余额；

（2）编制会计分录；

（3）根据会计分录登记账户并结出每个账户的本期发生额和期末余额；

（4）编制期末发生额试算平衡表和余额试算平衡表。

【资料】某企业2017年6月1日有关账户余额见表2-13。

表2-13 **某企业账户余额表** 单位：元

项 目	金 额	项 目	金 额
固定资产借方余额	720 000	实收资本贷方余额	1 320 000
原材料借方余额	212 000	短期借款贷方余额	224 000
库存现金借方余额	2 000	应付账款贷方余额	302 000
应收账款借方余额	719000	银行存款借方余额	77 000
库存商品借方余额	116 000		

该企业2017年6月份发生下列经济业务：

（1）收到投资者投入设备一台，价值180 000元。

（2）从银行取得短期借款300 000元，存入银行。

（3）购入材料120 000元，材料已验收入库，料款未付。

（4）用银行存款40 000元，归还银行短期借款。

（5）开出转账支票一张，偿还上月所欠购货款60 000元。

（6）开出现金支票，从银行提取现金2 000元备用。

（7）向银行借入短期借款50 000元，已存入银行。

2.【目的】练习总分类账与明细分类账的平行登记。

【要求】根据下列资料：

（1）编制会计分录；

（2）对“原材料”和“应付账款”两个总分类账户及其所属明细分类账户进行平行登记。

【资料】大华公司 2017 年 7 月 1 日“原材料”和“应付账款”两个总分类账户及其所属明细分类账户的有关资料如下：

“原材料”总分类账户有借方余额 160 000 元，其所属明细分类账户余额见表 2-14。

表 2-14　**“原材料”所属明细分类账户余额**

名　称	重　量	单　价	金　额
甲材料	800 千克	120 元	96 000 元
乙材料	400 千克	160 元	64 000 元
合　计			160 000 元

“应付账款”总分类账户有贷方余额 64 000 元，其所属明细分类账户余额见表 2-15。

表 2-15　**“应付账款”所属明细分类账户余额**

名　称	金　额
A 公司	40 000 元
B 公司	24 000 元
合　计	64 000 元

该公司 7 月份发生下列经济业务：

（1）7 月 2 日，向 A 公司购入甲材料 500 千克，单价 120 元，价款 60 000 元；乙材料 600 千克，单价 160 元，价款 96 000 元。材料已验收入库，货款尚未支付。

（2）7 月 6 日，车间生产产品从仓库领用原材料一批，其中甲材料 1 000 千克，单价 120 元，计 120 000 元；乙材料 500 千克，单价 160 元，计 80 000 元。

（3）7 月 12 日，向 B 公司购入材料一批，其中：甲材料 300 千克，单价 120 元，价款 36 000 元；乙材料 1 000 千克，单价 160 元，价款 160 000 元。材料已验收入库，货款尚未支付。

（4）7 月 20 日，以银行存款偿还欠 A 公司的货款 90 000 元，偿还欠 B 公司的货款 12 000 元。

3.【目的】会计分录的编写。

【要求】写出下列业务的会计分录。

【资料】（1）从银行提取库存现金 2 000 元，备用。

（2）行政部门以转账支票 2 500 元购入传真机一台。

（3）向银行借入短期借款 100 000 元，存入开户银行。

（4）向用户销售商品，售价 5 000 元，款项尚未收回。

（5）收到投资者的投资 150 000 元，已存入银行。

（6）购入甲材料，货款 3 000 元，款项尚未支付。

（7）收回商品销售款 5 000 元，存入银行。

（8）支付前欠货款 3 000 元，以转账支票支付。

第3章　账户和复式记账的应用

学习目标

- ◆ 了解制造业企业经营循环的主要经济业务内容。
- ◆ 掌握制造业企业筹资业务的核算内容和方法。
- ◆ 掌握制造业企业购进业务的核算内容和方法。
- ◆ 掌握制造业企业产品生产过程业务的核算内容和方法。
- ◆ 掌握制造业企业产品销售过程业务的核算内容和方法。
- ◆ 掌握制造业企业利润形成和利润分配等主要经济业务的核算内容和方法。

3.1　筹资业务的核算

3.1.1　筹资业务的核算内容

为了进行生产经营活动，企业必须拥有一定数量的资金。资金的投入既是企业资金运动的起点，也是企业生产经营活动的首要条件。目前，我国企业资金投入主要包括所有者投入资金和债权人投入资金两种基本形式。

为使企业具备与其生产经营相适应的资金数额，确保企业从事生产经营活动对资金的需要，企业的所有者必须向企业投入一定的资本金。资本金就是企业在工商行政管理部门登记的注册资本。按照投资主体的不同，资本金分为国家资本金、法人资本金、个人资本金和外商资本金等。投资者可以用货币资金出资，也可以用实物资产、无形资产等财产作价出资。

企业除了必须接受所有者投入的资本外，还会从银行或其他非银行金融机构借入资金，以及通过赊购货物、推迟付款、发行债券等方式筹集资金。这些属于债权人投入的资金，形成企业的负债。

3.1.2　设置和应用的账户

1.“库存现金”账户

“库存现金”账户，用来核算企业库存现金的增减变动及其结存情况。该账户借方登记库存现金的增加数；贷方登记库存现金的减少数；期末余额在借方，表示企业持有库存现金的实有数。企业应当设置“库存现金日记账”，每日终了，应当计算当日的库存现金收入合计数、库存现金支出合计数和结余数，将结余数与实际库存额核对，做到账款相符。“库存现金”账户的结构如下：

借方 库存现金	贷方
期初余额：库存现金的上期结存数	
库存现金的增加数	库存现金的减少数
期末余额：库存现金的结存数	

2.“银行存款”账户

“银行存款”账户，用来核算企业存入银行或其他金融机构的各种款项。该账户的借方登记银行存款的增加数；贷方登记银行存款的减少数；期末余额在借方，表示存入银行或其他金融机构各种款项的结余数。该账户可按开户银行和其他金融机构、存款种类等设置“银行存款日记账”，进行明细分类核算。“银行存款”账户的结构如下：

借方 银行存款	贷方
期初余额：银行存款的上期结存数	
银行存款的增加数	银行存款的减少数
期末余额：银行存款的结存数	

3.“实收资本（股本）”账户

“实收资本（股本）”账户（股份公司为“股本”账户），用来核算企业接受投资者投入的实收资本（股本）。该账户贷方登记企业接受投资者投入的资本数；借记登记企业按法定程序报经批准减少的注册资本；期末余额在贷方，表示企业实收资本（股本）总额。该账户按投资者进行明细分类核算。“实收资本（股本）”账户的结构如下：

借方 实收资本（股本）	贷方
	期初余额：投入资本的上期账面实存数额
投入资本的减少数	投入资本的增加数
	期末余额：投入资本的账面实存数额

4.“资本公积”账户

“资本公积”账户，用来核算企业收到投资者出资额超出其在注册资本或股本中所占份额的部分以及直接计入所有者权益的利得和损失。该账户贷方登记企业资本公积的增加数；借记登记企业资本公积的减少数；期末余额在贷方，表示企业资本公积的结存数额。该账户应当分别“资本溢价（股本溢价）”“其他资本公积”进行明细分类核算。“资本公积”账户的结构如下：

借方 资本公积	贷方
	期初余额：资本公积的上期账面实存数额
资本公积的减少数	资本公积的增加数
	期末余额：资本公积的账面实存数额

5.“短期借款”账户

“短期借款”账户，用来核算企业向银行或其他金融机构等借入的期限在1年以下（含1年）的各种借款。该账户贷方登记企业取得的各种短期借款；借方登记企业归还的各种短期借款；期末余额在贷方，表示尚未归还的短期借款。该账户可按借款种类、贷款人和币种设置明细账，进行明细分类核算。“短期借款”账户的结构如下：

借方　**短期借款**　贷方

	期初余额：上期期末尚未归还的短期借款
归还短期借款	取得短期借款
	期末余额：期末尚未归还的短期借款

6.“财务费用”账户

“财务费用”账户，用来核算企业为筹集生产经营所需资金等而发生的筹资费用，包括利息支出（减利息收入）、汇兑损益以及相关的手续费等。该账户借方登记企业发生的各项财务费用；贷方登记利息收入、汇兑收益及期末结转到“本年利润”账户的财务费用；期末结转后该账户无余额。本账户可按费用项目进行明细分类核算。“财务费用”账户的结构如下：

借方　**财务费用**　贷方

发生的各项财务费用	发生的应冲减财务费用的利息收入、汇兑收益 期末转入“本年利润”账户的财务费用

7.“应付利息”账户

“应付利息”账户，用来核算企业按照合同约定应支付的利息，包括吸收存款、分期付息到期还本的长期借款、企业债券等应支付的利息。该账户贷方登记企业期末计算出的应该支付而尚未支付的利息；借方登记企业实际支付的利息；期末余额在贷方，表示期末应付未付的利息。本账户可按债权人进行明细分类核算。“应付利息”账户的结构如下：

借方　**应付利息**　贷方

	期初余额：上期期末应付未付的利息
实际支付的利息	期末计算出的应付未付的利息
	期末余额：期末应付未付的利息

8.“固定资产”账户

“固定资产”账户，用来核算企业持有的固定资产原价。该账户借方登记购入、建造、接受投入等原因所引起的固定资产增加；贷方登记出售等原因引起的固定资产减少；期末余额在借方，表示期末结存固定资产的原始价值。本账户可按固定资产类别和项目进行明细分类核算。“固定资产”账户的结构如下：

借方	固定资产 贷方
期初余额：上期结存固定资产的原始价值	
增加固定资产的原始价值	减少固定资产的原始价值
期末余额：结存固定资产的原始价值	

3.1.3 核算举例

1. 所有者投入资金的核算

【例 3-1】2017 年 1 月 10 日，企业收到国家 2 000 000 元的货币资金投资，款项已存入银行。

这项经济业务的发生，一方面使企业的银行存款增加 2 000 000 元，另一方面使企业的所有者权益增加，形成企业的资本金。因此，这项经济业务涉及“银行存款”和“实收资本”两个账户。银行存款的增加，应记入“银行存款”账户的借方，国家对企业投资的增加是所有者权益中资本金的增加，应记入“实收资本”账户的贷方。其应编制的会计分录为：

借：银行存款　　　2 000 000

　贷：实收资本　　　2 000 000

【例 3-2】2017 年 1 月 10 日，企业收到环宇公司投入的全新设备一台，评估确认的价值为 250 000 元，作为对企业的投资。

这项经济业务的发生，一方面使企业的固定资产增加 250 000 元，另一方面使环宇公司对企业的投资也增加。因此，这项经济业务涉及“固定资产”和“实收资本”两个账户。固定资产的增加是资产的增加，应记入“固定资产”账户的借方；环宇公司对企业投资的增加是所有者权益的增加，应记入“实收资本”账户的贷方。其应编制的会计分录为：

借：固定资产　　　250 000

　贷：实收资本　　　250 000

【例 3-3】2017 年 1 月 21 日，企业收到宏大公司投入的货币资金 3 100 000 元，款项已存入银行，宏大公司投入资本超出其在注册资本中所占份额 100 000 元。

这项经济业务的发生，一方面使企业的银行存款增加 3 100 000 元，另一方面使企业的所有者权益增加 3 100 000 元。银行存款的增加，应记入“银行存款”账户的借方，所有者权益增加中有 3 000 000 元属于企业的注册资本，记入“实收资本”账户的贷方，超过注册资本的 100 000 元作为资本溢价，记入“资本公积”账户的贷方。其应编制的会计分录为：

借：银行存款　　　3 100 000

　贷：实收资本　　　3 000 000

　　资本公积——资本溢价　　　100 000

2. 债权人投入资金的核算

【例 3-4】企业于 2017 年 1 月 1 日从银行取得借款 1 000 000 元，期限为 6 个月，年利率为 6%，利息按季结算支付，借款存入银行。

2017 年 1 月 1 日，从银行取得借款时：

这项经济业务的发生，一方面使银行存款增加 1 000 000 元，另一方面使企业的短期借款增加 1 000 000 元。因此，这项经济业务涉及“银行存款”和“短期借款”两个账户。银行存款的增加，应记入“银行存款”账户的借方，短期借款的增加，应记入“短期借款”账户的贷方。其应编制的会计分录为：

借：银行存款　　1 000 000

　贷：短期借款　　1 000 000

2017 年 1 月 31 日，计提当月借款利息时：

这项经济业务的发生，一方面会增加当期利息费用，另一方面利息尚未支付，会增加负债。因此，这项经济业务涉及“财务费用”和“应付利息”两个账户。增加当期利息费用，应记入“财务费用”账户的借方，利息尚未支付增加负债，应记入“应付利息”账户的贷方。其应编制的会计分录为：

借：财务费用　　5 000

　贷：应付利息　　5 000

2017 年 2 月至 6 月，每月月末计提借款利息时进行相同的会计处理。

2017 年 3 月 31 日，支付短期借款第一季度利息时：

这项经济业务的发生，一方面会减少企业的银行存款，另一方面会减少负债。因此，这项经济业务涉及“银行存款”和“应付利息”两个账户。偿还尚未支付的利息，应记入“应付利息”账户的借方，用银行存款偿还，应记入“银行存款”账户的贷方。其应编制的会计分录为：

借：应付利息　　15 000

　贷：银行存款　　15 000

2017 年 6 月末，支付第二季度短期借款利息时进行相同的会计处理。

2017 年 7 月 1 日借款到期，偿还借款本金时：

这项经济业务的发生，一方面使银行存款减少 1 000 000 元，另一方面使企业的短期借款减少 1 000 000 元。因此，这项经济业务涉及“银行存款”和“短期借款”两个账户。短期借款的减少，应记入“短期借款”账户的借方，银行存款的减少，应记入“银行存款”账户的贷方。其应编制的会计分录为：

借：短期借款　　1 000 000

　贷：银行存款　　1 000 000

3.2 购进业务的核算

3.2.1 购进业务的核算内容

企业要从事正常生产经营活动，就必须建造厂房、购置机器设备和采购材料物资，形成生产储备，保证生产需要，而这些生产储备大多是企业外购的。购进业务的核算主要包括固定资产的购建和材料采购业务的核算。本节主要介绍材料购进业务的核算。

材料购进业务的核算内容主要是：核算和监督材料的买价和采购费用的发生情况，确定材料采购成本；核算和监督与供应单位及其他有关单位款项的结算情况；核算和监督供应阶段材料储备资金的占用情况等。

3.2.2 设置和应用的账户

1. "材料采购" 账户

"材料采购" 账户，用来核算企业购入材料、商品等发生的买价和采购费用，确定购入材料、商品等的采购成本情况。该账户借方登记购入材料、商品的买价和采购费用；贷方登记已验收入库材料、商品的实际采购成本；期末余额在借方，表示企业在途物资、商品等的采购成本。本账户可按材料、商品等的品种进行明细分类核算。"材料采购" 账户的结构如下：

借方 **材料采购** 贷方

期初余额：上期期末在途物资、商品的采购成本	
购入材料、商品的买价和采购费用	已验收入库材料、商品的实际采购成本
期末余额：在途物资、商品的采购成本	

2. "原材料" 账户

"原材料" 账户，用来核算企业库存的各种材料的实际成本。该账户借方登记验收入库的材料的实际成本；贷方登记发出材料的实际成本；期末余额在借方，表示企业库存材料的实际成本。本账户可按材料的保管地点（仓库）、材料的类别、品种和规格等设置材料明细账（或材料卡片），进行明细分类核算。"原材料" 账户的结构如下：

借方 **原材料** 贷方

期初余额：上期期末结存材料的实际成本	
入库材料的实际成本	发出材料的实际成本
期末余额：结存材料的实际成本	

3. "应付账款" 账户

"应付账款" 账户，用来核算企业因购买材料、商品和接受劳务等经营活动应支付的款项。该账户贷方登记因购买材料、商品和接受劳务等经营活动所发生的应付未付账款；借方登记支付的应付账款，期末余额在贷方，表示尚未支付的应付款项。本账户可按债权人进行明细分类核算。“应付账款”账户的结构如下：

借方 **应付账款** 贷方

	期初余额：上期期末尚未支付的应付账款
支付应付供应单位的款项	应付供应单位的款项
	期末余额：尚未支付的应付账款

4.“应付票据”账户

“应付票据”账户，用来核算企业因购买材料、商品和接受劳务供应等开出、承兑的商业汇票，包括银行承兑汇票和商业承兑汇票。该账户贷方登记企业开出、承兑的商业汇票；借方登记到期已支付或转出的商业汇票；期末余额在贷方，表示尚未到期的商业汇票的票面金额。“应付票据”账户的结构如下：

借方 **应付票据** 贷方

	期初余额：上期期末尚未支付的应付票据款
本期支付或转出的应付票据款	本期增加的应付票据款
	期末余额：尚未支付的应付票据款

5.“预付账款”账户

“预付账款”账户，用来核算企业按照合同规定预付的款项。该账户借方登记企业预付或补付的款项；贷方登记所购货物或接受劳务的金额及退回多付的款项；期末余额一般在借方，表示企业预付的款项。本账户可按供货单位进行明细分类核算。“预付账款”账户的结构如下：

借方 **预付账款** 贷方

期初余额：上期期末企业预付的款项	
向供应单位预付或补付的货款	所购货物或接受劳务的金额及退回多付的款项
期末余额：企业预付的款项	

6.“应交税费”账户

“应交税费”账户，用来核算企业按照税法等规定计算应缴纳的各种税费，包括增值税、消费税、城市维护建设税、资源税、教育费附加及房产税、城镇土地使用税、车船税等相关税费。该账户贷方登记计算出的应交未交的各种税费，借方登记实际缴纳的各种税费；期末余额一般在贷方，表示尚未缴纳的税费。“应交税费”账户的结构如下：

借方 **应交税费** 贷方

	期初余额：上期期末尚未缴纳的税费
实际缴纳的各种税费	计算出的应交未交的各种税费
	期末余额：尚未缴纳的税费

本账户可按应交的税费项目进行明细分类核算。应交增值税还应分别设置“进项税额”“销项税额”“出口退税”“进项税额转出”“已交税金”等专栏。

3.2.3 核算举例

【例 3-5】企业从宏光公司购入甲材料 10 吨，单价 5 000 元，材料买价为 50 000 元，增值税税额为 8 000 元（50 000×16%），货款和税款已用银行存款支付，材料尚未验收入库。

这项经济业务的发生，一方面引起材料采购成本增加 50 000 元，应交税费减少 8 000 元，另一方面引起企业的银行存款减少 58 000 元。由于所购材料尚未验收入库，所以，这项经济业务涉及“材料采购——甲材料”“应交税费——应交增值税”和“银行存款”三个账户。材料的买价记入“材料采购”账户的借方，增值税进项税额的增加是负债的减少，应记入“应交税费——应交增值税”账户的借方，银行存款的减少记入“银行存款”账户的贷方。其应编制的会计分录为：

借：材料采购——甲材料　　50 000
　　应交税费——应交增值税（进项税额）　　8 000
　贷：银行存款　　58 000

【例 3-6】以库存现金 900 元支付购入甲材料的外地运费。

这项经济业务的发生，一方面引起材料采购成本增加 900 元，另一方面引起企业的库存现金减少 900 元。因此，这项经济业务涉及“材料采购”和“库存现金”两个账户。材料的外地运费记入“材料采购”账户的借方，库存现金的减少记入“库存现金”账户的贷方。其应编制的会计分录为：

借：材料采购——甲材料　　900
　贷：库存现金　　900

上述购入的甲材料如数验收入库，结转入库材料的实际采购成本。

这项经济业务的发生，需将通过“材料采购”账户计算确定的材料采购成本转入“原材料”账户，一方面引起库存材料增加 50 900 元，另一方面引起材料采购减少 50 900 元。因此，这项经济业务涉及“原材料”和“材料采购”两个账户。其应编制的会计分录为：

借：原材料——甲材料　　50 900
　贷：材料采购——甲材料　　50 900

【例 3-7】企业从光大公司购入甲材料 20 吨，单价 5 200 元，材料买价为 104 000 元，增值税税额为 16 640 元（104 000×16%）；购入乙材料 30 吨，单价 9 000 元，材料买价为 270 000 元，增值税税额为 43 200 元（270 000×16%）；购入甲、乙两种材料共发生运杂费 5 000 元（未取得发票），其中：甲材料应负担运杂费 2 000 元，乙材料应负担运杂费 3 000 元。上述款项已用银行存款支付，材料已运达企业，并已验收入库。

这项经济业务的发生，一方面引起材料采购成本增加 379 000 元，其中材料买价 374 000 元，运杂费 5 000 元，应交税费减少了 59 840 元；另一方面引起企业的银行存款减少 438 840 元。因此，这项经济业务涉及“材料采购”“应交税费——应交增值税”和“银行存款”三个账户。材料已验收入库，按其实际采购成本，应记入“材料采购”账户的借方，增值税进项税额的增加是负债的减少，应记入“应交税费——应交增值税”账户的借方，银行存款的减少是资产的减少，应记入“银行存款”账户的贷方。其应编制的会计分录为：

借：材料采购——甲材料 106 000
　　　　　　——乙材料 273 000
　　应交税费——应交增值税（进项税额） 59 840
　贷：银行存款 438 840

上述购入的材料如数验收入库，结转入库材料的实际采购成本。

这项经济业务的发生，需将通过“材料采购”账户计算确定的材料采购成本转入“原材料”账户，一方面引起库存甲材料增加 106 000 元、乙材料增加 273 000 元，另一方面引起材料采购减少 379 000 元。因此，这项经济业务涉及“原材料”和“材料采购”两个账户。其应编制的会计分录为：

借：原材料——甲材料 106 000
　　　　　——乙材料 273 000
　贷：材料采购——甲材料 106 000
　　　　　　　——乙材料 273 000

【例 3-8】企业从长城公司购进丙材料 3 吨，单价 6 000 元，材料买价为 18 000 元，增值税税额为 2 880 元（18 000×16%），材料的运杂费 2 000 元（未取得发票）。材料已运达企业，并已验收入库。账单、发票已到，但材料买价、运杂费及税金尚未支付。

这项经济业务的发生，一方面，引起材料采购成本增加 20 000 元，其中材料买价 18 000 元，运杂费 2 000 元，引起应交税费减少了 2 880 元，引起应付账款增加 22 880 元，因此，这项经济业务涉及“材料采购”、“应交税费——应交增值税”和“应付账款”三个账户。另一方面，材料已验收入库，结转入库材料的实际采购成本，应从“材料采购”账户转入“原材料”账户。其应编制的会计分录为：

借：材料采购——丙材料 20 000
　　应交税费——应交增值税（进项税额） 2 880
　贷：应付账款 22 880
借：原材料——丙材料 20 000
　贷：材料采购——丙材料 20 000

【例 3-9】企业以银行存款 30 000 元向华光公司预付购买甲材料的货款。

这项经济业务的发生，一方面引起企业的预付账款增加 30 000 元，另一方面引起企业的银行存款减少 30 000 元。因此，这项业务涉及“预付账款”和“银行存款”两个账户。预付账款增加是企业资产的增加，应记入“预付账款”账户的借方，银行存款减少是企业资产的减少，应记入“银行存款”账户的贷方。其应编制的会计分录为：

借：预付账款 30 000
　贷：银行存款 30 000

【例 3-10】企业从兴丰公司购买丁材料 2 吨，单价 7 800 元，材料买价 15 600 元，增值税税额 2 496 元（15 600×16%），运杂费 4 500 元（未取得发票）。企业开出商业汇票一张抵付上述款项，材料尚未验收入库。

这项经济业务的发生，一方面引起企业材料采购成本增加 20 100 元，其中材料买价 15 600 元，运杂费 4 500 元，应交税费减少 2 496 元。另一方面引起企业的应付票据增加 22 596 元。因此，这项经济业务涉及“材料采购”、“应交税费——应交增值税”和“应付票据”三个账户。材料尚未验收入库，按其实际采购成本，应记入“材料采购”账户的借方，增值税进项税额的增加是负债的减少，应记入“应交税费——应交增值税”账户的借方，应付票据的增加是企业负债的增加，应记入“应付票据”账户的贷方。其应编制的会计分录为：

借：材料采购——丁材料 20 100
　　应交税费——应交增值税（进项税额） 2 496
　贷：应付票据 22 596

【例 3-11】企业用银行存款偿还前欠长城公司的货款 23 060 元。

这项经济业务的发生，一方面引起企业的应付账款减少 23 060 元，另一方面引起企业的银行存款减少 23 060 元。因此，这项经济业务涉及“应付账款”和“银行存款”两个账户。应付账款的减少是企业负债的减少，应记入“应付账款”账户的借方，银行存款减少是企业资产的减少，应记入“银行存款”账户的贷方。其应编制的会计分录为：

借：应付账款 23 060
　贷：银行存款 23 060

【例 3-12】企业收到华光公司发来的已预付货款的甲材料，并已验收入库。该批材料的买价为 52 000 元，增值税税额为 8 320 元（52 000×16%），运杂费 1 000 元（未取得发票），除冲销原预付货款 30 000 元外，其余用银行存款支付。

这项经济业务的发生，一方面引起材料采购成本增加 53 000 元，其中材料买价 52 000 元，运杂费 1 000 元，应交税费减少 8 320 元。另一方面引起预付账款减少 30 000 元，银行存款减少 31 320 元。因此，这项经济业务涉及“材料采购”、“应交税费——应交增值税”、“预付账款”和“银行存款”四个账户。同时，材料验收入库，结转入库材料的实际采购成本，应从“材料采购”账户转入“原材料”账户。其应编制的会计分录为：

借：材料采购——甲材料 53 000
　　应交税费——应交增值税（进项税额） 8 320

贷：预付账款 30 000

银行存款 31 320

借：原材料——甲材料 53 000

贷：材料采购——甲材料 53 000

3.3 生产业务的核算

3.3.1 生产业务的核算内容

产品的生产过程是企业生产经营活动的主要过程，是连接供应和销售过程的中心环节。制造业企业在这一过程中，一方面形成满足社会需要的产品，即企业的劳动者借助于机器设备等劳动资料，将原材料等劳动对象加工成符合设计要求的一定种类和数量的产品；另一方面耗费物化劳动和活劳动并形成产品制造成本。企业在一定时期内发生的、用货币额表现的生产耗费，叫做生产费用。企业为生产一定种类、一定数量产品所支出的各种生产费用的总和，就是这些产品的成本。因此，在产品的生产过程中，费用的发生、归集和分配，以及产品成本的形成，构成了产品生产业务核算的主要内容。

3.3.2 设置和应用的账户

1.“生产成本”账户

“生产成本”账户，用来核算企业生产产品所发生的各项生产费用。该账户借方登记制造产品所发生的各项成本费用，包括直接材料费、直接人工费和制造费用；贷方登记已完工入库产成品的实际生产成本，期末余额在借方，表示企业尚未加工完成的在产品成本。本账户可按产品品种进行明细分类核算。“生产成本”账户的结构如下：

借方 **生产成本** 贷方

期初余额：上期期末在产品成本	
为制造产品所发生的各项成本费用	完工入库产成品的生产成本
期末余额：在产品成本	

2.“制造费用”账户

“制造费用”账户，用来核算企业生产车间（部门）为生产产品和提供劳务而发生的各项间接费用。该账户借方登记实际发生的各项制造费用，贷方登记转入“生产成本”账户借方、分配计入产品成本的制造费用。本账户期末一般无余额。本账户可按不同生产车间、部门进行明细分类核算。“制造费用”账户的结构如下：

借方 **制造费用** 贷方

本期发生的各种制造费用	转入“生产成本”账户借方、分配计入各种产品成本的制造费用

3.“管理费用”账户

“管理费用”账户，用来核算企业为组织和管理企业生产经营而发生的管理费用。该账户借方登记企业发生的各种管理费用；贷方登记转入“本年利润”账户的管理费用；期末结转后该账户无余额。本账户可按费用项目进行明细分类核算。“管理费用”账户的结构如下：

借方　　管理费用　　贷方

借方	贷方
本期发生的各项管理费用	期末转入“本年利润”账户的管理费用

4.“应付职工薪酬”账户

“应付职工薪酬”账户，用来核算企业根据有关规定应付给职工的各种薪酬，包括工资、奖金、津贴、职工福利、社会保险费、住房公积金等。该账户贷方登记应由本期负担但尚未支付的职工薪酬；借方登记实际支付的职工薪酬。本账户期末余额一般在贷方，表示企业应付未付的职工薪酬。“应付职工薪酬”账户的结构如下：

借方　　应付职工薪酬　　贷方

借方	贷方
	期初余额：上期期末应付未付的职工薪酬
实际支付的职工薪酬	应付职工的各种薪酬
	期末余额：应付未付的职工薪酬

5.“累计折旧”账户

“累计折旧”账户，用来核算企业固定资产的累计折旧。该账户贷方登记每月计提固定资产折旧的金额；借方登记因出售、报废等原因减少的固定资产转出的折旧金额；期末余额在贷方，表示企业固定资产的累计折旧额。本账户可按固定资产的类别或项目进行明细分类核算。“累计折旧”账户的结构如下：

借方　　累计折旧　　贷方

借方	贷方
	期初余额：上期期末固定资产的累计折旧额
减少的固定资产转出的折旧金额	计提固定资产折旧的金额
	期末余额：固定资产的累计折旧额

6.“库存商品”账户

“库存商品”账户，用来核算企业库存各种商品的实际成本。该账户借方登记已经完成全部生产过程并已验收入库的各种商品的实际成本；贷方登记因出售等原因发出各种商品的实际成本；期末余额在借方，表示库存各种商品的实际成本。本账户可按库存商品的种类、品种和规格等进行明细分类核算。“库存商品”账户的结构如下：

借方　　库存商品　　贷方

借方	贷方
期初余额：上期期末库存商品的实际成本	
完工入库各种商品的实际成本	出库各种商品的实际成本
期末余额：库存商品的实际成本	

3.3.3 核算举例

【例 3-13】本月生产车间生产 A 产品领用甲材料 150 000 元，领用乙材料 100 000 元；生产 B 产品领用甲材料 90 000 元，领用乙材料 50 000 元；车间一般消耗领用乙材料 7 000 元，领用丙材料 3 000 元；行政管理部门一般消耗领用丙材料 6 000 元。

这项经济业务的发生，一方面引起企业库存材料减少 406 000 元，另一方面引起生产成本增加 390 000 元，车间一般消耗费用增加 10 000 元，行政管理部门一般消耗费用增加 6 000 元。因此，这项经济业务涉及“原材料”、“生产成本”、“制造费用”和“管理费用”四个账户。库存材料减少是资产的减少，应记入“原材料”账户的贷方；生产成本的增加，应记入“生产成本”账户的借方；车间一般消耗费用增加，应记入“制造费用”账户的借方；行政管理部门一般消耗费用增加，应记入“管理费用”账户的借方。其应编制的会计分录为：

借：生产成本——A 产品　　250 000
　　　　　　——B 产品　　140 000
　　制造费用　　10 000
　　管理费用　　6 000
　贷：原材料——甲材料　　240 000
　　　　　　——乙材料　　157 000
　　　　　　——丙材料　　9 000

【例 3-14】月末，结算本月应付职工工资 160 000 元，其中：A 产品生产工人工资 80 000 元，B 产品生产工人工资 60 000 元，车间管理人员工资 5 000 元，行政管理部门人员工资 15 000 元。

这项经济业务的发生，一方面引起企业应付职工薪酬增加 160 000 元，另一方面引起生产成本增加 140 000 元，车间管理人员工资费用增加 5 000 元，行政管理部门人员工资费用增加 15 000 元。因此，这项经济业务涉及“生产成本”、“制造费用”、“管理费用”和“应付职工薪酬”四个账户。生产工人工资费用增加，应记入“生产成本”账户的借方；车间管理人员的工资费用增加，应记入“制造费用”账户的借方；行政管理部门人员工资费用增加，应记入“管理费用”账户的借方；应付职工薪酬的增加是企业负债的增加，应记入“应付职工薪酬”账户的贷方。其应编制的会计分录为：

借：生产成本——A 产品　　80 000
　　　　　　——B 产品　　60 000
　　制造费用　　5 000
　　管理费用　　15 000
　贷：应付职工薪酬　　160 000

【例 3-15】企业从银行提取现金 160 000 元，以备发放工资。

这项经济业务的发生，一方面引起库存现金增加160 000元，另一方面引起银行存款减少160 000元。因此，这项经济业务涉及“库存现金”和“银行存款”两个账户。库存现金的增加，应记入“库存现金”账户的借方；银行存款的减少，应记入“银行存款”账户的贷方。其应编制的会计分录为：

借：库存现金　　160 000

　贷：银行存款　　160 000

【例3-16】以库存现金160 000元发放职工工资。

这项经济业务的发生，一方面引起企业的库存现金减少160 000元，另一方面引起企业应付职工薪酬这项负债减少160 000元。因此，这项经济业务涉及“库存现金”和“应付职工薪酬”两个账户。负债的减少，应记入“应付职工薪酬”账户的借方；库存现金的减少，应记入“库存现金”账户的贷方。其应编制的会计分录为：

借：应付职工薪酬　　160 000

　贷：库存现金　　160 000

【例3-17】月末，按规定计提本月车间使用的厂房、机器设备等固定资产折旧费50 000元，行政管理部门使用的房屋、设备等固定资产折旧费20 000元。

这项经济业务的发生，一方面引起企业的制造费用增加50 000元，行政管理部门费用增加20 000元，另一方面引起企业固定资产的价值耗损70 000元。对于固定资产的价值耗损不直接减少固定资产原值，不记入“固定资产”账户，而是记入“累计折旧”账户。因此，这项经济业务涉及“制造费用”、“管理费用”和“累计折旧”三个账户。车间用固定资产折旧费用增加，应记入“制造费用”账户的借方，行政管理部门用固定资产折旧费用增加，应记入“管理费用”账户的借方；固定资产价值的减少，应记入“累计折旧”账户的贷方。其应编制的会计分录为：

借：制造费用　　50 000

　　管理费用　　20 000

　贷：累计折旧　　70 000

【例3-18】本月生产车间租入厂房一间，租期3个月，以银行存款预付租金9 000元。

预付租金是由非购销活动产生的预付费用，应通过“其他应付款”账户核算。根据权责发生制原则，预付固定资产租金应在租赁期内各月平均分摊。这项经济业务的发生，一方面引起企业的其他应付款这项负债减少9 000元，另一方面引起银行存款减少9 000元。因此，这项经济业务涉及“其他应付款”和“银行存款”两个账户。企业的其他应付款减少是负债的减少，应记入“其他应付款”账户的借方；银行存款减少是资产的减少，应记入“银行存款”账户的贷方。其应编制的会计分录为：

借：其他应付款　　9 000

　贷：银行存款　　9 000

【例 3-19】摊销应由本月制造费用负担的租入厂房租金 3 000 元。

这项经济业务的发生，一方面引起制造费用增加 3 000 元，另一方面引起其他应付款增加 3 000 元。因此，这项业务涉及“制造费用”和“其他应付款”两个账户。制造费用增加应记入“制造费用”账户的借方；其他应付款增加是负债的增加，应记入“其他应付款”账户的贷方。其应编制的会计分录为：

借：制造费用　　3 000

　贷：其他应付款　　3 000

【例 3-20】以银行存款支付车间用固定资产的修理费 6 000 元。

这项经济业务的发生，一方面引起管理费用增加 6 000 元，另一方面引起银行存款减少 6 000 元。因此，这项经济业务涉及“管理费用”和“银行存款”两个账户。管理费用增加，应记入“管理费用”账户的借方；银行存款减少，应记入“银行存款”账户的贷方。其应编制的会计分录为：

借：管理费用　　6 000

　贷：银行存款　　6 000

【例 3-21】用银行存款支付生产车间的办公费 3 000 元、水电费 6 500 元、劳动保护费 7 000 元、保险费 2 000 元，共计 18 500 元。

这项经济业务的发生，一方面引起制造费用增加 18 500 元，另一方面引起银行存款减少 18 500 元。因此，这项经济业务涉及“制造费用”和“银行存款”两个账户。制造费用的增加，应记入“制造费用”账户的借方；银行存款的减少，应记入“银行存款”账户的贷方。其应编制的会计分录为：

借：制造费用　　18 500

　贷：银行存款　　18 500

【例 3-22】月末，结转本月发生的制造费用总额 86 500 元，其中：A 产品负担制造费用 53 200 元，B 产品负担制造费用 33 300 元。

这项经济业务的发生，一方面引起生产成本增加 86 500 元，另一方面引起制造费用减少 86 500 元。因此，这项经济业务涉及“生产成本”和“制造费用”两个账户。生产成本增加，应记入“生产成本”账户的借方；制造费用减少，应记入“制造费用”账户的贷方。其应编制的会计分录为：

借：生产成本——A 产品　　53 200

　　　　　　——B 产品　　33 300

　贷：制造费用　　86 500

【例 3-23】月末，结转已完工入库产品的实际生产成本 616 500 元，其中：A 产品生产成本为 383 200 元，B 产品生产成本为 233 300 元。

这项经济业务的发生，一方面引起企业库存商品增加 616 500 元，另一方面引起生产成本减少 616 500 元。因此，这项经济业务涉及“库存商品”和“生产成本”两个账户。库存商品增加，应记入“库存商品”账户的借方；生产成本减少，应记入“生产成本”账户的贷方。其应编制的会计分录为：

借：库存商品——A 产品 383 200

——B 产品 233 300

贷：生产成本——A 产品 383 200

——B 产品 233 300

3.4 销售业务的核算

3.4.1 销售业务的核算内容

销售过程是企业生产经营活动的最终阶段，也是产品价值和使用价值的实现过程。在这一过程中，企业要把生产出来的合乎标准、规格和技术条件的产品，及时地销售给购买单位，以满足社会消费的需要，同时又要按照销售价格和结算制度的规定，办理结算手续，及时收取货款或形成债权，通常把销货款称为销售收入。在销售过程中，企业为取得一定数量的销售收入，必须付出相应数量的产品，为制造这些供销售的产品而耗费的生产成本，称为销售成本；还要发生一些销售费用，如销售产品的运输费、装卸费、包装费和广告费等；还应当按照国家税法规定，计算缴纳企业生产经营活动应负担的税费，称为税金及附加。除此以外，企业还可能发生一些其他销售业务，取得其他业务收入和发生其他业务成本。因此，销售业务的核算内容，主要是确定和记录企业销售商品的收入，因销售商品而发生的销售成本、销售费用，计算企业生产经营活动应负担的税金及附加，以及营业利润或亏损的发生情况；反映企业与购货单位所发生的货款结算情况；考核销售计划的执行情况；监督税金及附加的及时缴纳以及其他业务销售的核算等。

3.4.2 设置和应用的账户

1.“主营业务收入”账户

“主营业务收入”账户，用来核算企业在销售商品、提供劳务等日常活动中取得的收入情况。该账户贷方登记企业销售商品、提供劳务所实现的收入；借方登记发生的销售退回、销售折让和转入“本年利润”账户的收入，期末将本账户的余额转入“本年利润”账户后，该账户应无余额。本账户可按主营业务的种类进行明细分类核算。“主营业务收入”账户的结构如下：

借方	主营业务收入　　　　贷方
销售退回和销售折让应冲减的销售收入 期末转入“本年利润”账户的销售收入	本期销售商品、提供劳务所实现的收入

2.“主营业务成本”账户

“主营业务成本”账户，用来核算企业因销售商品、提供劳务等日常活动而发生的实际成本及实际成本的结转情况。该账户的借方登记结转已售各种商品、提供的各种劳务等的实际成本；贷方登记当月发生销售退回的商品成本和期末转入“本年利润”账户的当期销售商品成本，期末结转后该账户应无余额。本账户可按主营业务的种类进行明细分类核算。“主营业务成本”账户的结构如下：

借方　**主营业务成本**　贷方

借方	贷方
本期已售各种商品、提供的各种劳务等的实际成本	当月发生销售退回的商品成本 期末转入“本年利润”账户的实际销售商品成本

3.“销售费用”账户

“销售费用”账户，用来核算企业在销售商品和材料、提供劳务的过程中发生的各种费用，包括运输费、装卸费、包装费、保险费、展览费和广告费，以及为销售本企业商品而专设销售机构（含销售网点、售后服务网点等）的职工薪酬、业务费、折旧费等经营费用。该账户的借方登记发生的各种销售费用；贷方登记转入“本年利润”账户的销售费用；期末结转后该账户应无余额。本账户可按费用项目进行明细分类核算。“销售费用”账户的结构如下：

借方　**销售费用**　贷方

借方	贷方
本期发生的各种销售费用	期末转入“本年利润”账户的销售费用

4.“税金及附加”账户

“税金及附加”账户，用来核算企业经营活动发生的消费税、城市维护建设税、资源税和教育费附加及房产税、城镇土地使用税、车船税、印花税等相关税费。该账户借方登记按照规定计算确定的与经营活动相关的税费；贷方登记期末转入“本年利润”账户的税金及附加，期末结转后本账户应无余额。“税金及附加”账户的结构如下：

借方　**税金及附加**　贷方

借方	贷方
按照规定计算确定的与经营活动相关的税费	期末转入“本年利润”账户的税金及附加

5.“应收账款”账户

“应收账款”账户，用来核算企业因销售商品、提供劳务等经营活动应收取的款项。该账户借方登记企业发生的应收账款；贷方登记实际收到的应收账款。期末借方余额表示企业尚未收回的应收账款；期末如为贷方余额，表示企业预收的账款。本账户可按债务人进行明细分类核算。“应收账款”账户的结构如下：

借方　**应收账款**　贷方

借方	贷方
期初余额：上期期末尚未收回的应收账款	
发生的应收账款	收回的应收账款
期末余额：尚未收回的应收账款	

6.“应收票据”账户

“应收票据”账户，用来核算企业因销售商品、提供劳务等而收到的商业汇票。

该账户借方登记企业收到开出、承兑的商业汇票；贷方登记商业汇票到期收回的票面金额。月末借方余额表示尚未到期收回的应收票据金额。“应收票据”账户的结构如下：

借方　　　　应收票据　　　　贷方

借方	贷方
期初余额：上期期末尚未到期收回的应收票据金额	
收到开出、承兑的商业汇票	商业汇票到期收回的票面金额
期末余额：尚未到期收回的应收票据金额	

7.“预收账款”账户

“预收账款”账户，用来核算企业按照合同规定预收的款项。预收账款情况不多的，也可以不设置本账户，将预收的款项直接记入“应收账款”账户。该账户的贷方登记预收购货单位的款项和购货单位补付的款项；借方登记向购货单位发出商品实现销售的货款和退回多收的款项。该账户期末余额一般在贷方，表示预收购货单位的款项。本账户应按购货单位进行明细分类核算。“预收账款”账户的结构如下：

借方　　　　预收账款　　　　贷方

借方	贷方
	期初余额：上期期末预收购货单位的款项
向购货单位发出商品实现销售的货款 退回多收的款项	预收购货单位的款项 购货单位补付的款项
	期末余额：预收购货单位的款项

8.“其他业务收入”账户

“其他业务收入”账户，用来核算企业确认的除主营业务活动以外的其他经营活动实现的收入，包括出租固定资产、销售材料等实现的收入。该账户的贷方登记企业取得的其他业务收入，借方登记期末转入“本年利润”账户的其他业务收入，期末结转后本账户应无余额。本账户可按其他业务收入的种类进行明细分类核算。“其他业务收入”账户的结构如下：

借方　　　　其他业务收入　　　　贷方

借方	贷方
期末转入“本年利润”账户的其他业务收入	取得的其他业务收入

9.“其他业务成本”账户

“其他业务成本”账户，用来核算企业确认的除主营业务活动以外的其他经营活动所发生的支出，包括出租固定资产的折旧费、销售材料的成本。该账户的借方登记其他经营活动所发生的各项支出，贷方登记期末转入“本年利润”账户的其他业务成本，期末结转后本账户应无余额。本账户可按其他业务成本的种类进行明细分类核算。“其他业务成本”账户的结构如下：

借方	其他业务成本　贷方
企业确认的除主营业务活动以外的其他经营活动所发生的各项支出	期末转入“本年利润”账户的其他业务成本

3.4.3　核算举例

【例3-24】企业向黄海公司销售A产品60件，每件售价3 000元，价款共计180 000元，以银行存款支付代垫运费900元（未取得发票），增值税销项税额28 800元（180 000×16%），但货款及税款尚未收到。

这项经济业务的发生，一方面引起企业的应收账款增加209 700元，另一方面引起企业商品销售收入增加180 000元，银行存款减少900元，企业向购货方代收的增值税销项税额增加28 800元。因此，这项经济业务涉及“应收账款”、“主营业务收入”、“应交税费——应交增值税”和“银行存款”四个账户。应收账款的增加，应记入“应收账款”账户的借方；商品销售收入的增加，应记入“主营业务收入”账户的贷方；企业向购货方代收的增值税销项税额，属于负债的增加，应记入“应交税费——应交增值税”账户的贷方；银行存款的减少，应记入“银行存款”账户的贷方。其应编制的会计分录为：

借：应收账款　209 700
　贷：主营业务收入　180 000
　　应交税费——应交增值税（销项税额）　28 800
　　银行存款　900

【例3-25】企业向长青公司销售A产品20件，每件售价3 000元，价款共计60 000元，增值税销项税额9 600元（60 000×16%），货款及税款均已收到，存入银行。

这项经济业务的发生，一方面引起企业银行存款增加69 600元，另一方面引起企业的销售收入增加60 000元，企业向购货方代收的增值税销项税额增加9 600元。因此，这项经济业务涉及“银行存款”“主营业务收入”“应交税费——应交增值税”三个账户。银行存款的增加，是资产的增加，应记入“银行存款”账户的借方；商品销售收入的增加，是收入的增加，应记入“主营业务收入”账户的贷方；企业向购货方代收的增值税销项税额，属于负债的增加，应记入“应交税费——应交增值税”账户的贷方。其应编制的会计分录为：

借：银行存款　69 600
　贷：主营业务收入　60 000
　　应交税费——应交增值税（销项税额）　9 600

【例3-26】企业向珠海公司销售B产品10件，每件售价2 000元，价款共计20 000元，增值税销项税额3 200元（20 000×16%），采用商业汇票结算方式收取款项，收到珠海公司签发的商业承兑汇票一张，期限6个月，票据金额23 200元。

这项经济业务的发生，一方面引起企业的应收票据增加 23 200 元，另一方面引起企业的商品销售收入增加 20 000 元，企业向购货方代收的增值税销项税额增加 3 200 元。因此，这项经济业务涉及“应收票据”“主营业务收入”“应交税费——应交增值税”三个账户。应收票据的增加，是企业资产的增加，应记入“应收票据”账户的借方；商品销售收入的增加，是收入的增加，应记入“主营业务收入”账户的贷方；企业向购货方代收的增值税销项税额增加，属于负债的增加，应记入“应交税费——应交增值税”账户的贷方。其应编制的会计分录为：

借：应收票据　　23 200
　贷：主营业务收入　　20 000
　　应交税费——应交增值税（销项税额）　　3 200

【例 3-27】企业收到明光公司预付购买 A 产品的货款 30 000 元，已存入银行。

这项经济业务的发生，一方面引起企业银行存款增加 30 000 元，另一方面引起企业预收账款增加 30 000 元。因此，这项经济业务的发生涉及“银行存款”和“预收账款”两个账户。银行存款的增加，是资产的增加，应记入“银行存款”账户的借方；预收账款的增加，是负债的增加，应记入“预收账款”账户的贷方。其应编制的会计分录为：

借：银行存款　　30 000
　贷：预收账款　　30 000

【例 3-28】企业按合同向预付货款的明光公司发出 A 产品 15 件，每件售价 3 000 元，价款共计 45 000 元，增值税销项税额 7 200 元（45 000×16%），冲销原预收货款 30 000 元，同时，收到其余款项 22 200 元，当即存入银行。

这项经济业务的发生，一方面引起预收账款减少 30 000 元，银行存款增加 22 200 元，另一方面引起商品销售收入增加 45 000 元，企业向购货方代收的增值税销项税额增加 7 200 元。因此，这项经济业务涉及“预收账款”“主营业务收入”“应交税费——应交增值税”“银行存款”四个账户。预收账款减少，是企业负债的减少，应记入“预收账款”账户的借方；银行存款增加，是资产的增加，应记入“银行存款”账户的借方；商品销售收入的增加，是收入的增加，应记入“主营业务收入”账户的贷方；企业向购货方代收的增值税销项税额增加，属于负债的增加，应记入“应交税费——应交增值税”账户的贷方。其应编制的会计分录为：

借：预收账款　　30 000
　　银行存款　　22 200
　贷：主营业务收入　　45 000
　　应交税费——应交增值税（销项税额）　　7 200

【例 3-29】企业用银行存款支付销售产品的广告费用 8 000 元。

这项经济业务的发生，一方面引起企业的银行存款减少 8 000 元，另一方面引起企业的销售费用增加 8 000 元。因此，这项经济业务涉及“销售费用”和“银行存款”两个账户。产品销售费用的增加，应记入“销售费用”账户的借方；银行存款的减少，应记入“银行存款”账户的贷方。其应编制的会计分录为：

借：销售费用　8 000

　贷：银行存款　8 000

【例 3-30】企业按规定计算本期销售 A、B 商品应缴纳的消费税为 30 500 元。

这项经济业务的发生，一方面引起本月企业应从销售收入中抵减的消费税增加 30 500 元，另一方面消费税税款尚未支付，形成企业的一项负债，引起企业应交税费增加 30 500 元。因此，这项经济业务涉及“税金及附加”和“应交税费”两个账户。产品销售税金的增加，应记入“税金及附加”账户的借方；应交税费的增加，应记入“应交税费——应交消费税”账户的贷方。其应编制的会计分录为：

借：税金及附加　30 500

　贷：应交税费——应交消费税　30 500

【例 3-31】期末结转本月已销售产品的实际成本。其中：已销售 A 产品的总成本为 187 340 元，B 产品总成本为 16 160 元。

结转 A、B 产品的销售成本，一方面引起已销售产品成本增加 203 500 元，另一方面引起库存商品减少 203 500 元。因此，这项经济业务涉及“主营业务成本”和“库存商品”两个账户。销售成本的增加，是费用的增加，应记入“主营业务成本”账户的借方；库存商品的减少，应记入“库存商品”账户的贷方。其应编制的会计分录为：

借：主营业务成本　203 500

　贷：库存商品　203 500

【例 3-32】企业售出多余甲材料 10 吨，每吨售价 5 500 元，增值税税额为 8 800 元（55 000×16%），价款及税款收到，存入银行。

这项经济业务的发生，一方面引起企业银行存款增加 63 800 元，另一方面引起企业的其他业务收入增加 55 000 元，应交增值税销项税额增加 8 800 元。因此，这项经济业务涉及“银行存款”“其他业务收入”“应交税费——应交增值税”三个账户。银行存款的增加，应记入“银行存款”账户的借方；出售材料获得的收入，应记入“其他业务收入”账户的贷方；应交增值税的增加，应记入“应交税费——应交增值税”账户的贷方。其应编制的会计分录为：

借：银行存款　63 800

　贷：其他业务收入　55 000

　　　应交税费——应交增值税（销项税额）　8 800

【例 3-33】企业结转已出售甲材料的成本 53 000 元。

这项经济业务的发生，一方面引起企业其他业务成本增加 53 000 元，另一方面引起企业库存材料减少 53 000 元。因此，这项经济业务涉及“其他业务成本”和“原材料”两个账户。结转出售材料的成本，应记入“其他业务成本”账户的借方；库存材料减少，应记入“原材料”账户的贷方。其应编制的会计分录为：

借：其他业务成本　53 000

贷：原材料——甲材料　53 000

3.5 利润形成及分配业务的核算

3.5.1 利润形成的核算

1. 利润形成的核算内容

利润是企业在一定会计期间形成的经营成果，它是一定期间的各项收入与各项费用相抵后的差额，包括营业利润、利润总额和净利润。有关利润的计算如下：

（1）营业利润的计算

营业利润=营业收入-营业成本-税金及附加-销售费用-管理费用-财务费用-资产减值损失+公允价值变动收益(-公允价值变动损失)+投资收益(-投资损失)+资产处置收益(-资产处置损失)+其他收益

营业收入=主营业务收入+其他业务收入

营业成本=主营业务成本+其他业务成本

（2）利润总额的计算

利润总额=营业利润+营业外收入-营业外支出

（3）净利润的计算

净利润=利润总额-所得税费用

2. 设置和应用的账户

（1）“投资收益”账户

“投资收益”账户，用来核算企业确认的投资收益或投资损失。该账户的贷方登记取得的投资收益或期末投资净损失的转出数；借方登记投资损失和期末投资净收益的转出数，期末结转后该账户应无余额。本账户可按投资项目进行明细分类核算。“投资收益”账户的结构如下：

借方　**投资收益**　贷方

借方	贷方
发生的投资损失 期末投资净收益的转出数	取得的投资收益 期末投资净损失的转出数

（2）“营业外收入”账户

“营业外收入”账户，用来核算企业发生的与企业生产经营无直接关系的各项收入，主要包括非流动资产处置利得、非货币性资产交换利得、债务重组利得、政府补助、盘盈利得、捐赠利得等。该账户的贷方登记企业发生的各项营业外收入；借方登记期末转入“本年利润”账户的营业外收入；期末结转后该账户应无余额。本账户可按营业外收入项目进行明细分类核算。“营业外收入”账户的结构如下：

借方　**营业外收入**　贷方

借方	贷方
期末转入“本年利润”账户的营业外收入	发生的各项营业外收入

（3）“营业外支出”账户

“营业外支出”账户，用来核算企业发生的与企业生产经营无直接关系的各项支出，主要包括非流动资产处置损失、非货币性资产交换损失、债务重组损失、公益性捐赠支出、非常损失、盘亏损失等。该账户的借方登记企业发生的各项营业外支出；贷方登记期末转入“本年利润”账户的营业外支出；期末结转后该账户应无余额。本账户可按营业外支出项目进行明细分类核算。“营业外支出”账户结构如下：

借方　　营业外支出	贷方
发生的各项营业外支出	期末转入“本年利润”账户的营业外支出

（4）“所得税费用”账户

“所得税费用”账户，用来核算企业确认的应从当期利润总额中扣除的所得税费用。该账户的借方登记企业按税法规定的应纳税所得额计算的应纳所得税额；贷方登记期末转入“本年利润”账户的所得税费用，期末结转后该账户应无余额。“所得税费用”账户的结构如下：

借方　　所得税费用	贷方
应计入本期损益的所得税费用	期末转入“本年利润”账户的所得税费用

（5）“本年利润”账户

“本年利润”账户，用来核算企业当期实现的净利润（或发生的净亏损）。该账户的贷方登记期末从“主营业务收入”“其他业务收入”“营业外收入”以及“投资收益”等账户转入的数额；借方登记期末从“主营业务成本”“税金及附加”“其他业务成本”“销售费用”“管理费用”“财务费用”“营业外支出”“所得税费用”等账户转入的数额。年度终了，应将本年收入和支出相抵后结出本年实现的净利润（或净亏损），转入“利润分配”账户。期末结转后该账户应无余额。“本年利润”账户的结构如下：

借方　　本年利润	贷方
从有关费用类账户转入的： 主营业务成本 其他业务成本 税金及附加 管理费用 财务费用 销售费用 营业外支出 所得税费用	从有关收入类账户转入的： 主营业务收入 其他业务收入 营业外收入 投资收益
期末余额：累计发生的亏损	期末余额：累计实现的净利润

3. 核算举例

【例 3-34】企业取得罚款净收入 50 000 元，已存入银行。

这项经济业务的发生，一方面引起企业的银行存款增加 50 000 元，另一方面引起企业的营业外收入增加 50 000 元。这项经济业务涉及“营业外收入”和“银行存款”两个账户。银行存款的增加，应记入“银行存款”账户的借方；罚款净收入的增加，应记入“营业外收入”账户的贷方。其应编制的会计分录为：

借：银行存款 50 000

贷：营业外收入 50 000

【例 3-35】企业支付税款滞纳金 2 000 元，以银行存款支付。

这项经济业务的发生，一方面引起企业的营业外支出增加 2 000 元，另一方面引起企业的银行存款减少 2 000 元。这项经济业务涉及“营业外支出”和“银行存款”两个账户。支付税款滞纳金，属于营业外支出增加，应记入“营业外支出”账户的借方；银行存款的减少，应记入“银行存款”账户的贷方。其应编制的会计分录为：

借：营业外支出 2 000

贷：银行存款 2 000

【例 3-36】期末，将“主营业务收入”账户贷方余额 305 000 元、“其他业务收入”账户贷方余额 55 000 元、“营业外收入”账户贷方余额 50 000 元，转入“本年利润”账户的贷方。

这项转账业务涉及“主营业务收入”、“其他业务收入”、“营业外收入”和“本年利润”四个账户。将各个收入账户余额转入“本年利润”账户的贷方。其应编制的会计分录为：

借：主营业务收入 305 000

其他业务收入 55 000

营业外收入 50 000

贷：本年利润 410 000

【例 3-37】期末，将“主营业务成本”账户借方余额 203 500 元，“销售费用”账户借方余额 8 000 元，“税金及附加”账户借方余额 30 500 元，“管理费用”账户借方余额 47 000 元，“财务费用”账户借方余额 5 000 元，“其他业务成本”账户借方余额 53 000 元，“营业外支出”账户借方余额 2 000 元，转入“本年利润”账户的借方。

这项转账业务涉及“本年利润”“主营业务成本”“销售费用”“税金及附加”“管理费用”“财务费用”“营业外支出”“其他业务成本”八个账户。将各个费用账户余额转入“本年利润”账户的借方。其应编制的会计分录为：

借：本年利润 349 000

贷：主营业务成本 203 500

销售费用 8 000

贷：税金及附加　30 500
　　管理费用　47 000
　　财务费用　5 000
　　其他业务成本　53 000
　　营业外支出　2 000

【例3-38】企业按规定计算的税前会计利润为61 000元，其应纳税所得额等于税前会计利润，所得税税率为25%，应交所得税税额为15 250元（61 000×25%）。

这项经济业务的发生，一方面引起企业所得税费用增加15 250元，另一方面引起企业应交所得税增加15 250元。因此，这项经济业务涉及“所得税费用”和“应交税费——应交所得税”两个账户。所得税费用的增加，应记入“所得税费用”账户的借方；应交税费的增加，属于负债的增加，应记入“应交税费——应交所得税”账户的贷方。其应编制的会计分录为：

借：所得税费用　15 250
　贷：应交税费——应交所得税　15 250

【例3-39】期末，将“所得税费用”账户余额转入“本年利润”账户。

这项经济业务的发生，一方面引起企业所得税费用减少15 250元，另一方面引起企业本年利润减少15 250元。因此，这项经济业务涉及“所得税费用”和“本年利润”两个账户。所得税费用的减少，应记入“所得税费用”账户的贷方；本年利润的减少，属于所有者权益的减少，应记入“本年利润”账户的借方。其应编制的会计分录为：

借：本年利润　15 250
　贷：所得税费用　15 250

3.5.2　利润分配的核算

1. 利润分配的核算内容

企业的利润分配就是按照国家有关利润分配政策和投资协议的规定，对企业实现的可供分配的利润进行的分配。可供分配的利润，是指企业实现的净利润加上年初未分配利润（或减去年初未弥补亏损）和其他转入后的余额。

企业实现的净利润，首先应弥补以前年度尚未弥补的亏损，对于剩余部分应按照下列顺序进行分配：

①提取法定盈余公积；

②提取任意盈余公积；

③向投资者分配利润。

2. 设置和应用的账户

（1）“利润分配”账户

“利润分配”账户，用来核算企业利润的分配（或亏损的弥补）和历年分配（或弥补）后的余额。该账户的借方登记按规定实际分配的利润数额或年度终了从

"本年利润"账户转入的本年发生的净亏损额；贷方登记年度终了从"本年利润"账户转入的本年实现的净利润，同时，还应将"利润分配"账户所属其他明细账户余额转入"利润分配——未分配利润"明细账户。结转后，"利润分配"账户除"未分配利润"明细账户外，其他明细账户均无余额。该账户年终如有贷方余额，表示历年积存的未分配利润；如有借方余额，则表示历年积存的未弥补亏损。本账户按利润分配的具体项目进行明细分类核算，一般应设置"提取法定盈余公积""提取任意盈余公积""应付现金股利或利润""盈余公积补亏""未分配利润"等明细账户。"利润分配"账户的结构如下：

借方 **利润分配** 贷方

借方	贷方
期初余额：年初未弥补亏损	期初余额：年初未分配利润
实际分配的利润数： 提取盈余公积 分配给投资者利润或股利 年度终了从"本年利润"账户转入的本年发生的净亏损	年度终了，从"本年利润"账户转入的本年实现的净利润
期末余额：年度中间为累计已分配利润数 年终结账后为未弥补亏损	期末余额：年终未分配利润

（2）"应付股利"账户

"应付股利"账户，用来核算企业分配的现金股利或利润。该账户的贷方登记企业应支付给投资者的现金股利或利润；借方登记实际支付给投资者的现金股利或利润。该账户期末贷方余额表示企业尚未支付的现金股利或利润；期末借方余额表示企业多付的现金股利或利润。"应付股利"账户的结构如下：

借方 **应付股利** 贷方

借方	贷方
期初余额：上期期末多付的现金股利或利润	期初余额：上期期末应付而未付的现金股利或利润
实际支付给投资者的现金股利或利润	应支付给投资者的现金股利或利润
期末余额：多付的现金股利或利润	期末余额：应付而未付的现金股利或利润

（3）"盈余公积"账户

"盈余公积"账户，用来核算企业从净利润中提取的盈余公积以及用盈余公积转增资本、弥补亏损。该账户的贷方登记从净利润中提取的盈余公积；借方登记以盈余公积转增资本、弥补亏损的数额，期末余额在贷方，表示期末盈余公积的结余额。"盈余公积"账户的结构如下：

借方 **盈余公积** 贷方

借方	贷方
	期初余额：上期期末盈余公积结余额
用盈余公积转增资本、弥补亏损的数额	从净利润中提取的盈余公积
	期末余额：盈余公积结余额

3. 核算举例

【例 3-40】企业按照规定提取法定盈余公积 4 575 元（(410 000-349 000-15 250）×10%)。

这项经济业务的发生，一方面使企业利润分配增加 4 575 元，另一方面使企业的盈余公积增加 4 575 元。因此，这项经济业务涉及“利润分配”和“盈余公积”两个账户。计提法定盈余公积，是利润分配的增加，应记入“利润分配”账户的借方；同时，盈余公积的增加，应记入“盈余公积”账户的贷方。其应编制的会计分录为：

借：利润分配——提取法定盈余公积　　4 575
　贷：盈余公积　　4 575

【例 3-41】企业按照利润分配方案，向投资者分配利润 20 000 元。

这项经济业务的发生，一方面引起企业利润分配增加 20 000 元，另一方面引起企业应付股利增加 20 000 元。因此，这项经济业务涉及“利润分配”和“应付股利”两个账户。利润分配的增加，应记入“利润分配”账户的借方；应付股利的增加，形成了企业的一项流动负债，应记入“应付股利”账户的贷方。其应编制的会计分录为：

借：利润分配——应付现金股利或利润　　20 000
　贷：应付股利　　20 000

【例 3-42】年度终了，根据“本年利润”账户借贷方的差额 45 750 元（410 000-349 000-15 250），转入“利润分配”账户所属的“未分配利润”明细账户的贷方。其应编制的会计分录为：

借：本年利润　　45 750
　贷：利润分配——未分配利润　　45 750

【例 3-43】年度终了，将“利润分配”账户所属的各明细分类账户的借方数 24 575 元（其中：提取法定盈余公积 4 575 元，应付现金股利或利润 20 000 元）结转到“利润分配——未分配利润”明细账户的借方。其应编制的会计分录为：

借：利润分配——未分配利润　　24 575
　贷：利润分配——提取法定盈余公积　　4 575
　　　　　　　——应付现金股利或利润　　20 000

拓展阅读 3

基本训练

一、单项选择题

1. 购入材料的市内运杂费，一般应计入（　　）。

A. 材料采购成本　B. 生产成本　C. 制造费用　D. 管理费用

2. 在下列项目中，不属于生产成本的有（　　）。

A. 生产工人工资　B. 制造产品耗用材料

C. 生产用固定资产折旧　D. 厂部管理人员工资

3. “生产成本”账户的期末借方余额表示（　　）。

A. 完工产品成本　B. 期末在产品成本

C. 本月生产费用合计　D. 库存商品成本

4. 企业从税后利润中提取法定盈余公积时，应贷记的账户是（　　）。

A. “实收资本”账户　B. “资本公积”账户

C. “盈余公积”账户　D. “营业外支出”账户

5. 分配车间管理人员的工资及福利费应借记的账户是（　　）。

A. “制造费用”账户　B. “管理费用”账户

C. “生产成本”账户　D. “制造成本”账户

6. 企业按规定于本月月末计算出应交的教育费附加，应借记“税金及附加”账户，贷记的账户是（　　）。

A. “应交税费”账户　B. “其他应收款”账户

C. “应付账款”账户　D. “其他应付款”账户

7. 下列不属于营业外支出的项目的是（　　）。

A. 处置固定资产净损失　B. 非常损失

C. 捐赠支出　D. 坏账损失

8. 企业行政管理人员的工资和福利费应记入（　　）。

A. “管理费用”账户的借方　B. “应付职工薪酬”账户的借方

C. “应付福利费”账户的借方　D. “制造费用”账户的借方

9. 企业收到投资者投入的资金或收到股东的股本时所涉及的贷方科目是（　　）。

A. “短期借款”或“实收资本”　B. “实收资本”或“长期借款”

C. “实收资本”或“股本”　D. “固定资产”或“实收资本”

10. 企业取得银行存款的利息收入应记入的账户是（　　）。

A. “营业外收入”　B. “财务费用”

C. “其他业务收入”　D. “主营业务收入”

二、多项选择题

1. 企业利润分配的内容包括（　　）。

A. 向投资者分配利润　　B. 上缴所得税
C. 提取法定盈余公积　　D. 提取任意盈余公积

2. 企业在销售产品时，与“主营业务收入”账户有对应关系的账户有（　　）。
A. “银行存款”　　B. “应收账款”
C. “预收账款”　　D. “库存商品”

3. 企业资本取得和形成的途径有（　　）。
A. 投资者投入的资本　　B. 接受捐赠
C. 企业取得的净利润　　D. 发生的福利费

4. 产品的生产成本包括（　　）。
A. 直接材料　　B. 直接人工　　C. 管理费用　　D. 制造费用

5. 影响企业营业利润的因素有（　　）。
A. 主营业务收入　　B. 主营业务成本
C. 税金及附加　　D. 销售费用

三、判断题

1. “固定资产”账户应反映固定资产的净值。（　　）

2. “营业外支出”账户期末一般没有余额。（　　）

3. 行政管理部门为管理企业的生产经营活动发生的工资、材料消耗、固定资产损耗等项费用，应记入“生产成本”账户。（　　）

4. 企业如果没有设置“预付账款”账户，当发生预付账款业务时，应通过“应付账款”账户进行核算。（　　）

5. 企业结转完工产品制造成本时，应借记“主营业务成本”账户，贷记“生产成本”账户。（　　）

6. “短期借款”账户是一个负债类账户，用来核算企业向银行或其他金融机构借入的偿还期限在1年以内的各种借款。（　　）

7. “生产成本”账户的期末借方余额表示期末在产品成本。（　　）

8. 企业月末将“制造费用”账户余额分配结转到“生产成本”账户，再由“生产成本”账户结转到“本年利润”账户的借方。（　　）

9. 材料运到并验收入库的成本包括买价、采购费用和支付的增值税进项税额。（　　）

10. 企业支付给职工的工资和职工福利费应当计入生产成本的“直接人工”成本项目。（　　）

四、简答题

1. 简述企业资金筹集业务。

2. 企业资金筹集业务核算应设置哪些账户？

3. 如何对企业资金筹集业务进行账务处理？

4. 简述制造业企业的购进业务。

5. 制造业企业对购进业务核算应设置哪些账户？

6. 如何对购进业务进行账务处理？

7. 简述制造业企业的生产业务。

8. 制造业企业对生产业务核算应设置哪些账户？

9. 如何对生产业务进行账务处理？

10. 简述制造业企业的销售业务。

11. 制造业企业对销售业务核算应设置哪些账户？

12. 如何对销售业务进行账务处理？

13. 简述企业利润形成及分配业务。

14. 企业对利润形成及分配业务核算应设置哪些账户？

15. 如何对企业利润形成及分配业务进行账务处理？

五、计算题

1.【目的】练习筹资业务的核算。

【要求】编制相关会计分录，并分别编制（6）关于取得借款，每月计算利息，季末归还利息和到期时的会计分录。

【资料】（1）企业收到甲公司投入的货币资金 1 000 000 元，并存入银行。

（2）企业收到乙公司投入的汽车一辆，评估作价 200 000 元。

（3）企业收到外商 MMG 公司投入的专利权一项，评估作价 2 000 000 元。

（4）企业收到 N 公司投入的钢材一批，价值 500 000 元。

（5）企业收到 M 公司投入的货币资金 2 200 000 元，并存入银行，其中占注册资本的份额为 2 000 000 元。

（6）企业从银行取得借款 6 000 000 元，年利率 6%，期限 9 个月。每月计提利息，季末支付利息。

（7）用银行存款 800 000 元支付甲公司撤资款。

2.【目的】练习购进业务的核算。

【要求】根据资料中的业务，编制会计分录。

【资料】某企业 2017 年 1 月发生有关经济业务如下：

（1）向东方工厂购进甲材料 400 千克，单价 100 元。材料已验收入库，货款 40 000 元，增值税 6 400 元，货款及税款已用银行存款支付。

（2）向下列各单位购进甲材料一批，材料已验收入库，货款及税款未付：

黎明工厂	500 千克	单价 100 元	计 50 000 元	增值税 8 000 元
华山工厂	600 千克	单价 100 元	计 60 000 元	增值税 9 600 元
合计			110 000 元	17 600 元

（3）以银行存款 2 200 元支付购买甲材料的运输费用（未取得发票）。

（4）向卫星工厂购进乙材料 800 千克，单价 8 元，材料已验收入库。货款 6 400 元，增值税 1 024 元，货款及税款已用银行存款支付。

（5）向明光工厂购进下列材料一批，材料已验收入库，货款及税款已用银行存款支付：

丙材料	2 000千克	单价5元	计10 000元	增值税1 600元
丁材料	4 000千克	单价6元	计24 000元	增值税3 840元
	合　计		34 000元	5 440元

(6) 以库存现金支付购买丙材料的运杂费100元、丁材料的运杂费600元（均未取得发票）。

(7) 向黎明工厂购进已预付货款的甲材料1 500千克，单价100元，材料已验收入库，货款150 000元，增值税24 000元，价税款合计为174 000元，其中30 000元冲销原预付的货款，不足部分以银行存款支付。

(8) 以银行存款偿还前欠黎明工厂和华山工厂的购料款。

3.【目的】练习产品生产业务的核算。

【要求】根据资料中的经济业务编制会计分录。

【资料】某企业2017年1月份，有关经济业务如下：

(1) 车间耗用的各种材料汇总见表3-1。

表3-1　**车间耗用材料汇总表**　数量单位：千克　金额单位：元

项　目	甲材料		乙材料		丙材料		丁材料		合　计
	数量	金额	数量	金额	数量	金额	数量	金额	
生产A产品领用	300	30 600	800	6 400	600	3 030			40 030
生产B产品领用	400	40 800	200	1 600	100	505			42 905
车间一般消耗					200	1 010	100	615	1 625
合　计	700	71 400	1000	8 000	900	4 545	100	615	84 560

(2) 计算的本月应付职工薪酬如下：

A产品生产工人工资	11 800元
B产品生产工人工资	5 600元
车间管理人员工资	2 000元
厂部管理人员工资	600元
合　计	20 000元

(3) 从银行提取现金20 000元，以备发放本月工资。

(4) 用库存现金发放职工工资20 000元。

(5) 以银行存款支付本月电费5 000元。其中：

生产A产品耗电	2 000元
生产B产品耗电	1 500元
车间管理部门耗电	500元
厂部照明用电	1 000元

(6) 以银行存款支付厂部办公费500元。

（7）以银行存款支付企业管理部门本月报刊杂志订阅费 1 200 元。

（8）按规定的折旧率，计提本月固定资产折旧费 8 000 元，其中生产车间折旧费为 6 000 元，厂部折旧费 2 000 元。

（9）以库存现金支付本月厂部固定资产修理费 600 元。

（10）计算的应由本月负担的短期借款利息为 2 000 元。

（11）结转制造费用，其中 A 产品应负担 7 273 元，B 产品应负担 3 452 元。

（12）A 产品 100 件全部完工验收入库，结转其实际生产成本。

4.【目的】练习产品销售业务的核算。

【要求】根据资料中的经济业务编制会计分录。

【资料】某企业 2017 年 1 月份发生有关经济业务如下：

（1）销售给光明工厂 A 产品 600 件，单位售价 350 元；B 产品 50 件，单位售价 150 元，共计货款 217 500 元；增值税为 34 800 元，货款及税款已存入银行。

（2）以银行存款支付销售 A、B 产品的广告费 600 元。

（3）销售给黎明工厂 A 产品 100 件，单位售价 350 元；B 产品 30 件，单位售价 150 元，共计货款 39 500 元；增值税 6 320 元，原预收货款 20 000 元，其余部分尚未收回。

（4）销售给宏阳公司 B 产品 40 件，单位售价 150 元，共计货款为 6 000 元，增值税 960 元，用银行存款代垫运杂费用 120 元（未取得发票），款项尚未收回。

（5）结转本月已销售 A、B 产品的实际生产成本（单件产品的实际生产成本为 A 产品 200 元、B 产品 110 元）。

（6）按销售收入的 10% 计算 A、B 产品应交纳的消费税。

5.【目的】练习利润形成及分配业务的核算。

【要求】根据资料中的经济业务编制会计分录。

【资料】某企业 2017 年 1 月份发生有关经济业务如下：

（1）由于对方违约，收取罚款 5 000 元，存入银行。

（2）没收逾期未退回的随同产品出售的包装物押金 1 000 元。

（3）以银行存款 4 000 元支付罚款。

（4）结转本月的主营业务收入和营业外收入。“主营业务收入”账户本期发生额为 263 000 元；“营业外收入”账户本期发生额 6 000 元。

（5）结转本月的主营业务成本、税金及附加、销售费用、管理费用、财务费用和营业外支出。“主营业务成本”账户本期发生额为 153 200 元，“税金及附加”账户本期发生额为 26 300 元，“销售费用”账户本期发生额为 700 元，“管理费用”账户本期发生额为 4 300 元，“财务费用”账户本期发生额为 2 000 元，“营业外支出”账户本期发生额为 4 000 元。

（6）按规定计算应交纳 25 905 元的企业所得税。

（7）按规定计算应提取盈余公积 5 260 元。

（8）按规定计算应给投资者分出 24 000 元的利润。

6.【目的】练习综合业务的核算。

【要求】根据资料中的经济业务编制会计分录。

【资料】某企业2017年2月份发生有关经济业务如下：

（1）以银行存款25 905元交纳所得税。

（2）开出转账支票24 000元，支付应分出的利润。

（3）投资者追加投资200 000元，当即存入银行。

（4）向银行借款100 000元，期限10个月，存入银行。

（5）收到出租包装物押金500元，存入银行。

（6）以银行短期借款50 000元，直接偿还前欠的购买材料款。

（7）以银行存款80 000元偿还到期的短期借款。

（8）采购材料一批，货款7 000元，增值税1 120元，价税合计8 120元尚未支付，材料正在运送途中。

（9）以库存现金支付上述材料的搬运费300元，材料已验收入库。

（10）以银行存款预付材料款10 000元。

（11）以银行存款支付前欠货款及税款8 120元。

（12）采购材料一批，材料款50 000元，增值税8 000元，货款及税款以银行存款支付，材料已验收入库。

（13）采购已预付货款的材料，货款30 000元，增值税4 800元，共计34 800元。冲销原预付货款10 000元，不足部分以银行存款支付，材料已验收入库。

（14）领用材料一批，其中生产产品耗用15 000元，车间一般耗用1 000元，企业管理部门一般耗用4 000元。

（15）从银行提取现金50 000元，以备发放工资。

（16）以库存现金50 000元支付职工工资。

（17）分配本月职工薪酬，其中生产工人工资35 000元，车间管理人员工资5 000元，厂部管理人员工资10 000元。

（18）以银行存款支付行政管理部门水电费7 000元。

（19）以库存现金支付管理部门的零星支出300元。

（20）以银行存款支付管理费用负担的材料仓库租金6 000元。

（21）某职工预借差旅费2 000元，以库存现金付给。

（22）以银行存款支付本月管理部门房屋租金20 000元。

（23）计算本月银行借款的利息3 000元。

（24）以银行存款支付企业管理部门设备修理费30 000元。

（25）计提固定资产折旧，应由制造费用负担的折旧费为40 000元，应由管理费用负担的折旧费为30 000元。

（26）厂长报销差旅费1 800元，其余款项200元退回。

（27）期末，结转完工入库产品的生产成本，共计100 000元。

（28）销售产品一批，货款100 000元，增值税16 000元，货款及税款共计

116 000 元尚未收到。

（29）预收货款 30 000 元存入银行。

（30）销售产品一批，货款 9 000 元，增值税 1 440 元，货款及税款全部存入银行。

（31）以银行存款代垫销售产品的运杂费 700 元。

（32）以银行存款支付销售产品的广告费 1 000 元。

（33）收回应收销货款 117 000 元，并存入银行。

（34）销售已预收货款的产品一批，价值 80 000 元，增值税 12 800 元。冲销原预收货款 30 000 元，同时收到不足部分的款项，并存入银行。

（35）结转已销售产品制造成本 114 000 元。

（36）计算的销售产品的应交消费税为 9 450 元。

（37）以银行存款退还出租包装物的押金 500 元。

（38）以库存现金 500 元支付罚款。

（39）由于对方机构撤销，无法退回某单位存入保证金 2 000 元，经批准转为营业外收入。

（40）结转本期损益类账户。

（41）按规定计算应上缴所得税 3 000 元。

（42）按规定计算应付投资者利润 2 000 元。

（43）按规定提取法定盈余公积 7 000 元。

7.【目的】练习利润总额等项目的计算。

【要求】根据资料，计算该企业本月的营业利润、利润总额、净利润、营业外收支净额。

【资料】某企业 2017 年 1 月有关账户余额如下（均为月末结账前的余额）：

“主营业务收入”账户贷方余额 588 000 元；

“主营业务成本”账户借方余额 380 000 元；

“税金及附加”账户借方余额 58 800 元；

“销售费用”账户借方余额 7 000 元；

“管理费用”账户借方余额 11 560 元；

“财务费用”账户借方余额 3 000 元；

“应交税费”账户贷方余额 78 900 元；

“生产成本”账户借方余额 83 000 元；

“营业外收入”账户贷方余额 5 000 元；

“营业外支出”账户借方余额 7 500 元；

“所得税费用”账户借方余额 41 296 元；

“利润分配”账户借方余额 78 000 元。

第4章　账户的分类

学习目标

◆ 掌握账户按经济内容、用途和结构分类的意义。

◆ 重点掌握账户按经济内容、用途和结构分类的内容。

◆ 了解各账户之间的内在联系和区别，了解各类账户在提供会计信息方面的规律性。

4.1　账户分类的意义

4.1.1　账户分类的目的

为全面、系统地进行会计核算，企业应该在账簿中开设一系列的账户，而每一个账户都有其特定的核算内容，且只能对某项经济业务中某一方面的会计数据进行分类记录，即从某一个侧面来反映会计要素的变化及其结果。企业的经济活动作为一个整体，需要一个相互联系的账户体系加以反映。账户分类就是研究账户体系中各账户之间存在的共性，寻找其规律，探明每一个账户在账户体系中的地位和作用，以便加深对账户的认识。要全面、系统地了解账户的共性与个性，掌握账户的使用方法，正确地设置和运用账户，就有必要对账户按不同的标准进行分类。

4.1.2　账户分类的标志

凡在提供核算指标方面有共同性的账户，就应该按它们的共同性归属为一类账户。而它们之间的共同性也成为该类账户的共同性标志。为了进一步研究账户各自的特性和它们的共同性，应研究和掌握账户分类的标志。账户的分类标志一般有四种：按经济内容分类；按用途和结构分类；按提供指标的详略程度分类；按与会计报表的关系分类。本章重点说明账户按经济内容分类和按用途及结构分类的情况。

4.1.3　账户分类的作用

1. 便于设置完整的账户体系，全面反映企业经济活动和资金运动情况

由于各单位的经营活动的特点不同，资金运动的内容不同，所涉及的账户体系也就不同。要想有效地核算和监督企业的经营活动，就要从企业经营活动的特点出发，选择能够反映本单位经营活动的账户体系。它要求会计工作者必须了解不同类型的账户包括哪些，它们反映的具体经济内容是什么，这些账户的发生额和余额能提供什么样的核算资料。只有这样，才能选择合适的账户建立本单位的账户体系，使它们能全面、系统地记录本单位的经济活动过程和结果，为会计信息使用者提供所需的会计信息。

2. 便于设计会计账簿的格式

在单位内部的会计管理中，由于不同经营活动各具特点，对不同性质的会计要素的信息披露方式是不一样的。如对于一般的有形资产的增减变动以及结存余额，不仅要向有关管理层披露有关金额方面的信息，而且还应适当披露有关实物量方面的信息；对于像负债和所有者权益类的会计要素，只要披露有关金额方面的信息就可以了；另外，对于一些费用类要素，不仅要反映费用的总额，还要按项目反映费用构成的详细情况。上述不同的会计信息，要通过账户在会计账簿中体现出来。对于既要提供金额又要提供实物方面信息的账户，在进行相应的会计账簿格式设计时，应设置和运用数量金额式账页格式；对于只要求披露有关金额方面信息的账户，在进行相应的会计账簿格式设计时，应设置和运用三栏式账页格式；对于不仅要反映费用的总额，还要反映费用构成的详细情况方面信息的账户，在进行相应的会计账簿格式设计时，应设置和运用多栏式账页格式。会计账户的设置，应考虑便于设计会计账簿的问题。

3. 便于编制财务报告

会计要素的增减变动过程及其结果，最终要以财务报表的形式反映出来。编制财务报表所需的相关数据资料是由各个相应的账户提供的。不同的财务报表，反映的经济内容不同，其相关数据资料的来源也不相同。为了及时、正确地编制财务报表，要根据特定财务报表所反映的经济内容，正确确定编制每张财务报表所需的数据资料是来自于哪些账户，这些账户能提供什么样的会计信息。例如，资产负债表是用来反映某一时点上的财务状况的，是对某一时点上企业现存经济资源和它们的来源的说明。它的数据资料由资产、负债和所有者权益三类账户提供。若不能正确地确定为编制财务报表提供数据资料的账户，就不能编制财务报表。因此，掌握账户分类及账户的经济内容、用途和结构，有利于正确编制财务报表。

4.2 账户按经济内容分类

4.2.1 账户按经济内容分类的意义

账户的经济内容是指账户所反映的会计对象的具体内容。账户按经济内容分类，就是按账户所反映的会计对象的具体内容对账户进行分类。明确了账户的经济内容，就为明确账户的用途结构打下了一个好的基础；另外，不同的财务报表，包含不同的会计要素，明确了账户的经济内容，就能正确掌握会计账户和相应财务报表之间的关系。因此，通过对账户按经济内容的分类，可以为更好地运用借贷记账法，确切地了解每类和每个账户具体应核算的内容，设置能适应本单位的经营管理需要的科学完整的账户体系，同时为学习账户的其他分类打下基础。

4.2.2　账户按经济内容的具体分类

账户按经济内容分类，也就是按会计要素分类，我国《企业会计准则——应用指南》中规定的科目就是按会计要素进行分类的。会计要素分为资产、负债、所有者权益、收入、费用和利润六个要素，因此，账户按经济内容就分为资产类账户、负债类账户、所有者权益类账户、收入类账户、费用类账户和利润类账户六类。现分别说明如下：

1. 资产类账户

资产类账户是核算企业各种资产增减变动及结存情况的账户。

资产按流动性不同，又可以分为流动资产和非流动资产两类，因而资产类账户也可分为反映流动资产的账户和反映非流动资产的账户两类。

流动资产是指可以在 1 年或者超过 1 年的一个营业周期内变现或者耗用的资产。反映流动资产的账户包括“库存现金”“银行存款”“交易性金融资产”“应收账款”“其他应收款”“预付账款”“原材料”“库存商品”等账户。非流动资产是指不能在 1 年或者超过 1 年的一个营业周期内变现或者耗用的资产。反映非流动资产的账户包括“长期股权投资”“投资性房地产”“固定资产”“累计折旧”“无形资产”等账户。

2. 负债类账户

负债类账户是核算企业各种负债增减变动及结存情况的账户。

负债按其流动性不同，可以分为流动负债和非流动负债两类。因而负债类账户也可分为反映流动负债的账户和反映非流动负债的账户两类。流动负债是指将在 1 年或者超过 1 年的一个营业周期内偿还的债务。反映流动负债的账户有“短期借款”“应付账款”“其他应付款”“应付职工薪酬”“应交税费”“应付股利”等账户。非流动负债是指偿还期在 1 年或者超过 1 年的一个营业周期以上的负债。反映非流动负债的账户有“长期借款”“应付债券”“长期应付款”等账户。

3. 所有者权益类账户

所有者权益类账户是核算企业所有者权益增减变动及结存情况的账户。

按照所有者权益的来源和构成，所有者权益类账户又可以分为核算所有者原始投资的账户、核算经营积累的账户及所有者权益其他来源的账户三类。核算所有者原始投资的账户有“实收资本”等账户。核算经营积累的账户有“盈余公积”等账户；核算所有者权益其他来源的账户有“资本公积”等账户。

4. 收入类账户

收入类账户是核算企业在生产经营过程中所取得的各种经济利益的账户。

按照收入的不同性质和内容，收入类账户可以分为核算营业收入的账户和核算非营业收入的账户。核算营业收入的账户有“主营业务收入”“其他业务收入”等账户；核算非营业收入的账户有“营业外收入”“投资收益”等账户。

5. 费用类账户

费用类账户是核算企业在生产经营过程中发生的各种费用支出的账户。

按照费用的不同性质和内容，费用类账户可以分为核算经营费用的账户和核算非经营费用的账户。核算经营费用的账户有“生产成本”“制造费用”“主营业务成本”“税金及附加”“其他业务成本”“管理费用”“销售费用”“财务费用”“所得税费用”等账户。核算非经营费用的账户有“营业外支出”等账户。

6. 利润类账户

利润类账户是核算利润的形成和分配情况的账户，可分为核算利润形成情况的账户和核算利润分配情况的账户。核算利润形成情况的账户有“本年利润”账户，核算利润分配情况的账户有“利润分配”账户。

制造业企业按经济内容分类建立的账户体系的主要构成列示如图 4-1 所示。

- 账户
  - 反映资金运动的静态账户
    - 反映资产的账户
      - 反映流动资产的账户
        - 库存现金
        - 银行存款
        - 应收账款
        - 其他应收款
        - 坏账准备
        - 原材料
        - 库存商品
        - 预付账款等
      - 反映非流动资产的账户
        - 长期股权投资
        - 固定资产
        - 累计折旧
        - 固定资产减值准备
        - 无形资产
        - 长期待摊费用等
    - 反映负债的账户
      - 反映流动负债的账户
        - 短期借款
        - 应付账款
        - 其他应付款
        - 应付职工薪酬
        - 应交税费
        - 应付股利
        - 预收账款等
      - 反映非流动负债的账户
        - 长期借款
        - 应付债券
        - 长期应付款等
    - 反映所有者权益的账户
      - 反映所有者原始投资的账户——实收资本
      - 反映经营积累的账户——盈余公积等
      - 反映所有者权益其他来源的账户——资本公积
  - 反映资金运动的动态账户
    - 反映收入的账户
      - 反映营业收入的账户
        - 主营业务收入
        - 其他业务收入
      - 反映非营业收入的账户——营业外收入
    - 反映费用的账户
      - 反映经营费用的账户
        - 生产成本
        - 制造费用
        - 税金及附加
        - 销售费用
        - 其他业务成本
        - 管理费用
        - 财务费用等
      - 反映非经营费用的账户——营业外支出
    - 反映利润的账户
      - 反映利润形成的账户——木年利润
      - 反映利润分配的账户——利润分配等

图 4-1 账户按经济内容的分类建立的账户体系图

4.3　账户按用途和结构分类

4.3.1　账户按用途和结构分类的意义

账户按经济内容分类，可以使我们了解完整的账户体系包括哪些账户，各类账户所核算的会计对象的具体内容是什么。这对于正确区分账户的经济性质，合理地设置和运用账户，满足经营管理的需要，具有重要意义。但是，仅按经济内容对账户进行分类，还不能使我们了解各种账户的作用，以及它们是如何向会计信息使用者提供所需的会计信息的。为了运用账户来记录经济业务，掌握账户在提供核算指标方面的规律性，就需要在按经济内容分类的基础上，进一步研究账户按用途和结构的分类。

账户的用途是指设置和运用账户的目的是什么，通过账户记录能够提供什么核算指标。如我们设置“固定资产”“原材料”等账户的目的是反映相应的实物资产增减变动及结存情况的核算资料。

账户的结构是指在账户中如何记录经济业务，以取得各种必要的核算指标。在不同的记账方法下，记录经济业务的具体方法是不同的，即反映会计要素的增减变动及结存余额的方法不同。在借贷记账法下，账户的结构具体是指账户借方核算什么内容，账户贷方核算什么内容，期末余额在哪方，具体表示什么内容。

账户按用途和结构分类就是在账户按经济内容分类的基础上，将用途和结构基本相同的账户归为一类。企业错综复杂的经济活动所涉及的会计数据资料都需要通过账户来加以记录和反映，而每一个账户都是根据经营管理和对外报告会计信息的需要而设置的，都有其特定的用途和结构。为了掌握各类账户的一般规律和特点，加深对各账户的理解，准确运用每个账户，提供真实可靠的会计信息，有必要对账户按用途和结构进行分类。按用途和结构分类的账户体系是对按经济内容分类的账户体系的必要补充。

4.3.2　账户按用途和结构的具体分类

现以制造业企业为例，说明在借贷记账法下，按用途和结构分类的账户体系。按用途和结构分类的账户体系，包括基本账户、调整账户、成本账户和损益计算账户四大类。基本账户具体又可分为盘存账户、投资权益账户、结算账户；调整账户根据调整方式不同，又可分为备抵账户、附加账户和备抵附加账户；成本账户具体又可分为集合分配账户、成本计算账户和对比账户；损益计算账户具体又可分为收入计算账户、费用计算账户和财务成果计算账户。以下简要说明各类账户的用途、结构和特点：

1. 基本账户

（1）盘存账户

盘存账户是用来核算、监督各项财产物资和货币资金的增减变动及其实有数的账户。它是任何企业单位都必须设置的基本账户。在这类账户中，借方登记各项财产物资和货币资金的增加数，贷方登记其减少数；余额总是在借方，表示期末各项财产物资和货币资金的实有数。这类账户一般都可以通过盘点方式进行清查，核对账实是否相符。

盘存账户的基本结构如下：

借方　　**盘存账户**　　贷方

借方	贷方
期初余额：财产物资或货币资金的期初实有数	
本期发生额：财产物资或货币资金的本期增加数	本期发生额：财产物资或货币资金的本期减少数
期末余额：财产物资或货币资金的期末实有数	

属于盘存账户有："库存现金""银行存款""交易性金融资产""原材料""库存商品""固定资产"等账户。"生产成本"账户期末借方有余额表示在产品成本，也属于盘存账户。盘存账户的特点是：一般可以通过实地盘点或对账的方法，核对货币资金和实物资产的实际结存数与账面结存数是否相符，并检查其财产管理上存在的问题；除"库存现金"和"银行存款"账户外，其他盘存账户普遍运用数量金额式明细分类账，可以提供实物和价值两种指标。

（2）投资权益账户

投资权益账户是用来核算投资者投资的增减变动及其实有数额的账户。它是任何企业单位都必须设置的基本账户。在这类账户中，贷方登记投资者投资的增加数，借方登记投资者投资的减少数，其余额在贷方，表示投资权益的实有数额。投资权益账户的基本结构如下：

借方　　**投资权益账户**　　贷方

借方	贷方
	期初余额：投资权益的期初实有数
本期发生额：投资权益的本期减少数	本期发生额：投资权益的本期增加数
	期末余额：投资权益的期末实有数

属于这类账户的有："实收资本""资本公积""盈余公积"等账户。

投资权益账户的特点是：应按照企业的投资者分别设置明细分类账户，以便反映各投资者对企业实际拥有的所有者权益数额；投资权益账户只提供价值指标。

（3）结算账户

结算账户是用来核算和监督企业与其他单位和个人之间往来账款结算业务的账户。由于结算业务性质的不同，决定了结算账户具有不同的用途和结构，结算账户按用途和结构分类，具体又可分为债权结算账户、债务结算账户和债权债务结算账户三类。

①债权结算账户。

债权结算账户是用来核算和监督企业债权的增减变动和实有数额的账户。在这类账户中，借方登记债权的增加数，贷方登记债权的减少数；余额在借方，表示尚未收回的债权。债权结算账户的基本结构如下：

借方　**债权结算账户**　贷方

借方	贷方
期初余额：债权的期初实有数	
本期发生额：债权的本期增加数	本期发生额：债权的本期减少数
期末余额：债权的期末实有数	

属于这一类的账户有："应收账款""其他应收款""应收票据""预付账款""应收股利""应收利息"等账户。

②债务结算账户。

债务结算账户是用来核算和监督企业债务的增减变动和实有数额的账户。在这类账户中，贷方登记债务的增加数，借方登记债务的减少数；余额在贷方，表示尚未偿还的债务。债务结算账户的基本结构如下：

借方　**债务结算账户**　贷方

借方	贷方
	期初余额：债务的期初实有数
本期发生额：债务的本期减少数	本期发生额：债务的本期增加数
	期末余额：债务的期末实有数

属于债务结算账户的有："应付账款""其他应付款""应付职工薪酬""应交税费""应付股利""短期借款""长期借款""应付债券""长期应付款"等账户。

③债权债务结算账户。

债权债务结算账户是用来监督企业与其他单位或个人以及企业内部各单位相互往来结算业务的账户。由于这种相互之间往来结算业务经常发生变动，企业有时处于债权人的地位，有时则处于债务人的地位，为了能在同一账户中反映本企业与其他单位的债权、债务的增减变化，借以减少会计科目的使用，简化核算手续，在借贷记账法下，可设置同时具有债权债务双重性质的结算账户，在这类账户中，借方登记债权的增加数或债务的减少数，贷方登记债务的增加数或债权的减少数，期末余额在借方，表示企业债权减掉债务后的净债权；期末余额在贷方，表示企业债务减掉债权后的净债务。

债权债务结算账户的基本结构如下：

借方　**债权债务结算账户**　贷方

借方	贷方
期初余额：债权大于债务的期初差额	期初余额：债务大于债权的期初差额
本期发生额：债权的本期增加数、债务的本期减少数	本期发生额：债权的本期减少数、债务的本期增加数
期末余额：净债权	期末余额：净债务

在借贷记账法下，可以将“其他应收款”账户和“其他应付款”账户合并，设置一个“其他往来”账户，用来核算其他应收款和其他应付款的增减变动情况和结果，此时，“其他往来”账户是一个债权债务结算账户。属于债权债务结算账户的还有“内部往来”“供应单位往来”“购买单位往来”等账户。

结算账户的特点是：按照结算业务的对方单位或个人设置明细分类账户，以便及时进行结算和核对账目，结算账户只提供价值指标，结算账户要根据期末的方向来判断其性质，当余额在借方时，是债权结算账户，当余额在贷方时，是债务结算账户。

2. 调整账户

调整账户是指调整被调整账户的余额，以求得被调整账户实际余额的账户。在会计核算中，由于管理的需要或其他原因，对于同一事项有时需要用两个账户分别记录。在这种情况下，就需要设置两个账户，一个账户用来反映原始数据，另一个账户用来反映原始数据的调整数据，将两个账户期末余额相加或相减，就可以得到调整后的实际数据。调整账户按调整的方式不同可以分为三种：

（1）备抵账户

备抵账户是用来抵减相关账户（被调整账户）的余额，以表示被调整账户的实际余额的账户。其调整方式可用下列公式表示：

被调整账户余额-备抵账户余额=被调整账户的实际余额

由于备抵账户对被调整账户的调整，实际上是对被调整账户余额的抵减，因此，被调整账户余额的方向与备抵账户的余额方向必定相反。如果被调整账户的余额方向在借方（或贷方），则备抵账户的余额方向一定在贷方（或借方）。

“累计折旧”“固定资产减值准备”“坏账准备”等账户是较典型的备抵账户，可以取得有关固定资产耗损和减值方面的数据，“累计折旧”“固定资产减值准备”账户是用来调整“固定资产”账户的。用“固定资产”账户的账面余额（原始价值）与“累计折旧”“固定资产减值准备”账户的账面余额相抵减，其差额就是固定资产现有的实际价值（净额）。

通过这三个账户余额的对比分析，可以了解固定资产的新旧程度、资金占用状况、减值情况和生产能力。现以“固定资产”和“累计折旧”两个账户为例，说明被调整账户与备抵账户之间的关系。

借方 **固定资产** 贷方

期初余额：	1 000 000	
本期发生额：		本期发生额：
期末余额：	1 000 000	

借方　**累计折旧**　贷方

借方		贷方	
		期初余额：	400 000
本期发生额：		本期发生额：	20 000
		期末余额：	420 000

固定资产的期末余额	1 000 000
减：累计折旧的期末余额	420 000
固定资产净值	580 000

（2）附加账户

附加账户是用来增加被调整账户的余额，以求得所需要的被调整账户的实际余额的账户。其调整方式可以用下列计算公式表示：

被调整账户期末余额+附加账户期末余额=被调整账户的实际余额

被调整账户的期末余额与附加账户的期末余额一定在同一方向，即都在借方或都在贷方。但这类账户在实际中很少运用。

（3）备抵附加账户

备抵附加账户是既可以用来抵减，又可用来增加被调整账户的余额，以求得被调整账户的实际余额的账户。它兼有以上两种账户的功能。这类账户执行哪种功能，取决于该账户的余额与被调整账户的余额在方向上是否一致，当其余额与被调整账户余额在不同方向时，它所起的是抵减作用；当其余额与被调整账户余额在相同方向时，它所起的是附加作用。

“材料成本差异”账户就是“原材料”账户的备抵附加账户。当“材料成本差异”账户是借方余额时，表示实际成本大于计划成本的超支数，用“原材料”账户的借方余额加上“材料成本差异”账户的借方余额，就是材料的实际成本；当“材料成本差异”账户是贷方余额时，表示实际成本小于计划成本的节约数，用“原材料”账户的借方余额减去“材料成本差异”账户的贷方余额，其差额为材料的实际成本。

“材料成本差异”账户与被调整的“原材料”账户之间的关系如下：

借方　**材料成本差异——甲材料**　贷方

借方		贷方	
期初余额：	0		
本期发生额：	8 000	本期发生额：	5 000
期末余额：	3 000		

借方　**材料成本差异——乙材料**　贷方

借方		贷方	
		期初余额：	0
本期发生额：		本期发生额：	4 000
		期末余额：	4 000

借方	原材料	贷方
期初余额：	0	
本期发生额：	甲材料 7 000	本期发生额：
	乙材料 9 000	
期末余额：	16 000	

“原材料”账户的借方余额（计划成本）	16 000
加：“材料成本差异”账户的借方余额（超支差）	3 000
减：“材料成本差异”账户的贷方余额（节约差）	4 000
原材料的实际成本	15 000

3. 成本账户

（1）集合分配账户

集合分配账户是用来汇集和分配经营过程中某一阶段所发生的某种间接费用，借以核算、监督有关间接费用计划执行情况，以及间接费用分配情况的账户，设置这类账户，一方面可以将某一经营过程中实际发生的间接费用和计划指标进行比较，考核间接费用的超支和节约情况；另一方面也便于将这些费用摊提出去。集合分配账户，借方登记费用的发生额，贷方登记费用的分配额，在一般情况下，登记在这类账户中的费用，期末应全部分配出去，通常没有余额。

集合分配账户的基本结构如下：

借方	集合分配账户	贷方
本期发生额：集合经营过程中的本期间接费用发生额		本期发生额：本期分配到相关成本计算对象上的间接费用额

属于这类账户的有“制造费用”账户。

集合分配账户的特点是：具有明显的过渡性质，平时用它来归集那些不能直接计入某个成本计算对象的间接费用，期末将费用全部分配出去，由有关成本计算对象负担，这类账户期末费用分配后一般应无余额。

（2）成本计算账户

成本计算账户是用来核算和监督经营过程中应计入特定成本计算对象的经营费用，并确定各成本计算对象实际成本的账户。设置和运用成本计算账户，对于正确计算材料采购成本、产品生产成本，考核有关成本计划的执行和完成情况，具有重要的作用。成本计算账户的借方汇集应计入特定成本计算对象的全部费用，贷方反映转出的某一成本计算对象的实际成本。期末余额一般在借方，表示尚未完成的某一阶段成本对象的实际成本。

成本计算账户的基本结构如下：

借方	成本计算账户　贷方
期初余额：未转出成本计算对象的实际成本 本期发生额：经营过程中发生的应由成本计算对象承担的费用	本期发生额：转出成本计算对象的实际成本
期末余额：期末未转出成本计算对象的成本	

属于成本计算账户的有“材料采购”“生产成本”“委托加工物资”“在建工程”等账户。

成本计算账户的特点是：除了设置总分类账户外，还应按照各个成本计算对象和成本项目设置专栏，分别设置明细分类账户，进行明细分类核算，这样，既提供实物指标，又提供价值指标。

（3）对比账户

对比账户是用来核算经营过程中某一阶段某项经济业务按照两种不同的计价标准进行对比，借以确定其业务成果的账户。

原材料按计划成本核算的企业所设置的“材料采购”账户，就属于对比账户。该账户的借方登记材料的实际成本、贷方登记材料的计划成本，通过借贷双方两种计价对比，可以确定材料采购成本。

对比账户的基本结构（以“材料采购”账户为例）如下：

借方	对比账户　贷方
期初余额：未入库材料的实际成本 本期发生额：本期收入材料的实际成本及转入“材料成本差异”账户贷方的实际成本小于计划成本的节约差	本期发生额：入库材料的计划成本及转入“材料成本差异”账户借方的实际成本大于计划成本的超支差
期末余额：在途物资的实际成本	

这类账户的特点是：借方以一种计价反映该项业务，贷方以另一种计价反映同一项业务，借贷两方的差额，即为该项业务的成果。不同的计价对比账户，反映不同的业务成果，因而应将其差额转入相关的账户。

4. 损益计算账户

（1）收入计算账户

收入计算账户是用来核算和监督企业在一定时期内所取得的各种收入的账户。收入计算账户的贷方登记取得的收入，借方登记收入的减少数和期末转入“本年利润”账户的收入额。由于当期实现的全部收入都要在期末转入“本年利润”账户，所以收入计算账户期末无余额。收入计算账户的基本结构如下：

借方	收入计算账户　贷方
本期发生额：收入的减少数 期末转入“本年利润”账户的收入额	本期发生额：收入的增加数

属于这一类账户的有“主营业务收入”“其他业务收入”“投资收益”等账户。

收入计算账户的特点是：除了设置总分类账户外，还应按照业务类别设置明细分类账户，进行明细分类核算；收入计算账户只提供价值指标。

（2）费用计算账户

费用计算账户是用来核算和监督企业在一定时期内所发生的应计入当期损益的各项费用支出的账户。费用计算账户的借方登记费用支出的增加额，贷方登记费用支出的减少数和期末转入“本年利润”账户的费用支出数。由于当期发生的全部费用支出数都要于期末转入“本年利润”账户，所以该类账户期末无余额。

费用计算账户的基本结构如下：

借方	费用计算账户　　　　贷方
本期发生额：本期费用支出的增加数	本期发生额：本期费用支出的减少数、期末转入“本年利润”账户的费用支出数

属于这一类的账户有“主营业务成本”“税金及附加”“销售费用”“其他业务成本”“管理费用”“财务费用”“营业外支出”“所得税费用”等账户。

费用计算账户的特点是：除了设置总分类账户外，还应按费用支出项目等设置明细分类账户，进行明细分类核算；费用计算账户只提供价值指标。

（3）财务成果计算账户

财务成果计算账户是用来核算和监督企业在一定时期内经营活动最终成果的账户。“本年利润”账户属于财务成果计算账户。财务成果计算账户的贷方登记期末从收入计算账户转入的各种收入数，借方登记期末从费用计算账户转入的各种费用支出数。平常月份，贷方余额表示企业所实现的利润数，借方余额表示企业所发生的亏损数。年终，将实现的利润或亏损转入“利润分配”账户，年末无余额。

财务成果计算账户的基本结构如下：

借方	财务成果计算账户　　　　贷方
本期发生额：本期从费用计算账户转入的各项成本、费用支出数	本期发生额：本期从收入计算账户转入的各项收入、收益数
期末余额：（1—11月份）发生的亏损数、年末无余额	期末余额：（1—11月份）实现的利润数、年末无余额

财务成果计算账户的特点是：借方和贷方所登记的内容，应遵循权责发生制和配比原则，该类账户只提供价值指标，年终结账后无余额。

综上所述，按用途、结构分类的账户体系由四部分十一类组成，如图4-2所示。

- 账户
  - 基本账户
    - 盘存账户
      - 库存现金
      - 银行存款
      - 原材料
      - 库存商品
      - 固定资产等
    - 投资权益账户
      - 实收资本
      - 资本公积
      - 盈余公积
    - 结算账户
      - 债权结算账户
        - 应收账款
        - 其他应收款
      - 债务结算账户
        - 应付账款
        - 应付职工薪酬
        - 应交税费
        - 短期借款
        - 长期借款等
      - 债权债务结算账户——其他往来
  - 调整账户
    - 备抵账户
      - 坏账准备
      - 累计折旧
      - 存货跌价准备等
    - 备抵附加账户——材料成本差异
  - 成本账户
    - 集合分配账户——制造费用
    - 成本计算账户
      - 生产成本
      - 材料采购等
    - 对比账户——材料采购
  - 损益计算账户
    - 收入计算账户
      - 主营业务收入
      - 其他业务收入
      - 营业外收入等
    - 费用计算账户
      - 主营业务成本
      - 税金及附加
      - 销售费用
      - 财务费用
      - 营业外支出
      - 所得税费用等
    - 财务成果计算账户——本年利润

图 4-2　账户按用途和结构分类建立的账户体系图

拓展阅读 4

基本训练

一、单项选择题

1. “生产成本”账户如有借方余额，按其用途、结构分类属于（　　）。

   A. 对比账户　　B. 盘存账户　　C. 集合分配账户　　D. 结算账户

2. 下列不属于备抵账户的是（　　）。

A.固定资产减值准备　　B.坏账准备
C.累计折旧　　D.管理费用

3.下列不属于盘存账户的是（　　）。

A.固定资产　　B.原材料　　C.应收账款　　D.库存商品

4.在下列所有者权益类账户中，反映所有者原始投资的账户是（　　）

A.实收资本　　B.盈余公积　　C.本年利润　　D.利润分配

5."税金及附加"账户按其经济内容分类属于（　　）。

A.负债类账户　　B.收入类账户　　C.利润类账户　　D.费用类账户

6.下列账户按经济内容分类属于非经营费用类账户的是（　　）。

A.管理费用　　B.财务费用　　C.营业外支出　　D.销售费用

7."材料成本差异"账户用来抵减附加（　　）。

A."原材料"账户　　B."材料采购"账户
C."生产成本"账户　　D."库存商品"账户

8.在下列账户中，属于备抵附加账户的是（　　）。

A.坏账准备　　B.材料成本差异　　C.利润分配　　D.累计折旧

9.下列不是按用途和结构分类的账户是（　　）。

A.成本计算账户　　B.财务成果计算账户
C.费用类账户　　D.结算账户

10.下列不属于债务结算账户的是（　　）。

A."应收账款"账户　　B."预收账款"账户
C."应付账款"账户　　D."其他应付款"账户

二、多项选择题

1.债权债务结算账户的借方发生额表示（　　）。

A.债权增加额　　B.债务增加额　　C.债权减少额
D.债务减少额　　E.不增不减

2.下列属于所有者权益类账户的有（　　）。

A."本年利润"账户　　B."实收资本"账户　　C."利润分配"账户
D."资本公积"账户　　E."盈余公积"账户

3.下列属于盘存账户的有（　　）。

A."材料采购"账户　　B."交易性金融资产"账户
C."银行存款"账户　　D."固定资产"账户
E."本年利润"账户

4.下列账户期末如有余额，在借方的有（　　）。

A.债权结算账户　　B.投资权益账户　　C.盘存账户
D.成本计算账户　　E.财务成果计算账户

5.下列账户期末一般没有余额的是（　　）。

A.收入计算账户　　B.费用计算账户　　C.盘存账户

D. 集合分配账户　　　　E. 结算账户

三、判断题

1. 对账户进行分类，是为了了解各个账户的特性，探讨各个账户之间的区别。（　）

2. 账户按其经济内容划分归为一类，则按其用途和结构划分也必定归为一类。（　）

3. “主营业务收入”账户是反映营业收入的账户，“其他业务收入”账户是反映非营业收入的账户。（　）

4. 按经济内容分类分出的费用类账户是核算企业在经营过程中发生的各种费用支出的账户，包括营业外收入。（　）

5. “生产成本”账户按经济内容分类属于费用类账户，所以期末没有余额。（　）

6. 调整账户按其调整方式的不同又可以分为备抵账户、附加账户和备抵附加账户。（　）

7. 投资权益账户是用来核算投资者投资的增减变动及实有额的账户，在任何企业组织形式下，在正常情况下投资权益账户的期末余额都不可能在借方。（　）

8. “固定资产”账户应反映固定资产的净值。（　）

9. 集合分配账户是用来归集应由某个成本计算对象负担的间接费用的账户，因而具有明显的过渡性质，期末一般都有余额。（　）

10. 备抵附加账户的期末余额方向是不固定的，当其余额在借方时，起着抵减作用，当其余额在贷方时，起着附加作用。（　）

四、简答题

1. 账户按照经济内容可以分为哪几类？

2. 账户按照用途和结构可以分为哪几类？

3. 什么是结算账户？结算账户包括哪几种？

4. 什么是调整账户？调整账户包括哪几种？

5. 账户分类的作用有哪些？

五、计算题

1.【目的】备抵附加账户的应用。

【要求】分别按资料中所述的两种情况计算该企业期末原材料的实际成本，并分析说明这两个账户之间的关系。

【资料】企业原材料按照计划成本核算，“原材料”账户期末余额为145 000元，如果（1）“材料成本差异”账户为借方余额3 000元；（2）“材料成本差异”账户为贷方余额2 000元。

2.【目的】备抵账户的应用。

【要求】（1）计算固定资产净值。

（2）说明“固定资产”账户与“累计折旧”账户之间的关系。

【资料】企业“固定资产”账户的期末借方余额为256 000元，“累计折旧”账户的期末贷方余额为70 000元。

3.【目的】资产类账户的应用。

【要求】计算期末库存原材料的成本。

【资料】某企业用原材料生产甲产品，其中2月份“原材料”账户的期初余额是2 000万元，本月购入原材料8 000万元，当月生产甲产品领用原材料7 000万元。

第5章 成本计算

学习目标

- ◆ 了解成本计算的意义和一般程序。
- ◆ 掌握成本计算的基本原理和基本方法。
- ◆ 重点掌握材料采购成本和产品生产成本的计算方法。

5.1 成本计算概述

5.1.1 成本计算的意义

1. 成本计算的概念

成本计算是对应计入一定对象的全部费用进行归集、分配和计算，并确定各成本计算对象的总成本和单位成本的专门会计方法。

2. 成本计算的意义

成本是会计信息的重要组成部分，它是通过对相关原始数据的收集、整理和加工形成的。成本计算对于加强企业经营管理，提高经济效益具有重要意义。

通过成本计算，可以取得企业的实际成本资料，并据以确定实际成本同计划成本的差异，考核成本计划的完成情况，分析成本升降的原因，进一步挖掘降低成本的潜力。

通过成本计算，可以反映和监督企业各项费用的支出，揭露企业经营管理中存在的问题，奖优罚劣，及时采取有效措施，改善经营管理。

通过成本计算，可以为企业进行下一期各项成本指标的预测和规划，提供必要的参考数据。

总之，正确地进行成本计算，对不断地改进成本管理工作，争取以更少的资源耗费取得更大的经济效益，为社会增加更多的财富具有重要的意义。

5.1.2 成本计算的原理

1. 直接受益直接分配原理

各种经营活动的目的不同。经营过程中发生的各种费用都是为相应的经营目的产生的。在某种经营活动中支付费用，目的是在这种经营活动中获取合理的经营成果。也就是说，某种经营活动的经营成果是该种经营活动中所支付费用的受益对象。如为某种产品生产而耗用的原材料费用的受益对象就是该种产品。当可以直接确定某种费用是为某项经营活动产生时，我们称这种费用为该成本计算对象的直接费用，应将直接费用直接计入受益的计算对象中，作为相应的受益计算对象的成本，由相应的受益计算对象承担，这就是所谓的直接受益直接分配原理，是成本计算的主要原理之一。

2. 共同受益间接分配原理

在企业的日常经营中，各种经营活动往往是交叉进行的，因此有的费用是为了若干个受益计算对象而共同发生的，应由相应的若干个受益计算对象来共同承担，会计上把这种由若干个受益计算对象共同承担的费用称为共同性费用。共同性费用与受益计算对象的受益关系虽不如直接费用那样明显，但也可采用一定的方法来确定共同性费用与受益计算对象之间的关系，可以采用适当的标准将共同性费用在各受益计算对象之间合理分配。首先应确定可供分配的共同性费用总额和分配标准，然后按一定的方法将可供分配的共同性费用在受益对象之间合理分配。这就是所谓的共同受益间接分配原理，是成本计算的主要原理之二。

3. 重要性原理

在企业经营活动中发生的共同性费用中，有时有些共同性费用一方面由于与受益对象的受益关系并不十分明显，另一方面费用的金额也不大，若将这种共同性费用按受益原理计入受益对象的成本，一是不易确定适当的分配方法，二是这种费用计入还是不计入受益对象的成本，对受益对象的成本升降水平影响不大。所以在会计中，只把那些与受益对象的受益关系较为明显并容易确定，费用金额较大，对受益对象的成本升降水平影响较大的重要的共同性费用，才按受益关系计入受益对象的成本；把那些与受益对象的受益关系不十分明显，费用金额不大，不易确定合理的分配方法，对受益对象的成本升降水平影响不大的共同性费用，不计入相应受益对象的成本。这就是所谓的重要性原理，是成本计算的主要原理之三。

5.1.3 成本计算的基本要求

1. 要严格执行国家规定的成本开支范围和费用开支标准

成本开支范围是根据企业经营活动中所发生的费用的不同性质，依据成本的内容和加强成本核算的要求，由国家在相关法律规章中统一制定的。所谓成本开支范围，是指哪些费用允许列入成本，哪些费用不允许列入成本。成本开支范围的基本内容是：一切与营业活动有关的支出，都应计入企业的成本、费用。就制造业企业而言，所发生的直接材料、直接工资、制造费用、管理费用、财务费用和销售费用构成企业的成本费用。其中，直接材料、直接工资和制造费用构成产品的生产成本；管理费用、财务费用和销售费用则由于和产品的受益关系不太明显，分配的标准不易确定，不计入产品的生产成本，全部作为相应会计期间的费用，冲减当期收益。费用开支标准是指对某些费用支出的金额和比例，作出一些限制性的规定。如允许在税前列支的工资金额和业务招待费的提取比例等。企业应严格遵守成本开支范围和费用开支标准，在合法的前提下展开经营活动，既能保证成本、费用的真实性，内容的一致性，具有分析对比的可能性；又能正确地计算企业的损益，真实地反映企业的财务成果，提供真实、正确、有用的会计信息。

2. 划清支出、费用和成本的界限

企业在经营活动中会发生各种各样的支出，应当合理划分收益性支出和资本性支出。所谓收益性支出，是指凡支出所带来的收益仅与一个会计年度相关的支出，收益性支出都应计入该会计年度的成本、费用；所谓资本性支出，是指凡支出能在几个会计年度带来收益的支出，资本性支出应计入相关资产的成本中，并随着相关资产的消耗，合理分摊计入相关的会计年度中。如购建固定资产的支出，应计入固定资产的成本，在固定资产的使用期间分摊到相关会计年度的成本、费用中。

应分清成本与费用的界限。费用是经营活动中发生的各种各样的经济利益流出的总称，而成本则是指归集到受益计算对象上的费用。如前所述，企业经营活动中发生的费用，并非全部计入成本，有一部分是作为期间费用，列作当期损益的。成本与特定的资产相联系，是计入新增或已耗资产的费用，费用则按权责发生制的要求与特定的会计期间相联系。因此，为保证成本资料的真实性，相应会计信息的相关有用性，在成本计算时，要划清成本与费用的界限。

应分清本期成本费用与下期成本费用的界限。凡应由本期相关资产负担的费用，应计入本期相关资产的成本；不应由本期相关资产负担的费用，则不能计入本期相关资产的成本。

应分清不同资产的成本界限。属于哪种资产受益的费用，应由该种资产负担，计入该种资产的成本，不能将由其他资产受益的费用，计入不相关资产的成本。

应分清在产品成本与产成品成本的界限。制造业企业对于应计入本期产品成本的费用，如应由在产品和产成品共同承担，就要采用适当的方法，将生产费用在产成品和在产品之间进行分配，分清哪些是在产品应承担的费用，哪些是产成品应承担的费用。

3. 遵循权责发生制

在成本计算时遵循权责发生制原则，主要是在各会计期间要合理划分跨期费用的问题。在成本计算时，对于已经发生的支出，如果受益期包括几个会计期间，就应将费用在各个受益期采用适当的方法合理分配，而不能将受益期包括几个会计期间的费用计入一个会计期间。对于虽未支付但应由本会计期间承担的费用，应先行计入本会计期间的成本和费用中，等到支付时就不再列为成本费用。不能人为地调节某个会计期间的成本费用。

4. 做好成本计算的各项基础工作

做好各项基础工作（正确、及时地计算成本）是很重要的。如果基础工作做得不好，就会影响成本计算的正确性和及时性。成本计算的基础工作主要有：定额管理工作；建立健全财产物资的计量、收发、领退制度；建立和健全各种原始记录，以及收集整理制度；制定企业内部结算价格等。

5. 选择适当的成本计算方法

企业应结合本单位的具体情况，选择适合本企业经营特点的成本计算方法进行成本计算。成本计算方法一经确定，在会计环境没有新的变化之前，一般不应经常变动。成本计算方法的选择，应同时考虑企业经营类型的特点和管理要求等方面的因素。

5.2 成本计算程序

1. 收集整理成本计算资料

成本计算资料的收集、整理是成本计算的前提。完整、正确地提供计算数据是成本计算的基础。因此，企业对购进、领用的各种原材料、各项费用支出等的消耗，在产品、半成品的内部转移和产成品的入库、出库等，都要根据各项活动的特点，分别取得或填制不同格式的原始凭证。它提供的是企业经营活动的第一手资料，是成本计算所需的原始记录。这些原始记录是否正确，提供得是否及时，直接影响到成本计算的正确性和及时性。所以，成本计算资料的收集、整理工作很重要，必须以完整、正确的原始记录作为成本计算的依据。成本计算资料一般包括资产的形成、耗费或转出价值方面的资料等。

2. 确定成本计算对象

成本计算对象是为计算产品成本而确定的归集生产费用的承担者，即费用的受益对象。它是费用归集和分摊的依据。

各个企业的成本计算对象是不相同的。对于制造业企业来讲，由于产品的生产特点不同，成本计算对象可以是某种产品、某批产品、某类产品；有时可以是产品的生产步骤；也可以以提供的非工业性劳务作为成本计算对象。成本计算对象是成本计算的要素。企业应根据自身的经营性质和规模的不同，结合自身的具体情况，确定成本计算对象，以便正确、及时地归集和分配费用，计算成本，加强成本管理和控制，落实成本责任制，提高企业的经济和社会效益。

3. 确定成本计算期

产品成本计算期是指前后两次计算产品成本的间隔期间。以制造业企业为例，产品生产完工之时，才是产品成本完全形成之日。因此，在产品生产完工之时计算产品生产成本，以产品生产周期作为成本计算期是较为合理的。但是，由于有的产品生产周期过长，完全按产品生产周期来计算成本，将影响会计信息使用者及时地取得相关的会计信息；有的产品生产周期很短，完全按产品生产周期来计算成本，将使成本计算很频繁，加大了会计核算成本。所以，成本计算期并不一定与产品生产周期一致。如何确定成本计算期，取决于企业生产组织的特点和管理要求。如企业采用单件、小批量的生产组织方式，可以把产品的生产周期作为成本计算期；如果企业的生产特点是经常反复不断地大量生产同一种或几种产品，为了及时取得成本指标，加强成本计划管理，一般以一个月作为产品成本计算期。

4. 确定成本计算项目

成本计算项目是生产费用按经济用途进行分类的项目。成本项目一般包括直接材料、直接人工和分配的制造费用等项目。企业可以根据本单位的实际情况增减一些项目，如生产的产品所耗的燃料、动力较多，可以增设“燃料及动力”项目。借助于成本项目，可以清楚地了解费用的经济用途和成本的构成情况，提供更多有用的会计信息。通过对一定对象的成本项目的分析，可以初步查明成本升降的原因，挖掘降低成本的潜力。

5. 正确归集和分配各种费用

费用的归集和分配就是将本期发生的各种费用和应计入本期的费用在有关账户之间进行归集和分配。正确地归集和分配各种费用，是正确地进行成本计算的前提。它一方面要求根据真实的原始数据来正确地归集和分配各种费用，另一方面要求在费用的归集和分配中遵循相关性会计原则，并且，在费用的归集和分配中要遵守国家的相关法律及规章制度，不能随意扩大成本开支范围，提高费用开支标准。

为正确地归集和分配各种费用，就要遵循权责发生制原则，正确地确定费用的受益期限。产品生产直接发生的生产费用直接计入该产品的成本，为产品的生产经营服务发生的间接生产费用，可以先按发生的地点或用途进行归集，然后按一定的标准分配计入各受益产品的成本。

6. 设置和登记成本计算明细分类账

在成本计算过程中，为系统地归集、分配各种应计入各种成本计算对象的费用，应按成本计算对象和成本项目分别设置和登记费用、成本明细分类账户，然后根据这些账户资料，编制各种成本计算表，借以计算确定各种成本计算对象的总成本和单位成本，全面、系统地反映各种成本指标的构成和形成情况。

5.3　企业主要经营过程的成本计算

5.3.1　材料采购成本的计算

材料采购成本的计算，首先应按材料的品种或类别作为成本计算对象，并在“材料采购”账户下按材料的品种或类别分别设置明细分类账户，用以归集和分配应计入材料采购成本的各种费用；然后根据这些账户资料，编制各种材料采购成本计算表，借以计算确定各种材料采购的总成本和单位成本。

1. 材料采购成本的构成

材料的采购成本一般由材料的买价和采购费用两个成本项目构成，即：

材料采购成本=买价+采购费用

其中：买价是指供应单位开具的购货发票上标明的价格。

采购费用包括：①运杂费，包括材料采购过程中发生的运输费用、装卸费用、保险费用、包装费用、仓储费用等。②运输途中的合理损耗。③入库前的挑选整理费用，是在挑选整理中扣除回收下脚残料价值后的工、费支出和必要的损耗等。④购入材料应负担的相关税金及其他费用。

2. 材料采购成本的具体计算

材料的买价，一般属于直接费用，应直接计入材料的采购成本。

对于采购费用，凡是能直接分清受益对象的，应直接计入材料的采购成本；凡是不能直接分清受益对象，且费用金额较大，若不计入材料的采购成本，会导致材料采购成本不实的其他费用，应在材料的重量、买价、体积等分配标准中选择合适的分配标准，采用一定的方法，间接计入材料的采购成本。但对于企业供应部门或材料仓库所发生的经常性费用、采购人员的差旅费、采购机构经费，以及市内小额的运杂费等，一般不易分清具体的受益对象，且费用金额较小，对材料采购成本水平影响不大，这些费用不计入材料的采购成本，而是作为期间费用处理，列入管理费用。

各种材料的采购成本，应当在设置的“材料采购”明细账户中进行分类归集计算。现举例说明材料采购成本的计算。

某企业采购 A、B 两种材料，资料见表 5-1。

表 5-1 **A、B 两种材料资料** 金额单位：元

材料名称	重量（千克）	单　价	买　价	运　费
A 材料	12 000	2	24 000	
B 材料	18 000	3	54 000	
合　计	30 000		78 000	7 200

根据上述资料，材料的采购成本计算如下：

首先，将采购 A、B 两种材料所发生的直接费用，分别计入 A、B 两种材料的采购明细分类账户中。

其次，把 A、B 两种材料共同发生的运杂费 7 200 元，按适当的方法，分配计入 A、B 两种材料的采购成本（假定按材料的采购重量为分配标准）。

材料采购费用分配率=7 200÷（12 000+18 000）=0.24（元/千克）

A 材料应承担的运费=12 000×0.24 = 2 880（元）

B 材料应承担的运费=18 000×0.24 = 4 320（元）

再次，根据明细分类账户所归集的费用资料，编制材料采购成本计算表，计算 A、B 材料的采购成本，见表 5-2、表 5-3、表 5-4。

表 5-2　**材料采购明细分类账**

材料名称：A 材料

年		凭证号数	摘　要	借　方			贷　方
月	日			买　价	采购费用	合　计	
		略	材料买价	24 000		24 000	
			运杂费		2 880	2 880	
			材料验收入库				26 880
			本期发生额	24 000	2 880	26 880	26 880

表 5-3　**材料采购明细分类账**

材料名称：B 材料

年		凭证号数	摘　要	借　方			贷　方
月	日			买　价	采购费用	合　计	
		略	材料买价	54 000		54 000	
			运杂费		4 320	4 320	
			材料验收入库				58 320
			本期发生额	54 000	4 320	58 320	58 320

表 5-4　**材料采购成本计算表**　金额单位：元

项　目	A 材料（12 000千克）		B 材料（18 000千克）	
	总成本	单位成本	总成本	单位成本
买　价	24 000	2.00	54 000	3.00
采购费用	2 880	0.24	4 320	0.24
采购成本	26 880	2.24	58 320	3.24

5.3.2　产品生产成本的计算

在一定时期内，企业在生产过程中发生的各种耗费称为生产费用，当这些生产费用具体到一定的对象和数量上，就构成了产品生产成本。产品生产成本包括直接材料费、直接人工费和分配的制造费用。只有为生产产品发生的生产费用才能构成产品的生产成本，除此以外发生的其他各种耗费，不能计入产品的生产成本，通常作为期间费用，直接冲减当期收益。

1. 产品生产成本计算期的确定

企业在计算产品生产成本时，首先应确定成本计算期。产品成本计算，通常是定期按月进行的。对于单件小批生产、生产周期较长的产品，也可把产品生产周期作为成本计算期。

2. 产品成本计算对象的确定

企业应按产品品种或批次等确定成本计算对象，然后将生产过程中发生的应计入产品生产成本的生产费用分别分配计入各相应产品，计算其生产总成本和单位成本。

3. 产品成本项目的确定

企业生产过程中发生的应计入产品生产成本的生产费用，在计入相应产品成本时，是按生产费用的经济用途进行归集，计入相应的成本项目的。产品成本项目一般由以下三项组成：

①直接材料费，是指构成产品实体的所有原材料、辅助材料、燃料及其他直接材料等。

②直接人工费，是指直接从事产品生产的工人工资、奖金、津贴和补贴等。

③分配的制造费用，是指企业各生产车间为组织和管理生产所发生的各项费用，包括车间管理人员的工资和福利费、固定资产折旧费、办公费、差旅费、水电费、劳动保护费等。

其中，前两项与产品生产的关系较为密切，一般可以直接确定应计入产品生产成本的金额是多少，直接计入产品生产成本；第三项一般是由多种产品共同负担的共同性费用，一般不能直接计入产品的生产成本，应确定适当的分配标准和分配方法，分配计入各种产品的生产成本。

制造费用分配率=制造费用总额÷分配标准之和

某产品应负担的制造费用=该种产品的分配标准×制造费用分配率

现举例说明制造费用的分配方法。

假设某企业生产甲、乙两种产品，共同发生制造费用27 000元，按产品的生产工时进行制造费用的分配，甲产品的生产工时为18 000小时，乙产品的生产工时为9 000小时。

制造费用分配率=27 000÷（18 000+9 000）=1（元/小时）

甲产品应分配的制造费用=18 000×1=18 000（元）

乙产品应分配的制造费用=9 000×1=9 000（元）

4. 产品生产成本的计算方法

企业应设置“生产成本”明细分类账户，用以归集、分配生产过程中发生的应计入产品生产成本的生产费用，并据以登记生产成本明细分类账。生产成本明细分类账应按产品品种、批别或类别分别设置，采用一定的成本计算方法，计算产品生产成本。

现举例说明产品生产成本的一般计算方法。

某企业生产成本相关资料如下：

①期初在产品资料见表 5-5。

表 5-5　**期初在产品资料**　单位：元

产品名称	直接材料	直接人工	制造费用	合　计
甲产品	60 000	18 000	12 000	90 000
乙产品	120 000	24 000	12 000	156 000
合　计	180 000	42 000	24 000	246 000

②本月发生的各项生产费用资料见表 5-6。

表 5-6　**本月发生的各项生产费用**　单位：元

产品名称	直接材料	直接人工	制造费用
甲产品	150 000	30 000	
乙产品	90 000	18 000	
合　计	240 000	48 000	24 000

③期末相关资料：甲、乙产品已全部完工。

根据上述资料，甲、乙产品生产成本的计算方法如下：

①根据期初在产品成本资料，分别登记甲、乙产品生产成本明细账中的相应成本项目（见表 5-7 和表 5-9）。

表 5-7　**生产成本明细分类账户**

产品名称：甲产品

年		凭证号数	摘　要	借　方			
月	日			直接材料	直接人工	制造费用	合　计
		略	期初在产品成本	60 000	18 000	12 000	90 000
			分配材料费用	150 000			150 000
			分配生产工人工资费用		30 000		30 000
			分配制造费用			15 000	15 000
			本期发生额	150 000	30 000	15 000	195 000
			结转完工产品成本（600 件）	210 000	48 000	27 000	285 000

②根据本月发生的各项生产费用，将其中的直接材料、直接工资登记在甲、乙产品生产成本明细账中的相应成本项目内。

③根据本月发生的费用资料中的制造费用，采用一定的分配方法，分配计入甲、乙两种产品成本（假定按生产工人的工资比例分配）（见表 5-8）。

制造费用分配率=24 000÷（30 000+18 000）=0.5（元/小时）

甲产品应负担的制造费用=30 000×0.5 =15 000（元）

乙产品应负担的制造费用=18 000×0.5=9 000（元）

表 5-8 **制造费用分配表** 金额单位：元

产品名称	分配标准	分配率	分配额
甲产品	30 000		15 000
乙产品	18 000		9 000
合　计	48 000	0.5	24 000

根据上述计算结果，登记甲、乙产品生产成本明细账中相应项目（见表 5-7 和表 5-9）。

表 5-9 **生产成本明细分类账户**

产品名称：乙产品

年		凭证号数	摘　要	借　方			
月	日			直接材料	直接人工	制造费用	合　计
		略	期初在产品成本	120 000	24 000	12 000	156 000
			分配材料费用	90 000			90 000
			分配生产工人工资费用		18 000		18 000
			分配制造费用			9 000	9 000
			本期发生额	90 000	18 000	9 000	117 000
			结转完工产品成本（150件）	210 000	42 000	21 000	273 000

④根据甲、乙产品生产成本明细账中的各成本项目，计算甲、乙产品总成本和单位成本，编制完工产品成本计算表（见表 5-10）。

表 5-10 **完工产品生产成本计算表** 金额单位：元

成本项目	甲产品（600件）		乙产品（150件）	
	总成本	单位成本	总成本	单位成本
直接材料	210 000	350	210 000	1 400
直接人工	48 000	80	42 000	280
制造费用	27 000	45	21 000	140
合　计	285 000	475	273 000	1 820

拓展阅读 5

基本训练

一、单项选择题

1. 下列不属于成本计算原理的是（　　）。

A. 直接受益直接分配原理　　B. 实质重于形式原则

C. 共同受益间接分配原理　　D. 重要性原理

2. 就所有会计期间费用和成本的累计发生额而言，（　　）。

A. 费用等于成本　　B. 费用小于成本

C. 费用大于成本　　D. 费用与成本没有关系

3. 在下列各项中，不属于产品成本项目的是（　　）。

A. 制造费用　　B. 直接人工费　　C. 折旧费用　　D. 直接材料费

4. 下列内容不属于材料采购成本构成项目的是（　　）。

A. 材料的买价　　B. 外地运杂费

C. 运输途中的合理损耗　　D. 采购机构经费

5. 产品制造成本的成本项目不包括（　　）。

A. 直接材料　　B. 直接人工　　C. 制造费用　　D. 管理费用

6. 下列属于制造费用的是（　　）。

A. 原材料的成本　　B. 人工工资

C. 生产车间固定资产折旧费　　D. 管理费用

7.（　　）是指凡带来收益的支出仅与一个会计年度相关，都应计入该会计年度的成本、费用。

A. 收付实现制　　B. 资本性支出　　C. 收益性支出　　D. 权责发生制

8. 在企业经营过程中，当可以直接确定某种费用是为某项经营活动产生时，我们称这种费用为该成本计算对象的（　　）。

A. 生产费用　　B. 直接费用　　C. 间接费用　　D. 期间费用

9. 运杂费是在材料采购过程中发生的费用，不包括（　　）。

A. 运输费用　　B. 装卸费用　　C. 保险费用　　D. 必要的损耗

10. 属于期间费用的是（　　）。

A. 直接材料费　　B. 直接人工费　　C. 分配的制造费用　D. 财务费用

二、多项选择题

1. 下列内容构成材料采购成本的有（　　）。

A. 材料的买价　　B. 采购费用　　C. 增值税进项税额
D. 采购机构经费　　E. 采购人员的差旅费

2. 可以用来作为分配材料采购费用标准的有（　　）。
A. 材料的买价　　B. 材料的重量　　C. 材料的种类
D. 材料的体积　　E. 以上各项均可以

3. 影响本月完工产品成本的因素有（　　）。
A. 月初在产品成本　　B. 本月发生的生产费用
C. 本月已销产品成本　　D. 月末在产品成本
E. 月末在产品数量

4. 产品制造成本的成本项目包括（　　）。
A. 直接费用　　B. 直接材料费　　C. 直接人工费
D. 管理费用　　E. 制造费用

5. 成本计算的主要程序包括（　　）。
A. 确定成本计算期　　B. 确定成本计算对象　　C. 确定成本项目
D. 归集和分配有关费用　　E. 设置并登记有关账簿

三．判断题

1. 产品生产成本也就是产品的制造成本。（　　）
2. 制造业企业发生的工资费用不一定都是生产费用。（　　）
3. 企业购入原材料的采购成本中包括增值税进项税额。（　　）
4. 费用和成本是既有联系又有区别的两个概念，费用与特定的计算对象相联系，而成本则与特定的会计期间相联系。（　　）
5. 成本是计量经营耗费和确定补偿尺度的重要工具。（　　）
6. 成本计算期的确定取决于企业生产组织的特点和管理要求。（　　）
7. 产品销售成本=生产成本+增值税销项税额。（　　）
8. 成本计算对象可以是最终产品，也可以是加工到一定程度的半成品。（　　）
9. 直接受益间接分配是成本计算的原理之一。（　　）
10. 产品成本计算期必须与产品的生产周期一致。（　　）

四、简答题

1. 简述成本计算的意义。
2. 简述成本计算的原理。
3. 成本计算的一般程序是什么？
4. 材料采购成本由哪些具体内容构成？
5. 产品生产成本的成本项目包括哪些？

五、计算题

1.【目的】原材料成本的计算。

【要求】计算本月月末库存原材料的成本。

【资料】利和股份有限公司所属某工厂只生产一种产品，2017 年 9 月的有关资料如下：原材料月初余额 368 000 元，本月购入原材料 672 000 元；生产产品领用原材料 738 000 元。

2.【目的】材料采购成本的计算。

【要求】根据资料分别计算各种材料的采购成本。

【资料】某企业采购材料的有关资料见表 5-11。

表 5-11　**某企业采购材料的有关资料**　金额单位：元

品　种	重量（千克）	单　价	运　费	其他费用
A	2 000	40		
B	4 000	20		
C	5 000	80		
合　计	11 000		8 800	33 600

运费按重量比例分配；其他费用按买价比例分配。

3.【目的】产品生产成本的计算。

【要求】(1) 开设"生产成本""制造费用""管理费用""财务费用"总账（T形账户）和"生产成本——A 产品""生产成本——B 产品"明细账。假设这些账户无期初余额。

(2) 根据资料中给出的业务，编制会计分录并登记所开的账户。

(3) 结出以上账户的本期发生额和期末余额。

(4) 编制"生产成本计算单"，填入表 5-12 和表 5-13。

表 5-12　**A 产品生产成本计算单**

产量：200 件　2017 年 9 月　单位：元

成本项目	总成本	单位成本
直接材料		
直接人工		
制造费用		
产品生产成本		

表 5-13　**B 产品生产成本计算单**

产量：100 件　2017 年 9 月　单位：元

成本项目	总成本	单位成本
直接材料		
直接人工		
制造费用		
产品生产成本		

【资料】某企业2017年9月发生以下有关业务：

(1) 仓库发出材料，用途如下：

用于A产品生产	100 000元
用于B产品生产	80 000元
车间一般耗用	4 000元
企业管理部门领用	8 000元
合 计	192 000元

(2) 从银行提取库存现金40 000元，准备发放工资。

(3) 用库存现金发放工资40 000元。

(4) 计算并分配本月应付职工薪酬如下：

A产品生产工人工资	20 000元
B产品生产工人工资	12 000元
车间管理部门人员工资	2 000元
企业管理部门人员工资	6 000元
合 计	40 000元

(5) 本月车间使用的固定资产应计提折旧4 000元，管理部门使用的固定资产应计提折旧3 200元。

(6) 用库存现金支付车间办公费600元。

(7) 用银行存款支付管理部门固定资产修理费3 600元。

(8) 企业管理部门租用房屋一间，以银行存款支付本月租金1 800元。

(9) 以库存现金支付管理部门电话费600元。

(10) 以银行存款支付本月短期借款利息2 400元。

(11) 以银行存款支付本月水电费3 200元，其中生产车间用2 400元，企业管理部门用800元。

(12) 用银行存款支付企业管理人员张某电大学费1 600元。

(13) 结转本月归集的制造费用。按工时比例分配（A产品生产工时为6 000小时，B产品生产工时为4 000小时）。

(14) 本月完工A产品200件，B产品100件，按实际生产成本入库（“生产成本”账户本月月初无余额）。

第6章　会计凭证

学习目标

◆ 了解会计凭证的意义。

◆ 掌握会计凭证的分类、会计凭证的传递和会计凭证的保管及销毁程序。

◆ 重点掌握会计凭证的概念、会计凭证的基本内容、会计凭证的填制和审核方法。

6.1　会计凭证概述

6.1.1　会计凭证的意义

会计凭证，简称凭证，是在会计工作中记录经济业务，明确经济责任的书面证明，是用来登记账簿的依据。

企业等会计主体办理任何一项经济业务，都必须办理凭证手续，由执行或完成该项经济业务的有关人员填制或取得会计凭证，以书面形式详细说明该项经济业务的发生日期、具体内容、数量和金额，并在会计凭证上签名或盖章，以明确经济责任。单位填制或取得的会计凭证，必须经有关人员严格审核，经审核无误后，才能作为记账的依据。填制和审核会计凭证，是会计核算的一种专门方法，也是会计核算工作的起点和基础，在会计核算工作中具有重要意义。

1. 会计凭证是传递经济信息和会计信息的工具

任何单位日常发生的经济业务，如货币资金的收付，财产物资的增减变动，各种收入的取得和各项费用的发生等，都要取得或填制会计凭证。会计凭证记录了经济活动的最原始资料，是经济信息的载体。会计人员还可以通过会计凭证，对日常大量、分散的各项经济业务进行加工、整理、分类、汇总，生成新的会计信息，为经济管理提供有用的会计信息资料。

2. 会计凭证是登记账簿的依据

在会计工作中，会计核算应当以实际发生的经济业务为依据，而实际发生的经济业务情况是由会计凭证提供的。会计人员通过填制和审核会计凭证，为登记账簿提供真实可靠的依据。因此，只有审核无误的会计凭证，才能作为登记账簿的依据。

3. 会计凭证可以用来明确经济责任，加强内部管理

企业等会计主体取得或填制的会计凭证除记录有关经济业务的基本内容外，还必须由有关部门和经办人员签章，以对会计凭证所记录的经济业务的真实性、完整性、合法性负责。填制和审核会计凭证，可以明确经济责任，加强内部管理和内部控制，防止舞弊行为发生。

4. 会计凭证是监督经济活动、控制经济运行的重要条件

通过对会计凭证的审核，可以监督经济业务的发生是否符合国家有关法律、法规、制度的规定，是否符合计划、预算的规定，及时发现问题，堵塞漏洞，防止违法违纪行为发生，保证经济活动正常运行。

6.1.2 会计凭证的种类

企业等会计主体发生的经济业务内容非常复杂，用以记录经济业务的会计凭证，也必然是五花八门、名目繁多，会计凭证可以按照不同的标准分类。通常按其填制程序和用途的不同，会计凭证可分为原始凭证和记账凭证两大类。

1. 原始凭证

原始凭证，又称原始单据，是在经济业务发生或完成时所取得或填制的，用以记录、证明经济业务的发生或完成情况，明确经济责任，具有法律效力的证明文件。它是进行会计核算的原始资料和编制记账凭证的重要依据。例如，收料单是由仓库保管员根据入库材料的品名、规格、实际入库数量和金额填制的，以反映库存材料的增加情况。发货票是由销货单位根据销售商品或提供劳务的名称、数量、金额等进行填制的，以证明企业销售商品和提供劳务的情况。由于不同类型的经济业务所使用的原始凭证各不相同，因此，原始凭证的种类是多样的，可以按照不同的标准进行划分。

（1）原始凭证按其来源不同，可分为外来原始凭证和自制原始凭证

外来原始凭证，是指在经济业务发生或完成时，从其他单位或个人直接取得的原始凭证。如从供货单位取得的“增值税专用发票”、运输部门出具的“运费收据”、上缴税费的收据、银行转来的各种结算凭证等。“增值税专用发票”和“收款收据”的格式见表 6-1 和表 6-2。

自制原始凭证，是指由本单位经办业务的部门和人员，在某项经济业务发生或完成时，按照经济业务的内容自行填制的原始凭证，如领料单、限额领料单、发出材料汇总表、收料单、产成品入库单、借款单等。领料单、限额领料单、发出材料汇总表的格式见表 6-3、表 6-4 和表 6-5。

（2）原始凭证按其填制手续和内容不同，可分为一次凭证、累计凭证、汇总原始凭证和记账编制凭证

一次凭证，是指一次填制完成，只记录一项或同时反映若干同类性质经济业务的原始凭证。外来原始凭证都是一次凭证，大多数自制原始凭证也是一次凭证，如领料单、发货票、借款单、收款收据等。

累计凭证，是指在一定期间内连续多次记录若干项不断重复发生的同类型经济业务的原始凭证，限额领料单就是一种累计凭证。限额领料单中标明了某种材料在

表 6-1

增值税专用发票

河南增值税专用发票 No.

340002115 开票日期

国税函〔2017〕1005浙江省美森印务有限公司

购买方	名称： 纳税人识别号： 地址、电话： 开户行及账号：				密码区		
货物或应税劳务、服务名称	规格型号	单位	数量	单价	金额	税率	税额
合计							
价税合计（大写）					（小写）		
销售方	名称： 纳税人识别号： 地址、电话： 开户行及账号：				备注		

第一联：记账联 销售方记账凭证

收款人： 复核： 开票人： 销售方：（章）

表 6-2

收款收据

收款日期： 年 月 日

付款单位		收款单位		收款项目	
人民币（大写）				人民币（小写）	
收款事由			经办	部门	
				人员	
上述款项照数收讫无误。 收款单位财会专用章：		会计主管	稽核	出纳	交款人

表 6-3

领料单

领用部门： 领料编号：

领料用途： 年 月 日 发料仓库：

材料编号	材料名称及规格	计量单位	数量		单价	金额
			请领	实领		
备注					合计	

仓库保管员： 发料： 领料主管： 领料：

表 6-4 **限额领料单**

领用部门： 领用编号：

领料用途： 年 月 日 发料仓库：

材料类别	材料编号	材料名称及规格	计量单位	领用限额	实际领用	单 价	金 额	备 注

供应部门负责人： 生产计划部门负责人：

日 期	领 用				退 料			限额结余
	请领数量	实发数量	发料人签章	领料人签章	退料数量	退料人签章	收料人签章	

仓库保管员： 发料： 领料主管： 领料：

表 6-5 **发出材料汇总表**

年 月 日

会计科目	领料部门	领用材料			
		原材料	包装物	低值易耗品	合 计
生产成本	一车间				
	二车间				
	合 计				
	供电车间				
	供水车间				
	合 计				
制造费用	一车间				
	二车间				
	小 计				
管理费用	行政管理部门				
销售费用	销售部门				
合 计					

制表： 审核：

规定期限内的领料限额和用料单位，用料单位每次领料及退料，都要由经办人员在领料单上逐笔记录、签章，并结出限额结余。

汇总原始凭证，是指在一定时期内将许多反映同类型经济业务的原始凭证进行汇总编制而成的原始凭证，如发出材料汇总表、工资结算汇总表等。汇总原始凭证只能汇总同类型的经济业务，不能汇总两种或两种以上类型的经济业务。

记账编制凭证，是指由会计人员根据账簿记录的结果，对某些特定事项进行归类、整理后而编制的一种原始凭证。企业自制的原始凭证一般都是以实际发生或完成的经济业务为依据，由经办人员填制并盖章，形成记账编制凭证的，如在月末计算产品成本时，根据制造费用账簿记录所编制的制造费用分配表，就是一种记账编制凭证，其格式见表6-6。

表6-6　**制造费用分配表**

年　　月

产品名称	分配标准	分配率	分配金额
合　计			

2. 记账凭证

记账凭证，又称为记账凭单，是会计人员运用复式记账的基本原理，对审核无误的原始凭证进行归类、整理而编制的，用以确定会计分录的凭证，它是登记账簿的直接依据。

（1）记账凭证按其反映的经济业务内容不同，可分为收款凭证、付款凭证和转账凭证

收款凭证，是指用于记录库存现金和银行存款收款业务的记账凭证，是根据库存现金和银行存款收款业务的原始凭证填制而成的。如取得销货款存入银行，罚款收到的库存现金等，就需要填制收款凭证。收款凭证又分为库存现金收款凭证和银行存款收款凭证。库存现金收款凭证是根据库存现金收款业务的原始凭证填制的收款凭证；银行存款收款凭证是根据银行存款收款业务的原始凭证填制的收款凭证。收款凭证的格式见表6-7、表6-8和表6-9。

付款凭证，是指用于记录库存现金和银行存款付款业务的记账凭证，是根据库存现金和银行存款付款业务的原始凭证填制而成的。如用库存现金支付职工工资、用银行存款支付购买材料的价款等，就需要填制付款凭证。付款凭证又分为库存现

表 6-7 **收款凭证**

借方科目：	

年　月　日　　　　收字第　号

摘　要	贷方科目		金　额										记账
	总账科目	明细科目	千	百	十	万	千	百	十	元	角	分	
合计金额													

附单据　张

会计主管人员：（签章）　记账：（签章）　制单：（签章）　出纳：（签章）　交款人：（签章）

表 6-8 **收款凭证**

借方科目：	库存现金

年　月　日　　　　现收字第　号

摘　要	贷方科目		金　额										记账
	总账科目	明细科目	千	百	十	万	千	百	十	元	角	分	
合计金额													

附单据　张

会计主管人员：（签章）　记账：（签章）　制单：（签章）　出纳：（签章）　交款人：（签章）

表 6-9 **收款凭证**

借方科目：	银行存款

年　月　日　　　　银收字第　号

摘　要	贷方科目		金　额										记账
	总账科目	明细科目	千	百	十	万	千	百	十	元	角	分	
结算方式及票号		合计金额											

附单据　张

会计主管人员：（签章）　记账：（签章）　制单：（签章）　出纳：（签章）　交款人：（签章）

金付款凭证和银行存款付款凭证。库存现金付款凭证是根据库存现金付款业务的原始凭证填制的付款凭证；银行存款付款凭证是根据银行存款付款业务的原始凭证填制的付款凭证。付款凭证的格式见表 6-10、表 6-11 和表 6-12。

表 6-10

付款凭证

贷方科目：	

年　月　日　　付字第　号

摘　要	借方科目		金　额										记账
	总账科目	明细科目	千	百	十	万	千	百	十	元	角	分	
合计金额													

附单据　张

会计主管人员：（签章）　记账：（签章）　制单：（签章）　出纳：（签章）　审核人：（签章）

表 6-11

付款凭证

贷方科目：	库存现金

年　月　日　　现付字第　号

摘　要	借方科目		金　额										记账
	总账科目	明细科目	千	百	十	万	千	百	十	元	角	分	
合计金额													

附单据　张

会计主管人员：（签章）　记账：（签章）　制单：（签章）　出纳：（签章）　审核人：（签章）

表 6-12

付款凭证

贷方科目：	银行存款

年　月　日　　银付字第　号

摘　要	借方科目		金　额										记账
	总账科目	明细科目	千	百	十	万	千	百	十	元	角	分	
结算方式及票号		合计金额											

附单据　张

会计主管人员：（签章）　记账：（签章）　制单：（签章）　出纳：（签章）　审核人：（签章）

在实际工作中，某项经济业务既是货币资金收入业务，也是货币资金支出业务，如将库存现金存入银行或从银行提取现金等业务，为了避免重复记账，这类经济业务一般只编制付款凭证，不编制收款凭证。

收款凭证和付款凭证是登记库存现金日记账、银行存款日记账、总分类账和明细分类账等账簿的依据，也是出纳人员收、付款项的依据。出纳人员要根据会计主管人员或指定有关人员审核批准的收款凭证和付款凭证收付款项，以便加强对货币资金的管理。

转账凭证，是指用于记录不涉及库存现金和银行存款业务的记账凭证，是根据有关转账业务的原始凭证或记账编制凭证填制而成的。如生产产品领用原材料、分配工资费用、提取固定资产折旧费等业务，就需要填制转账凭证。转账凭证的格式见表 6-13。

表 6-13 **转账凭证**

年　月　日　　　　转字第　号

摘　要	会计科目		借方金额	贷方金额	记　账
	一级科目	明细科目			
合　计					

附单据　张

会计主管人员：(签章)　记账：(签章)　制单：(签章)　出纳：(签章)　审核：(签章)

需要指出的是，单位规模较小、会计人员较少、经济业务比较简单的，为了简化会计核算工作，可以使用通用记账凭证。通用记账凭证，是指用来反映所有经济业务的记账凭证。其格式和转账凭证基本相同，见表 6-14。

表 6-14 **通用记账凭证**

年　月　日　　　　第　号

摘　要	会计科目		借方金额	贷方金额	记　账
	一级科目	明细科目			
合　计					

附单据　张

会计主管人员：(签章)　记账：(签章)　制单：(签章)　出纳：(签章)　审核：(签章)

（2）记账凭证按其填制方式不同，又可分为复式记账凭证和单式记账凭证

复式记账凭证，是指对发生的每一笔经济业务都完整地填列在一张记账凭证上，即该项经济业务所涉及的所有会计科目在一张记账凭证上集中反映。上述收款凭证、付款凭证、转账凭证以及通用记账凭证均为复式记账凭证。复式记账凭证，便于反映经济业务的全貌及会计科目之间的对应关系，有利于检查会计分录的正确性，但不便于会计岗位上的分工记账。

单式记账凭证，是指在一张记账凭证上只登记一个会计科目的凭证，即一项经济业务涉及多少个会计科目，就要填制多少张单式记账凭证。填列借方科目的称为借项记账凭证，填列贷方科目的称为贷项记账凭证。借项记账凭证和贷项记账凭证的格式见表 6-15、表 6-16。单式记账凭证反映内容单一，便于按会计科目汇总，便于分工填制凭证和登记账簿。但一张凭证不能反映每一项经济业务的全貌和会计科目的对应关系，不便于查账，填制凭证的工作量也较大。

表 6-15　**借项记账凭证**

年　月　日　　　　凭证编号：

摘　要	一级科目	明细科目	金　额	记　账
合　计				

会计主管人员：（签章）　记账：（签章）　制单：（签章）　出纳：（签章）　审核：（签章）

表 6-16　**贷项记账凭证**

年　月　日　　　　凭证编号：

摘　要	一级科目	明细科目	金　额	记　账
合　计				

会计主管人员：（签章）　记账：（签章）　制单：（签章）　出纳：（签章）　审核：（签章）

（3）记账凭证按其包括的内容不同，可分为汇总记账凭证和非汇总记账凭证

汇总记账凭证，是指将一定时期内（5 天、10 天、15 天等）同类的记账凭证，分别按照会计科目加以汇总而重新编制的记账凭证。汇总记账凭证按汇总方法不同，又分为分类汇总和全部汇总。分类汇总是指根据一定时期内反映相同经济业务的记账凭证，定期汇总而重新编制的记账凭证，包括汇总收款凭证、汇总付款凭证和汇总转账凭证；全部汇总是指将一定时期内所有的记账凭证，定期汇总而重新编制的记账凭证，这种记账凭证又称科目汇总表。汇总记账凭证的格式见表 6-17、表 6-18、表 6-19 和表 6-20。

表 6-17 **汇总收款凭证**

借方科目：　　　　　　　　　　　　　汇收字第　号

<table>
<tr><td rowspan="2">贷方科目</td><td colspan="4">金　额</td><td colspan="2">记　账</td></tr>
<tr><td>1—10 日
收款凭证
第　至　号</td><td>11—20 日
收款凭证
第　至　号</td><td>21—31 日
收款凭证
第　至　号</td><td>合　计</td><td>借　方</td><td>贷　方</td></tr>
<tr><td></td><td></td><td></td><td></td><td></td><td></td><td></td></tr>
<tr><td></td><td></td><td></td><td></td><td></td><td></td><td></td></tr>
<tr><td></td><td></td><td></td><td></td><td></td><td></td><td></td></tr>
<tr><td></td><td></td><td></td><td></td><td></td><td></td><td></td></tr>
</table>

会计主管人员：（签章）　记账：（签章）　审核：（签章）　制单：（签章）

表 6-18 **汇总付款凭证**

贷方科目：　　　　　　　　　　　　　汇付字第　号

<table>
<tr><td rowspan="2">借方科目</td><td colspan="4">金　额</td><td colspan="2">记　账</td></tr>
<tr><td>1—10 日
付款凭证
第　至　号</td><td>11—20 日
付款凭证
第　至　号</td><td>21—31 日
付款凭证
第　至　号</td><td>合　计</td><td>借　方</td><td>贷　方</td></tr>
<tr><td></td><td></td><td></td><td></td><td></td><td></td><td></td></tr>
<tr><td></td><td></td><td></td><td></td><td></td><td></td><td></td></tr>
<tr><td></td><td></td><td></td><td></td><td></td><td></td><td></td></tr>
<tr><td></td><td></td><td></td><td></td><td></td><td></td><td></td></tr>
</table>

会计主管人员：（签章）　记账：（签章）　审核：（签章）　制单：（签章）

非汇总记账凭证，是指一张凭证中只包括一笔会计分录的记账凭证，如收款凭证、付款凭证、转账凭证等。

表 6-19　　汇总转款凭证

贷方科目：	

汇转字第　号

借方科目	金　额				记　账	
	1—10日 转账凭证 第　至　号	11—20日 转账凭证 第　至　号	21—31日 转账凭证 第　至　号	合　计	借　方	贷　方

会计主管人员：（签章）　记账：（签章）　审核：（签章）　制单：（签章）

表 6-20　　科目汇总表

年　月　　第　号

会计科目	总账页数	本期发生额		记账凭证起讫号码
		借　方	贷　方	

6.2　原始凭证

6.2.1　原始凭证的基本内容

在会计实务中，各种原始凭证所记录的经济业务内容是多种多样的，每一种原始凭证的名称、具体内容和格式也不尽相同。但无论哪一种原始凭证，都应该客观、真实地反映有关经济业务的发生或完成情况，并明确经办业务的部门和人员的经济责任。因此，各种原始凭证都应具备以下几个方面的基本内容：①原始凭证的名称；②填制原始凭证的日期及编号；③接受原始凭证的单位名称；④填制原始凭证的单位名称和有关人员的签章；⑤经济业务的内容；⑥经济业务的数量、单价和金额。

在实际工作中，原始凭证除包含上述基本内容外，单位应根据经营管理和特殊业务的需要，增加必要的内容。如中国人民银行统一设计的银行转账结算凭证，标明了结算双方单位名称、账号等内容；交通部门统一印制的运费单据，标明了收、发货单位及提货方式等内容。在一定范围内经常发生的大量的同类经济业务，可以由有关主管部门设计统一的原始凭证格式。

6.2.2 原始凭证的填制

原始凭证是由有关经办人员根据经济业务的实际执行和完成情况填制的，是具有法律效力的证明文件，是会计核算最基础的资料，是编制记账凭证的依据。原始凭证的填制是否正确，直接影响整个会计核算工作的质量。原始凭证的填制方法主要有三种：一是根据实际发生或完成的经济业务，由经办人员直接填制原始凭证，如仓库保管员在验收材料入库时填制“材料入库单”；二是根据已经入账的有关经济业务，由会计人员利用账簿资料进行加工、整理填制原始凭证，如会计人员在进行成本计算时，根据制造费用明细账的记录编制“制造费用分配表”；三是根据若干张反映同类型经济业务的原始凭证定期汇总填制汇总原始凭证，如会计人员期末根据多张领料单编制“发出材料汇总表”。为了正确、完整、及时地记录经济业务，必须对其填制进行严格的要求。原始凭证的填制要求主要包括以下几个方面：

1. 记录要真实

原始凭证上所填写的经济业务内容必须与实际发生的经济业务完全相符，不允许弄虚作假，不允许填写估计数或匡算数。从外单位取得的原始凭证如有遗失，应取得原签发单位盖有财务章的证明，并且要注明原来凭证的号码、金额和内容等，经单位负责人批准后，可代作原始凭证；对于确实无法取得证明的，如遗失的火车票、飞机票等凭证，要由当事人写出详细情况，由经办单位负责人批准后，可代作原始凭证。

2. 内容要完整

原始凭证中要求填列的项目必须逐项填写齐全，不得遗漏和省略。原始凭证的填制日期要按照填制原始凭证的实际日期填写，接受凭证的单位名称要写全称，经济业务内容要与事实相符。如各项目填写不全，就不能作为经济业务的合法凭证。

3. 手续要齐全

原始凭证填制的手续必须完备，符合内部牵制原则。为了明确经济责任，填制的原始凭证必须由有关经办人员和部门签章。从外单位取得的原始凭证，必须盖有填制单位的财务专用章。从个人取得的原始凭证，必须有填制人的签名或盖章。自制原始凭证必须有经办单位负责人或其指定人员的签名或盖章。对外开出的原始凭证，必须加盖本单位的财务专用章。

发生销货退回时，除填制退货发票外，必须取得对方的收款收据或汇出银行的汇款凭证，不得以退货发票代替收据。各种借款收据，必须附在记账凭证上，收回借款时，应另开收据或退回收据副本，不得退回原借款收据。经上级有关部门批准办理的某些特殊业务，应将批准的文件作为原始凭证的附件，如果批准文件需要单独归档的，应当在凭证上注明批准机关名称、日期和文件字号。

4. 书写要规范

原始凭证要按照规定书写，字迹要端正，易于辨认，不能潦草，不得使用未经国务院公布的简化汉字。数字书写要符合会计核算工作要求，大小写金额填写要规范。小写金额用阿拉伯数字逐个书写，在金额前要填写人民币符号“￥”（涉及外币业务时，凭证上的金额前要标注外币符号，如“US$”“HK$”等），人民币符号“￥”与阿拉伯数字之间不得留有空白，金额数字一律填写到角分，无角分的要写“00”或符号“—”，有角无分的，分位写“0”，不得用符号“—”代替。汉字大写金额一律用正楷或行书字书写，如壹、贰、叁、肆、伍、陆、柒、捌、玖、拾、佰、仟、万、亿、元（圆）、角、分、零、整（正）。大写金额前未印有“人民币”字样的，应加写“人民币”三个字，“人民币”字样和大写金额之间不得留有空白，大写金额到元或角为止的，后面要写“整”或“正”字，大写金额有分的，“分”字后面不写“整”或“正”字。

阿拉伯数字金额中间有“0”时，汉字大写金额要写“零”字，如￥3 502.30，汉字大写金额应写成“人民币叁仟伍佰零贰元叁角整”。阿拉伯数字金额中间连续有几个“0”时，汉字大写金额中可以只写一个“零”字，如￥9 004.72，汉字大写金额应写成“人民币玖仟零肆元柒角贰分”。阿拉伯数字金额元位是“0”或数字中间连续有几个“0”，元位也是“0”，但角位不是“0”时，汉字大写金额可只写一个“零”字，也可不写“零”字，如￥5 320.87，汉字大写金额应写成“人民币伍仟叁佰贰拾元零捌角柒分”或“人民币伍仟叁佰贰拾元捌角柒分”。阿拉伯数字金额角位是“0”，而分位不是“0”时，汉字大写金额“元”后面应写“零”字，如￥67 504.03，汉字大写金额应写成“人民币陆万柒仟伍佰零肆元零叁分”。

原始凭证记载的各项内容均不得任意涂改。原始凭证文字有误要使用正确的更正方法更正，不能涂改、挖抹、刮擦或用褪色药水改写，应由出具单位重开或更正，更正处应当加盖出具单位印章。原始凭证数字如有错误应当由出具单位重开，不得在原始凭证上更正。

5. 填制要及时

各种原始凭证必须在经济业务发生或完成时按规定由经办人员填写，并按规定的程序及时送交会计部门审核，作为记账依据。所有经办业务的部门和人员，在每项经济业务发生或完成后，必须及时填制原始凭证，做到不拖延、不积压，按照规定的程序及时送交会计机构，以保证会计核算工作的正常进行。一般来说，填制或取得的原始凭证送交会计机构的时间最迟不应超过一个会计结算期。

6.2.3 原始凭证的审核

为了如实反映经济业务的发生和完成情况，保证原始凭证内容的真实性和合法性，会计部门对一切外来原始凭证和自制原始凭证都要进行严格的审核。具体审核内容包括：

1. 原始凭证合法性的审核

审核人员应审核原始凭证所反映的经济业务内容是否符合现行的国家法律、法规、政策、制度的规定，是否符合本单位制定的有关规章、预算和计划的要求。审核经济业务是否按规定的程序予以办理，对于弄虚作假、涂改凭证的，应拒绝受理，并报请有关部门处理，以避免违法乱纪行为发生。

2. 原始凭证完整性的审核

审核人员应根据原始凭证的基本要素，逐项审核原始凭证的内容是否完整，原始凭证的各项目是否按规定填写齐全，有关单位和人员是否已签字、盖章，办理凭证的手续是否完备。若原始凭证的内容填写不全，手续不完备，待经办人员补办完整后，才能予以受理。

3. 原始凭证正确性的审核

审核人员应根据原始凭证的填写要求，审核原始凭证的摘要、数字和其他项目填写是否正确，数量、单价、金额、合计是否正确，数字的大、小写是否相符。如有差错，应退回经办人员予以更改。

6.3 记账凭证

6.3.1 记账凭证的基本内容

由于各单位规模大小及其对会计核算繁简程度的要求不同，记账凭证格式也有所不同，但为了满足登记账簿的要求，记账凭证应该具备以下基本内容：①记账凭证的名称；②记账凭证填制的日期；③记账凭证的编号；④经济业务的内容摘要；⑤记账符号、账户名称和金额；⑥记账标记；⑦所附原始凭证张数；⑧会计主管、记账、审核、填制人员、出纳等有关人员签章。

6.3.2 记账凭证的填制

1. 记账凭证的填制要求

记账凭证的填制除了做到“记录要真实，内容要完整，手续要齐全，书写要规范，填制要及时”外，还应该遵循以下填制要求：

(1) 选择凭证种类

企业等会计主体应根据原始凭证所记录的经济业务的性质，填制记账凭证。任何单位记账凭证的格式一经选定不可随意变动，以便记账凭证编号、装订和保管。

（2）凭证连续编号

记账凭证的编号一般以月为单位顺序编号。如果采用“收”“付”“转”三种记账凭证，可按收字、付字、转字三类进行编号或按现收字、现付字、银收字、银付字、转字五类进行编号；如果采用通用记账凭证，可按经济业务发生的先后顺序统一编号。对于一笔经济业务需填制两张或两张以上记账凭证的，可以采用按该项经济业务的记账凭证数量编列分数顺序号，如某项经济业务需编制两张记账凭证，凭证的顺序号为 8 时，这两张凭证的编号应分别为第 8-1/2 号、第 8-2/2 号。

（3）摘要简明扼要

记账凭证摘要的填写内容应是对经济业务的简要说明，必须根据原始凭证正确填写，不能在摘要中出现含糊不清的记载。由于摘要栏受字数限制，所以，填写摘要时，还要抓住经济业务的要点，文字表述必须简明扼要。

（4）会计分录正确

会计人员应按照《企业会计准则应用指南》规定的会计科目名称和内容，结合经济业务的特点使用会计科目，对一级科目、二级科目或明细科目要填写齐全，账户的对应关系要填写正确，金额的登记方向要填写正确，还要保证与原始凭证的金额或原始凭证汇总表的金额一致。

（5）凭证标明附件

除结账和更正错误的记账凭证外，其他记账凭证都必须附有原始凭证，并在记账凭证的附单据栏内标明所附原始凭证的张数。有时一张原始凭证涉及几张记账凭证，可以将原始凭证附在一张主要的记账凭证后面，并在其他记账凭证上注明附有该原始凭证的记账凭证的编号或原始凭证复印件。

2. 记账凭证的填制方法举例

（1）收款凭证的填制

收款凭证是根据库存现金和银行存款收款业务的原始凭证填制而成的。收款凭证左上角的“借方科目”按收款的性质填写“库存现金”或“银行存款”；“日期”填写的是编制本记账凭证的日期；右上角填写凭证顺序编号。收款凭证的编号一般按“现收字第×号”和“银收字第×号”分类，收款业务量少的单位，也可不分“现收”和“银收”，而按发生收款业务的先后顺序统一编号，每月从收字第 1 号编起。“贷方科目”填写与收入库存现金或银行存款相对应的会计科目；“金额”填写的是该项经济业务的发生额；“记账”是该凭证已登记账簿的标记，如填写“√”符号表示已登记入账；“附单据　张”是填写该记账凭证所附原始凭证的张数；凭证下方分别由有关人员签章，以明确经济责任。

【例 6-1】某企业 2017 年 9 月 1 日收到银行收账通知，收到天华公司前欠货款 73 000 元。企业根据银行收账通知，填制的收款凭证见表 6-21。

表 6-21

收 款 凭 证

借方科目：银行存款　　　　2017 年 9 月 1 日　　　　银收字第 1 号

摘要	贷方科目		金额										记账
	总账科目	明细科目	千	百	十	万	千	百	十	元	角	分	
收回前欠货款	应收账款	天华公司				7	3	0	0	0	0	0	√
合计金额					¥	7	3	0	0	0	0	0	

附单据 1 张

会计主管人员：（签章）　记账：（签章）　制单：（签章）　出纳：（签章）　交款人：（签章）

（2）付款凭证的填制

付款凭证是根据库存现金和银行存款付款业务的原始凭证填制而成的。付款凭证的填制方法与收款凭证的填制方法基本相同，只是左上角是“贷方科目”，凭证中间“贷方科目”换成“借方科目”，“贷方科目”栏按付款性质填写“库存现金”或“银行存款”，“借方科目”栏内填写与“库存现金”或“银行存款”科目相对应的会计科目。

【例 6-2】某企业 2017 年 9 月 2 日用支票支付购买厂部用办公用品费 7 000 元。其编制的付款凭证见表 6-22。

表 6-22

付 款 凭 证

贷方科目：银行存款　　　　2017 年 9 月 2 日　　　　银付字第 1 号

摘要	借方科目		金额										记账
	总账科目	明细科目	千	百	十	万	千	百	十	元	角	分	
付厂部办公费	管理费用	办公费					7	0	0	0	0	0	√
结算方式及票号	支票　1234	合计金额				¥	7	0	0	0	0	0	

附单据 2 张

会计主管人员：（签章）　记账：（签章）　制单：（签章）　出纳：（签章）　审核：（签章）

（3）转账凭证的填制

转账凭证是根据有关转账业务的原始凭证或记账编制凭证填制而成的。转账凭证将经济业务中所涉及的全部会计科目，按先借后贷的顺序记入“一级科目”和“明细科目”栏，并按应借、应贷方向将所涉及金额分别记入“借方金额”或“贷方金额”栏。其他项目的填制与收款凭证、付款凭证相同。

【例 6-3】某企业 2017 年 9 月 12 日生产车间领用甲材料 98 450 元，用于生产 A 产品。其编制的转账凭证见表 6-23。

表 6-23

转 账 凭 证

2017 年 9 月 12 日 转字第 23 号

摘 要	会计科目		借方金额	贷方金额	记账
	一级科目	明细科目			
生产领用材料	生产成本	A 产品	98 450		√
	原材料	甲材料		98 450	√
合 计			98 450	98 450	

附单据 1 张

会计主管人员：（签章） 记账：（签章） 制单：（签章） 出纳：（签章） 审核：（签章）

6.3.3 记账凭证的审核

记账凭证是登记账簿的直接依据。为了保证账簿登记的质量，在登记账簿之前，必须对记账凭证进行严格的审核，审核的主要内容是；

1. 记账凭证合规性的审核

记账凭证合规性的审核，就是审核记账凭证所确定的会计分录是否符合现行企业会计准则和制度规定的要求，审核记账凭证是否附有审核无误的原始凭证，所记录的内容、金额是否与所附原始凭证一致。

2. 记账凭证完整性的审核

记账凭证完整性的审核，就是根据记账凭证所包含的基本内容，逐项审核记账凭证是否按规定要求填制完整，有关人员是否已经签章等。

3. 记账凭证技术性的审核

记账凭证技术性的审核，就是要审核记账凭证中会计分录的编制是否正确，会计科目选用是否准确无误，账户对应关系是否清晰，借方金额和贷方金额是否相等。

在审核中如果发现差错，应及时查明原因，予以重填或更正，并由更正人员在更正处签章。只有经过审核无误的记账凭证，才能据以记账。

6.4 会计凭证的管理

6.4.1 会计凭证的传递

会计凭证的传递，是指从会计凭证的填制或取得时起至归档保管的整个过程中，在单位内部有关业务部门和人员之间按照规定的时间、路线进行处理的程序。

科学、有效地组织会计凭证的传递，可以使经济业务得到及时处理，有利于协调单位内部各个部门、各环节之间的工作，明确经济责任，确保会计信息的及时性，实行会计监督。所以，明确规定会计凭证的传递过程、传递时间和传递手续，具有十分重要的作用。如单位职工出差预借差旅费业务，应明确规定由谁填制借款单，由谁审批，由谁填制记账凭证，由谁记账。借款人如何得到款项：首先要由职工填制借款单，注明借款用途，经主管部门负责人同意签字后，到财会部门办理借款手续，经财会部门相关人员审核批准填制付款凭证后，出纳人员才可据以支付这笔款项，并在付款凭证上盖上付款戳记，再交会计人员登记账簿。这个过程就涉及会计凭证的合理传递问题。

会计凭证的传递，既要保证会计凭证经过必要的环节进行处理和审核，又要使传递程序合理、有效，同时尽量节约传递时间，减少传递的工作量，从而提高工作效率。

6.4.2 会计凭证的保管

会计凭证的保管，是指会计凭证记账后，经过归类、整理、装订以后的归档和存查工作。会计凭证作为记账的依据，是重要的会计档案和经济资料之一。因此，单位必须对会计凭证进行妥善保管，以防丢失，不得任意销毁，以便于日后随时查阅。

会计部门依据会计凭证记账以后，应定期（每旬或每月）对各种会计凭证进行归类整理，将各种记账凭证及其所附原始凭证，按记账凭证的编号顺序进行整理，在确保记账凭证及其所附原始凭证完整无缺后，将其折叠整齐，加上封面、封底，装订成册，并在装订线上加贴封签，以防止散失和任意拆装。在会计凭证封面上要注明单位名称、凭证种类、起止号码、所属年月和起讫日期、凭证张数、会计主管人员、装订人员等。会计主管人员和指定装订人员要在封面上签章。对于那些数量过多或各种随时需要查阅的原始凭证，可以单独装订保管，在封面上注明记账凭证的日期、编号、种类，同时在记账凭证上注明“附件另订”。各种经济合同和重要的涉外文件等凭证，应另编目录，单独登记保管，并在有关记账凭证和原始凭证上注明。

如果一个月的凭证数量过多，可分装若干册，在封面上加注“共×册”字样。一般情况下，当年的会计凭证，在年度终了时，可暂由本单位会计部门保管一年，期满后应当移交本单位档案机构统一保管。未设立档案机构的，应当在会计机构内部指定专人保管。原始凭证不得外借，如有特殊原因确实需要使用时，可以复制。向外单位提供的原始凭证复印件，应在专设的登记簿上登记，并由提供人员和收取人员共同签名、盖章。

会计凭证的保管期限，应遵循《会计档案管理办法》的规定。会计凭证保管期限未满时，不得随意销毁。保管期满后需要销毁的，应列出清单，报经批准后，由档案部门和会计部门共同派员监督销毁。在销毁前，负责监督销毁的人员应认真核对清单，销毁后，在销毁清册上签名或盖章，并将监督销毁情况书面报本单位负责人。保管期满而未结清的债权债务原始凭证和涉及其他未了事项的原始凭证，不得销毁，应当单独抽出立卷，保管至未了事项完成时为止。

拓展阅读6

基本训练

一、单项选择题

1. 领料汇总表属于会计凭证中的（　　）。

A. 一次凭证　B. 累计凭证　C. 单式凭证　D. 汇总原始凭证

2. 下列属于外来原始凭证的是（　　）。

A. 入库单　B. 发料汇总表　C. 银行收账通知单　D. 出库单

3. 下列不属于会计凭证的是（　　）。

A. 发货票　B. 领料单　C. 购销合同　D. 住宿费收据

4. 自制原始凭证按其填制手续不同可以分为（　　）。

A. 一次凭证和汇总凭证

B. 单式凭证和复式凭证

C. 收款凭证、付款凭证、转账凭证

D. 一次凭证、累计凭证、汇总原始凭证和记账编制凭证

5. 原始凭证的基本内容不包括（　　）。

A. 日期及编号　B. 经济业务的内容

C. 实物数量及金额　D. 会计科目

6. 原始凭证和记账凭证的相同点是（　　）。

A. 反映经济业务的内容相同　B. 编制时间相同

C. 所起作用相同　D. 经济责任的当事人相同

7. 下列业务应编制转账凭证的是（　　）。

A. 支付购买材料价款　B. 支付材料运杂费

C. 收回出售材料款　D. 车间领用材料

8. 企业将库存现金存入银行应编制（　　）。

A. 银行存款付款凭证　B. 库存现金付款凭证

C. 银行存款收款凭证　D. 库存现金收款凭证

9. 会计凭证按（　　）分类，可分为原始凭证和记账凭证。

A. 形成来源　B. 用途和填制程序

C. 经济内容　D. 填制方式

10. 外来原始凭证一般都是（　　）。

A. 一次凭证　　B. 累计凭证　　C. 汇总原始凭证　　D. 坏账准备

二、多项选择题

1. 下列属于一次凭证的有（　　）。

A. 限额领料单　　B. 领料单

C. 领料登记表　　D. 购货发票

E. 销货发票

2. 记账凭证编制的依据可以有（　　）。

A. 收、付款凭证　　B. 一次凭证

C. 累计凭证　　D. 汇总原始凭证

E. 转账凭证

3. 企业购入材料一批，货款已付，材料验收入库，则应编制的全部会计凭证有（　　）。

A. 收料单　　B. 累计凭证

C. 收款凭证　　D. 付款凭证

E. 转账凭证

4. 下列属于原始凭证的有（　　）。

A. 发出材料汇总表　　B. 收款凭证

C. 购料合同　　D. 限额领料单

E. 收料单

5. 原始凭证审核时应注意的内容有（　　）。

A. 凭证反映的业务是否合法　　B. 所运用的会计科目是否正确

C. 凭证上各项目的填写是否齐全完整　　D. 各项目的填写是否正确

E. 数字计算有无错误

三、判断题

1. 一次凭证是指只反映一项经济业务的凭证，如"领料单"。（　　）

2. 累计凭证是指在一定时期内连续记载若干项同类型经济业务，随着经济业务发生而分次填制完成的凭证，如"限额领料单"。（　　）

3. 汇总原始凭证是指在会计核算工作中，为简化记账凭证的编制工作，将一定时期内若干份记录同类型经济业务的记账凭证加以汇总，用以集中反映某项经济业务总括发生情况的会计凭证。（　　）

4. 在一项经济业务中，如果既涉及库存现金和银行存款的收付，又涉及转账业务，应同时填制收（或付）款凭证和转账凭证。（　　）

5. 原始凭证是登记日记账、明细账的根据。（　　）

6. 制造费用分配表属于自制原始凭证。（　　）

7. 将记账凭证分为收款凭证、付款凭证、转账凭证的依据是凭证填制的手续和凭证的来源。（　　）

8. 根据账簿记录和经济业务的需要而编制的自制原始凭证是记账编制凭证。（　）

9. 所有的会计凭证都是登记账簿的直接依据。（　）

10. 根据一定期间的记账凭证全部汇总填制的凭证“科目汇总表”是一种累计凭证。（　）

四、简答题

1. 什么是会计凭证？会计凭证的作用有哪些？
2. 什么是原始凭证？原始凭证如何分类？
3. 原始凭证应具备哪些基本内容？
4. 记账凭证应具备哪些基本内容？
5. 原始凭证的填制要求主要包括哪几个方面？
6. 如何对原始凭证和记账凭证进行审核？

第7章　会计账簿

学习目标

◆ 了解会计账簿的意义。

◆ 掌握会计账簿的分类。

◆ 重点掌握会计账簿的设置、会计账簿的登记方法、记账的规则、结账与对账等。

◆ 了解会计账簿的相关管理规定。

7.1　会计账簿概述

7.1.1　会计账簿的意义

账簿是由具有一定格式、互相联系的若干账页组成的，以会计凭证为依据，用以全面、系统、连续地记录和反映各项经济业务的簿籍。

在会计核算工作中，对每一项经济业务编制了会计凭证以后，还必须进一步整理会计凭证以取得会计核算资料，会计凭证的数量很多，又比较分散，而且只能反映零星的、片面的经济业务内容，因此，有必要通过设置、登记会计账簿，把分散在凭证上的大量资料加以集中、归类并登记到账簿中去，以便为经济管理提供系统的会计核算资料。会计账簿是保存会计资料和数据的重要工具。设置和登记会计账簿是会计核算的一种专门方法。通过设置和登记会计账簿，可以把所有经济业务进行分类和汇总，把分散在会计凭证上的大量资料加以集中和整理，从而全面、系统、连续地提供资金运动的总括和明细核算资料，储存所需的各种会计信息；可以根据账簿所提供的核算资料，加强会计的日常监督，开展会计分析和审计，考核企业的经营成果，促使企业改善经营管理；可以根据账簿记录所提供的信息资料，为企业的经营决策和预测提供可靠的参考数据，同时会计账簿的记录又是编制财务报表的重要依据；能够在账簿中连续反映各项财产物资的增减变动及结存情况，并通过财产清查等方法，确定财产物资的实际结存情况，用账簿记录实存物资，以保证财产物资的安全完整。

7.1.2　会计账簿的分类

1. 账簿按其用途的不同分类

（1）序时账簿

序时账簿，又称日记账，是按照经济业务发生时间的先后顺序，逐日逐笔连续进行登记的账簿。序时账簿按其记录的经济业务内容不同，又分为普通日记账和特种日记账。用来登记全部经济业务的日记账称为普通日记账；专门用来记录某一类经济业务的日记账称为特种日记账，如库存现金日记账和银行存款日记账。在我国，大多数企业一般只设库存现金日记账和银行存款日记账，而不设置普通日记账。

（2）分类账簿

分类账簿，又称分类账，是指对全部经济业务进行分类登记的账簿。分类账按其所反映内容详略程度不同，又分为总分类账簿和明细分类账簿。

总分类账簿，又称总分类账，简称总账，是指根据总分类科目开设的，用以分类记录全部经济业务总括核算资料的分类账簿。它对明细分类账簿具有统驭和控制作用。

明细分类账簿，又称明细分类账，简称明细账，它是根据总分类账所属的明细科目设置的，用以记录某一类经济业务详细核算资料的分类账簿。明细分类账簿对总分类账簿具有辅助和补充作用。

（3）备查账簿

备查账簿，又称辅助账簿，是对某些不能在序时账簿和分类账簿等主要账簿中登记的经济业务进行补充登记的账簿。它主要为某些经济业务的经营决策提供一些必要的参考资料，如代管商品物资登记簿、受托加工材料登记簿、租入固定资产登记簿、应收票据备查簿等。备查账簿不一定在每个单位都设置，而应根据各单位的实际需要确定。备查账簿没有固定的格式，可由各单位根据管理的需要自行设计。

2. 账簿按其外表形式不同分类

（1）订本式账簿

订本式账簿，又称订本账，是在账簿启用之前，把若干顺序编号的、具有专门格式的账页固定装订成册的账簿。订本账的优点是能避免账页散失和防止抽换账页；其缺点是不能准确地为各账户预留账页，预留太多，造成浪费，预留太少，影响连续登记。订本式账簿主要适用于总分类账、库存现金日记账和银行存款日记账。

（2）活页式账簿

活页式账簿，又称活页账，是把若干张零散的账页，根据业务需要自行组合而成的账簿。这类账簿的优点是记账时可以根据实际需要，随时将空白账页装入账簿和抽去不需要的账页，以便于分工记账；其缺点是如果管理不善，可能会造成账页散失和被抽换。因此，使用时应将账页顺序编号，并装置在账夹内，并在账页上由有关人员签名或盖章，防止产生舞弊行为。在年度终了时，更换新账后，应将使用过的账页装订成册，并妥善保管。活页式账簿主要适用于各种明细账。

（3）卡片式账簿

卡片式账簿，又称卡片账，是利用卡片登记的账簿。这种账簿的优缺点与活页式账簿基本相同。在登记卡片式账簿时，必须顺序编号，并放在卡片箱内，应由专人保管。卡片式账簿主要适用于记录内容比较复杂的财产明细账。在我国，企业一般只对固定资产的核算采用卡片式账簿进行登记，少数企业在材料核算中也使用材料卡片。

3. 账簿按其账页格式不同分类

（1）三栏式明细分类账

该账页的格式同三栏式总分类账的账页格式相同，即账页只设借方、贷方和余额三个金额栏，不设数量栏，这种格式用来登记只需反映金额的经济业务。一般适用于不需进行数量核算的债权、债务明细分类账户，如“应收账款”“应付账款”明细账。

（2）数量金额式明细分类账

该账页在收入（借方）、发出（贷方）和结存（余额）栏内分别设有数量、单价和金额三个小栏，这种账页格式适用于既要反映金额，又要反映实物数量的经济业务，如“库存商品”“原材料”明细账等。

（3）多栏式明细分类账

它是根据经济管理的需要，在一张账页上记录某一科目所属的明细科目的内容，按照总账科目的明细项目设专栏记录。这种账页格式适用于只记金额，不记数量的经济业务，如“制造费用”“管理费用”“主营业务收入”“本年利润”等明细账。

费用明细账一般按借方设置多个栏目，当发生一笔或少数几笔贷方金额时，可在借方有关栏内用红字登记，表示从借方发生额中冲减。会计期末将借方净发生额从贷方结转到“本年利润”或其他账户中。

收入明细账一般按贷方设置多个栏目，当发生一笔或少数几笔借方金额时，可在贷方有关栏内用红字登记，表示从贷方发生额中冲减。会计期末将贷方净发生额从借方结转到“本年利润”账户中。利润明细账一般按借方和贷方分设多栏。

明细分类账的登记，通常可直接根据原始凭证、记账凭证逐日、逐笔登记，也可根据汇总原始凭证定期汇总登记。固定资产、债权、债务等明细账应逐日、逐笔或定期汇总登记；库存商品、原材料收发明细账以及收入、费用明细账可以逐笔登记，也可定期汇总登记。库存现金、银行存款账户由于已设置了日记账，不必再设置明细账，其日记账实质也是一种明细账。

7.2 会计账簿的设置与登记

7.2.1 会计账簿的设置

1. 会计账簿的设置原则

各单位应根据自身的经济业务特点和经营管理的需要，设置一定种类和数量的账簿。账簿的设置必须做到组织严密、层次分明，账簿之间应保持内在的联系和勾稽关系，能起到相互制约的作用。账簿设置一般应遵循以下基本原则：

①要根据国家的相关法律、法规，以及会计准则、会计制度规定的基本要求，结合本单位经营规模和业务的特点，全面地反映经济活动情况，满足经营管理的需要。

②必须做到总括和明细相结合，程序科学，相互衔接，组织严密，避免重复和遗漏，正确提供经营管理所需要的各项经济指标。

③账簿设置要在保证账簿记录系统完整的前提下，力求精简，以节省人力、物力，提高会计工作效率。

2. 会计账簿设置的具体要求

（1）设置账簿的种类要求

设置会计账簿是各单位会计核算体系中的一个重要环节。各单位应依据《会计法》《税法》《会计基础工作规范》等相关法律制度的规定，并结合本单位的实际管理工作需要设置会计账簿。

各单位设置的会计账簿一般主要包括：订本式日记账、订本式总分类账、明细分类账（包括订本式、活页式、卡片式）和备查账。

（2）设置账簿的格式要求

为了加强库存现金和银行存款的管理和核算，各单位通常应设置特种日记账，即库存现金日记账和银行存款日记账。有些企业也设置普通日记账。

特种日记账必须采用订本式账簿，其账页格式一般采用三栏式，在同一张账页上分别设置“收入（或借方）”、“支出（或贷方）”和“余额”三栏。为清晰地反映库存现金和银行存款收付业务的具体情况，在“摘要”栏后，一般还专门设置“对方科目”栏，用以登记对方会计科目名称。为了便于和银行对账，也便于反映银行存款收付所采用的结算方式，银行存款日记账还专门设置了“结算凭证种类和号码”栏。库存现金日记账和银行存款日记账的格式见表 7-1 和表 7-2。

表 7-1　**库存现金日记账**

年		记账凭证		摘要	对方科目或编号	收入								支出								结余							
月	日	种类	编号			十	万	千	百	十	元	角	分	十	万	千	百	十	元	角	分	十	万	千	百	十	元	角	分

表 7-2

银行存款日记账

年		记账凭证		摘要	结算凭证种类及号码	对方科目或编号	收入								支出								结余							
月	日	种类	编号				十	万	千	百	十	元	角	分	十	万	千	百	十	元	角	分	十	万	千	百	十	元	角	分

总分类账是按照总分类账户分类登记全部经济业务的账簿。它一般按照一级会计科目的编号顺序分设账户，并为每个账户预留若干账页。为了保证账簿资料的安全完整，总分类账簿应采用订本式账簿。由于总分类账只登记各账户金额的增减变化。所以，总分类账的格式一般设置借方、贷方和余额三栏。其格式见表 7-3。

表 7-3

总分类账

科目名称________　　　　第　页

年		凭证编号	摘要	借方									贷方									借或贷	余额								
月	日			百	十	万	千	百	十	元	角	分	百	十	万	千	百	十	元	角	分		百	十	万	千	百	十	元	角	分

根据实际需要，在总分类账中的借方、贷方两栏内，也可增设对方科目栏，或采用多栏式总分类账的格式。其格式见表 7-4。

表 7-4　**总分类账（多栏式）**

科目名称________　　第　页

会计科目	期初余额		本期发生额						期末余额	
			借　方			贷　方				
	借　方	贷　方	银行存款业务	现金业务	转账业务	银行存款业务	现金业务	转账业务	借　方	贷　方

多栏式总分类账是把所有的总账科目合并设在一张账页上，可以清晰地反映经济业务的来龙去脉，可以进行全部会计科目的试算平衡。但是，如果一个单位使用的会计科目较多，栏目也会相应增多，这样使得账簿的篇幅较大，不便于使用和保管。因此，它一般适用于经济业务较少并且规模不大的单位。

由于总分类账能够全面、总括地反映经济活动情况，并为编制财务报表提供资料，因此，任何单位都要设置总分类账簿。

明细分类账是按照明细分类账户详细记录某项经济业务的账簿。它是根据二级科目或明细科目开设的，用来分类、连续记录有关资产、负债、所有者权益和收入、费用、利润等详细情况，为编制财务报表提供所需的详细资料。各单位在设置总分类账的基础上，还应根据管理的需要，按照总账科目设置若干必要的明细分类账，作为总分类账的必要补充。这样，既可根据总分类账了解某一账户的总括情况，又可根据明细分类账了解该账户更详细的情况。明细分类账一般采用活页式账簿，也有的采用卡片式账簿（如固定资产明细账，其格式见表 7-5）。根据管理要求和各种明细分类账记录的经济内容不同，明细分类账的格式主要有三栏式、数量金额式和多栏式三种格式。

①三栏式明细分类账。

三栏式明细分类账的账页格式同三栏式总分类账的账页格式相同，即账页只设借方、贷方和余额三个金额栏，不设数量栏，这种格式用来登记只需反映金额的经济业务。一般适用于不需进行数量核算的债权、债务明细分类账户，如“应收账款”“应付账款”等明细账。三栏式明细分类账的格式见表 7-6。

表 7-5

固定资产分类账

固定资产编号：　　　　　　　　使用部门：　　　　　　　　耐用年限：
固定资产名称：　　　　　　　　存放地点：　　　　　　　　残值：　%　元
固定资产规格：　　　　　　　　厂名型号：　　　　　　　　折旧率：年　%；月　%
计量单位：　　　　　　　　　　始用日期：　　　　　　　　折旧额：年　元；月　元

年		凭证编号	摘要	数量	单价	原价或重置价值			已使用年数	折旧			净值
月	日					借方	贷方	余额		借方	贷方	余额	

表 7-6

明细分类账

明细科目：　　　　　　　　　　　　　　　　　　　　　　共　页　第　页

年		凭证编号	摘　要	借　方								贷　方								借或贷	余　额							
月	日			十	万	千	百	十	元	角	分	十	万	千	百	十	元	角	分		十	万	千	百	十	元	角	分

②数量金额式明细分类账。

数量金额式明细账的账页，在收入（借方）、发出（贷方）和结存（余额）栏内分别设有数量、单价和金额三个小栏，这种账页格式适用于既要反映金额，又要反映实物数量的经济业务，如“库存商品”“原材料”等明细账。数量金额式明细分类账的格式见表 7-7。

③多栏式明细分类账。

多栏式明细分类账是根据经济管理的需要，在一张账页上记录某一科目所属的明细科目的内容，按照总账科目的明细项目设专栏记录。这种账页格式适用于只记金额，不记数量的经济业务，如“制造费用”“管理费用”“营业收入”和“本年利润”等明细账。

表 7-7

明细分类账

会计科目：　　　　　　　　　　　　　　　　编号（　　）　　第　页

类别：　　　　　　　　　　库存物资编号：

品名或规格：　　　　　　　储备定额：

存放地点：　　　　　　　　计量单位：

年		凭证编号	摘　要	收　入			发　出			结　存		
月	日			数量	单价	金额	数量	单价	金额	数量	单价	金额

费用明细账一般按借方设置多个栏目，当发生一笔或少数几笔贷方金额时，可在借方有关栏内用红字登记，表示从借方发生额中冲减。会计期末将借方净发生额从贷方结转到“本年利润”或其他账户中。多栏式费用明细账的格式见表 7-8。

表 7-8

明细分类账（借方多栏式）

会计科目：　　　　　　　　　　　　　　　　编号（　　）　　第　页

年		凭证编号	摘　要	借　方					贷　方	余　额
月	日			材料费用	人工费用	制造费用	……	合计		

收入明细账一般按贷方设置多个栏目，当发生一笔或少数几笔借方金额时，可在贷方有关栏内用红字登记，表示从贷方发生额中冲减。会计期末将贷方净发生额从借方结转到“本年利润”账户中。收入明细账的格式见表 7-9。

表 7-9 **营业外收入明细账**

年		凭证号数	摘要	借方									贷方																																		余额								
月	日																																							小计																	
				百	十	万	千	百	十	元	角	分	百	十	万	千	百	十	元	角	分	百	十	万	千	百	十	元	角	分	百	十	万	千	百	十	元	角	分	百	十	万	千	百	十	元	角	分	百	十	万	千	百	十	元	角	分

利润明细账一般按借方和贷方分设多栏，即按利润构成项目设多个栏目。利润明细账的格式见表 7-10。

表 7-10 **本年利润明细账**

年		凭证		摘要	借方（项目）				贷方（项目）				借或贷	余额
月	日	字	号					合计				合计		

备查账实际是各单位对经济业务事项的一种备忘记录。设置备查账的目的和用途主要是对那些无法在以上账簿中记录的重要经济业务事项进行的反映和记载。其装订形式一般不受限制，账页格式企业可自行设计。备查账的登记相对灵活，也可参照上述账簿的登记要求进行。

7.2.2 会计账簿的登记

1. 日记账的登记

库存现金日记账的登记。库存现金日记账是用来核算和监督库存现金每天的收入、支出和结存情况的账簿。它是由出纳人员根据审核无误的库存现金收款凭证、库存现金付款凭证和银行存款付款凭证，逐日、逐笔顺序登记的。其具体登记方法是：

日期栏：根据库存现金的收款凭证、付款凭证以及银行存款付款凭证的日期登记。

凭证号栏：根据收款凭证、付款凭证的种类和编号登记。其中，种类是指收款和付款凭证，在种类栏中填“现收、现付、银付”等。

摘要栏：根据记账凭证中的摘要登记。

对方科目栏：根据记账凭证中的对方科目登记。

借方栏：登记库存现金收入的金额。根据库存现金收款凭证中所列金额填写。但对于从银行提取现金的业务，只填制银行存款付款凭证，不再填制库存现金收款凭证，因此，对于从银行提取现金，收入数根据银行存款付款凭证登记库存现金日记账的借方栏。

贷方栏：登记库存现金支出的金额。根据库存现金付款凭证中所列金额填写。

余额栏：登记库存现金的结余。对于每笔现金收入或支出后，都要随时计算余额，并将库存现金日记账的余额与实际库存现金核对相符。

银行存款日记账的登记。银行存款日记账是用来核算和监督银行存款每日的收入、支出和结余情况的账簿。银行存款日记账由出纳人员根据审核无误后的银行存款收款凭证、银行存款付款凭证，逐日逐笔顺序登记。其具体登记方法与库存现金日记账基本相同。“结算凭证”栏根据结算凭证的种类和号数登记。其中“种类”栏登记结算凭证的种类，如“现金支票”“转账支票”等；“号数”栏登记结算凭证的号码，现金支票登记现金支票号码，转账支票登记转账支票号码。此种做法的目的是便于和银行核对。

为了在日记账中反映货币资金的收入来源和支出用途，可以采用多栏式的库存现金日记账和银行存款日记账格式，即收入栏（借方栏）按与库存现金和银行存款相对应的贷方科目设置专栏；支出栏（贷方栏）按与库存现金和银行存款相对应的借方科目设置专栏。如库存现金和银行存款的对应科目较多，为避免账页过宽，可分别设置“库存现金收入日记账”、“库存现金支出日记账”、“银行存款收入日记账”和“银行存款支出日记账”。多栏式日记账、多栏式收入日记账及多栏式支出日记账的一般格式见表7-11至表7-13。

表7-11　　**库存现金日记账（多栏式）**　　第　页

<table>
<tr><th colspan="2">年</th><th colspan="2">记账凭证</th><th rowspan="2">摘要</th><th rowspan="2">对方科目或编号</th><th colspan="8">收　入</th><th colspan="8">支　出</th><th colspan="8">结　余</th></tr>
<tr><th>月</th><th>日</th><th>种类</th><th>编号</th><th>十</th><th>万</th><th>千</th><th>百</th><th>十</th><th>元</th><th>角</th><th>分</th><th>十</th><th>万</th><th>千</th><th>百</th><th>十</th><th>元</th><th>角</th><th>分</th><th>十</th><th>万</th><th>千</th><th>百</th><th>十</th><th>元</th><th>角</th><th>分</th></tr>
<tr><td></td><td></td><td></td><td></td><td></td><td></td><td></td><td></td><td></td><td></td><td></td><td></td><td></td><td></td><td></td><td></td><td></td><td></td><td></td><td></td><td></td><td></td><td></td><td></td><td></td><td></td><td></td><td></td><td></td><td></td></tr>
<tr><td></td><td></td><td></td><td></td><td></td><td></td><td></td><td></td><td></td><td></td><td></td><td></td><td></td><td></td><td></td><td></td><td></td><td></td><td></td><td></td><td></td><td></td><td></td><td></td><td></td><td></td><td></td><td></td><td></td><td></td></tr>
<tr><td></td><td></td><td></td><td></td><td></td><td></td><td></td><td></td><td></td><td></td><td></td><td></td><td></td><td></td><td></td><td></td><td></td><td></td><td></td><td></td><td></td><td></td><td></td><td></td><td></td><td></td><td></td><td></td><td></td><td></td></tr>
<tr><td></td><td></td><td></td><td></td><td></td><td></td><td></td><td></td><td></td><td></td><td></td><td></td><td></td><td></td><td></td><td></td><td></td><td></td><td></td><td></td><td></td><td></td><td></td><td></td><td></td><td></td><td></td><td></td><td></td><td></td></tr>
<tr><td></td><td></td><td></td><td></td><td></td><td></td><td></td><td></td><td></td><td></td><td></td><td></td><td></td><td></td><td></td><td></td><td></td><td></td><td></td><td></td><td></td><td></td><td></td><td></td><td></td><td></td><td></td><td></td><td></td><td></td></tr>
<tr><td></td><td></td><td></td><td></td><td></td><td></td><td></td><td></td><td></td><td></td><td></td><td></td><td></td><td></td><td></td><td></td><td></td><td></td><td></td><td></td><td></td><td></td><td></td><td></td><td></td><td></td><td></td><td></td><td></td><td></td></tr>
<tr><td></td><td></td><td></td><td></td><td></td><td></td><td></td><td></td><td></td><td></td><td></td><td></td><td></td><td></td><td></td><td></td><td></td><td></td><td></td><td></td><td></td><td></td><td></td><td></td><td></td><td></td><td></td><td></td><td></td><td></td></tr>
</table>

表 7-12 **库存现金收入日记账**

年		收款凭证号数	摘　要	贷方科目				支出合计	结　余
月	日						收入合计		

表 7-13 **银行存款支出日记账**

年		付款凭证号数	摘　要	结算凭证		借方科目				
月	日			种类	号数					支出合计

多栏式日记账的登记。一是由出纳人员根据审核无误后的收款凭证、付款凭证，逐日、逐笔登记库存现金和银行存款的收入日记账和支出日记账，每日将支出日记账中当日支出合计数转入收入日记账中当日“支出合计”栏内，以结算当日账面结余额。会计人员应于月末根据多栏式库存现金日记账和银行存款日记账各专栏的合计数，分别登记有关总分类账户。二是另外设置库存现金与银行存款出纳登记簿，由出纳人员根据审核无误后的收款凭证和付款凭证逐日、逐笔进行登记，然后将收款凭证和付款凭证交由会计人员，会计人员据此逐日汇总登记多栏式库存现金日记账和银行存款日记账。

普通日记账的格式一般分为“借方金额”和“贷方金额”栏，登记每一分录的借方账户和贷方账户及金额，这种账簿不结余额。该日记账的格式见表 7-14。

表 7-14 **普通日记账**

年		摘　要	账户名称	借方金额	贷方金额	记　账
月	日					

普通日记账是根据日常发生的经济业务所取得的原始凭证，逐日、逐笔顺序登记的，把每一笔经济业务转化为会计分录登记普通日记账，然后再转记列入分类账簿中，所以，普通日记账也称分录簿，它起到了记账凭证的作用。由于普通日记账只有一本日记账，不便于分工记账，目前我国企业很少采用。

2. 总分类账的登记

总分类账的登记可以根据各种记账凭证逐笔登记，也可根据汇总记账凭证或科目汇总表汇总登记，还可以根据多栏式库存现金日记账、银行存款日记账逐笔或定期登记。月末结出各账户的本期发生额和期末余额。

3. 明细分类账的登记

明细分类账的登记，通常可直接根据原始凭证、记账凭证逐日、逐笔登记，也可根据汇总原始凭证定期汇总登记。固定资产、债权、债务等明细账应逐日、逐笔或定期汇总登记；库存商品、原材料明细账以及收入、费用明细账可以逐笔登记，也可定期汇总登记。库存现金、银行存款账户由于已设置了日记账，不必再设置明细账，其日记账实质也是一种明细账。

7.3　记账的规则

7.3.1　会计账簿的启用规则

1. 填写账簿封面和扉页

会计账簿是会计信息的载体，也是重要的会计档案。为了保证账簿记录的合法性，明确记账人员的责任，会计账簿应设置封面，在封面上应标明单位名称、账簿名称和所属会计年度。启用会计账簿时，应在账簿封面上写明单位名称和账簿名称。在账簿扉页上应附“账簿经管人员一览表”或“账簿启用表”（见表7-15），其内容包括单位名称、账簿名称、账簿页数、启用日期、单位领导人员和会计主管人员签章、经管人员职别和姓名以及经管或接管日期等，并加盖单位公章及经管人员名章等。

表7-15　账簿经管人员一览表

<table>
<tr><td>单位名称</td><td colspan="5"></td></tr>
<tr><td>账簿名称</td><td colspan="5"></td></tr>
<tr><td>账簿页数</td><td colspan="5">自第　页起至第　页止共　页</td></tr>
<tr><td>启用日期</td><td colspan="5">年　月　日</td></tr>
<tr><td>单位领导人签章</td><td colspan="2"></td><td colspan="2">会计主管人员签章</td><td></td></tr>
<tr><td>经管人员职别</td><td>姓　名</td><td>经管或接管日期</td><td>签　章</td><td>移交日期</td><td>签　章</td></tr>
<tr><td></td><td></td><td>年　月　日</td><td></td><td>年　月　日</td><td></td></tr>
<tr><td></td><td></td><td>年　月　日</td><td></td><td>年　月　日</td><td></td></tr>
<tr><td></td><td></td><td>年　月　日</td><td></td><td>年　月　日</td><td></td></tr>
<tr><td></td><td></td><td>年　月　日</td><td></td><td>年　月　日</td><td></td></tr>
</table>

启用订本式账簿，应从第一页到最后一页顺序编号，不得跳页、缺页；启用活页式账簿，应按账页顺序编号，并需要定期装订成册。装订后按实际使用的账页顺序编定页数，标明目录，记上每个账户的名称和页次。

记账人员和会计主管人员调动工作时，应办理交接手续，在交接记录栏内填写交接日期和交接人员及监交人员的姓名（盖章）。

2. 开设账户

首先，在账簿的第一页账页上方填写该账簿的第一个账户名称（一级科目、二级科目或明细科目）、计量单位、生产车间、仓储地点等，由于账页格式的不同，这些栏目的具体内容也会有所不同。其次，在该账页的第一行“日期”栏中登记建账日期，“摘要”栏中写“期初余额”或“上年结转”，并将其金额抄录至账页第一行的“余额”栏中，如果余额需注明方向的，则还应在“借或贷”栏中注明其余额方向。至此，第一个账户即开设完毕。例如，某企业应收账款账户 2017 年期末余额为 200 000 元，其中应收宁波远方化工原料厂 150 000 元，应收深圳宏达感光材料厂 50 000 元。那么，应收账款及其明细账 2018 年期初余额登记方法见表 7-16 至表 7-18。企业其余各账户的开设与此雷同。

表 7-16　　**总　分　类　账**　　第　页

科目名称：应收账款

2018年		凭证编号	摘　要	借　方								贷　方								借或贷	余　额							
月	日			十	万	千	百	十	元	角	分	十	万	千	百	十	元	角	分		十	万	千	百	十	元	角	分
1	1		上年结转																	借	2	0	0	0	0	0	0	0

表 7-17　　**应收账款明细分类账**

明细科目：宁波远方化工原料厂　　共　页　第　页

2018年		凭证编号	摘　要	借　方								贷　方								借或贷	余　额							
月	日			十	万	千	百	十	元	角	分	十	万	千	百	十	元	角	分		十	万	千	百	十	元	角	分
1	1		上年结转																	借	1	5	0	0	0	0	0	0

表 7-18　**应收账款明细分类账**

明细科目：深圳宏达感光材料厂　　　　共　页　第　页

2018年		凭证编号	摘要	借方								贷方								借或贷	余额							
月	日			十	万	千	百	十	元	角	分	十	万	千	百	十	元	角	分		十	万	千	百	十	元	角	分
1	1		上年结转																	借		5	0	0	0	0	0	0

3. 粘贴口讫纸

由于在某些账簿中要开设多个账户，这就需要在账簿中预留一定的账页。在会计实际工作中会计人员为了便于找到某一账户在账簿中的位置，往往使用口讫纸作为账户与账户之间的分隔标志。口讫纸一般有红、蓝两种颜色。根据会计工作人员长期的工作习惯，通常用红色口讫纸表示资产、成本类账户，用蓝色口讫纸表示负债、所有者权益类账户；或用红色口讫纸表示收入类账户，用蓝色口讫纸表示费用类账户；或用红色口讫纸表示一级账户，用蓝色口讫纸表示二级账户等。但需要注意的是，不能以口讫纸取代账页上方的账户名称。

4. 填写账户目录

账户目录是由记账人员在账簿中开设完账户后，按顺序将每个账户的名称和页数抄录下来形成的文档。如果是活页账，在账簿启用时无法确定各账户页数，则可先将账户名称填写好，待年终装订归档时，再填写页数。通常总账需要填写账户目录，明细账一般只需要在封面卡片上填写账簿中所开设账户的名称即可。账户目录见表 7-19。

表 7-19　**账户目录（科目索引）**

页数	科目	页数	科目	页数	科目	页数	科目

5. 缴纳并粘贴印花税

按照我国税法规定，各单位用于经营活动的营业性账簿在启用时，需向税务部门缴纳印花税。营业性账簿的印花税分别按资金账簿和其他账簿计征，记载资金的总分类账簿计税依据是根据“实收资本”“资本公积”两个账户所记载的金额合计数的 0.05% 缴纳印花税，其他账簿，包括日记账、明细账，均按每册 5 元缴纳印花税。备查账簿不需缴纳印花税。在缴纳印花税后，将取得的印花税票分别粘贴在各个账本的扉页中。

7.3.2 会计账簿的登记规则

单位记账人员应当根据审核无误的会计凭证登记账簿。

①登记账簿时，应将会计凭证日期、编号、经济业务内容摘要、金额等逐项记入账簿内。做到数字准确，内容清晰，摘要简明扼要。

②必须按账户页次逐行登记，不得隔页、跳行。如无意发生隔页、跳行现象，应在空页、空行处用红色墨水笔划对角线注销，并加盖“此页空白”或“此行空白”戳记，并由记账人员签章。

③登记账簿要用蓝黑或黑色墨水笔书写，不得使用铅笔或规定以外的圆珠笔书写。但下列情况可以用红色墨水笔记账：按照红字冲账的记账凭证，冲销错误记录；在不设借贷等栏的多栏式账页中，登记减少数；在三栏式账户的余额栏前，如未印明余额的方向，在余额栏内登记负数余额；在会计制度中规定用红字登记的其他记录。

④为了给错账更改留有余地，账簿中文字、数字的书写不能写满格，一般应占账格的 1/2。

⑤账簿登记完毕，应在记账凭证“记账”栏内注明已登记账簿的符号（如“√”），表示记账完毕，避免重记、漏记。

⑥每一账页记录完毕，应在该账页最末一行加计发生额合计及余额，在该行“摘要”栏内注明“转次页”或“过次页”字样，并将这一金额记入下一页第一行有关金额栏内，在该行“摘要”栏内注明“承前页”以保持账簿记录的连续性。

⑦需要结出余额的账户，结出余额后，应在“借或贷”栏内注明“借”或“贷”字样，以示余额的方向；对于没有余额的账户，应在此栏内写“平”字，在余额栏内写“θ”。

⑧账簿记录在发生错误时，不得刮擦、挖补、涂改或用褪色药水更改，应根据错账的具体情况，按规定的方法进行更正。

7.3.3 错账的更正规则

1. 错账的类型及查找方法

错账是指在账务处理过程中，由于会计凭证填制错误或者登账时发生错误而导致的账簿记录差错。在会计实务工作中，尽管会计人员对会计凭证进行多次审核，账簿登记认真细致，但由于日常业务处理量大、手续繁琐等原因，导致账簿记录仍难免出现差错。错账的类型主要有：漏记、重记、数字颠倒、数字记错、科目记错、借贷方向记反等。在错账发生后，首先应及时查找，然后按照规定的方法进行更正。

在会计实际工作中，查找错账的方法主要有以下几种：

（1）差数法

差数法是指按照错账的差数查找错账的方法。如在记账过程中只登记了会计分录的借方或贷方，漏记了另一方，因而形成试算平衡中借方合计与贷方合计不等，其差数金额应该等于被遗漏项目金额。具体表现形式是借方金额被遗漏，就会有同量的超出额的贷方；若是贷方金额被遗漏，就会有同量的超出额的借方。对于这种差错，会计人员可以通过回忆或者与相关金额的记账凭证核对查找。利用差数法，可以有效地查出漏记错误。

（2）除2法

除2法是指以差数除以2来查找错账的方法。当某项经济业务的一方被错记在相反的一方，即借方被错记为贷方或贷方被错记为借方，此时，出现的差数额将是错误金额的2倍。除2法就是将借贷方差数额除以2，如果能整除，商数就是被记错的数字。如某账户借方发生额合计大于贷方发生额合计40元，则用40除以2得20，然后查找账户的贷方，看有无20元的记录，如果有，就可以确定差错的原因是把一笔发生额为20元的经济业务重复记到借方，而贷方漏记。利用除2法，可以有效地查出重记错误。如非此类错误，则应另寻差错的原因。

（3）除9法

除9法是指以差数除以9来查找错账的方法。此种方法是将借贷方差数额除以9，如果能整除就可以推测可能是金额数字颠倒出现了错误。如将730误写成370，其差额（730-370）被9除等于40。可以说明此项差错可能是把730误记成370或把370误记成730了。利用除9法，可以有效地查出数字颠倒的错误。

需要说明的是，如果有多种错误同时存在，就不能运用上述的各种方法。查找的方法只能是重新核对每一笔记录，核对并计算账户的余额及确定在抄录每项或加计总数时有无错误，以便及时更正错账。

2. 错账的更正方法

（1）划线更正法

划线更正法，又称红线更正法。在结账以前，如果发现账簿记录中有数字或文字错误，而记账凭证没有错，可用划线更正法更正。更正时，先在错误的数字或文字上划一条红线，表示注销，同时应保证原有字迹仍能辨认，之后在划线上方填写正确的数字或文字，并由更正人员在更正处盖章，以明确责任。但应注意，更正时不得只划掉个别数字，错误的数字必须全部划掉，并保持原有数字清晰可辨。如将5 246.00元误记为2 546.00元，应先在2 546.00上划一条红线以示注销，然后在其上方空白处填写正确的数字，而不能只将前两位数字更正为“52”。

（2）红字更正法

红字更正法，又称红字冲销法。红字更正法适用于以下两种情况：

记账以后，发现记账凭证中的应借、应贷会计科目有错误，从而引起记账错误。更正的方法是：先用红字填写一张与原错误的记账凭证完全相同的记账凭证，以示注销原记账凭证，然后用蓝字填写一张正确的记账凭证，并据以登记账簿。

记账以后，发现记账凭证和账簿记录中应借、应贷的会计科目没有错误，只是所记金额大于应记金额。更正的方法是：将多记的金额用红字编制一张与原记账凭证应借、应贷科目完全相同的记账凭证，以示冲销多记的金额，并据以登记入账。

（3）补充登记法

补充登记法，又称补充更正法。记账后发现记账凭证和账簿记录中应借、应贷会计科目无误，只是所记金额小于应记金额，应采用补充登记法进行更正。更正的方法是：将少记的金额用蓝字编制一张与原记账凭证完全相同的记账凭证，并据以登记入账。

7.4 对账与结账

7.4.1 对账

对账是在有关经济业务已经登记入账以后，进行的账簿核对。它是会计核算工作中的一项重要内容。

在会计工作中，由于各种原因，账簿记录难免会发生差错，也难免会出现账实不符的现象。为了保证账簿记录完整、准确，为编制财务报告提供真实、可靠的资料，在有关经济业务登记入账之后，必须对账簿记录进行核对。对账分为日常核对和定期核对。日常核对是指会计人员在编制会计凭证时，对原始凭证和记账凭证的审核，在登记账簿时，对账簿记录与会计凭证的核对；定期核对是指在期末结账前，对会计凭证、账簿记录等进行的核对。对账工作每年至少进行一次。

对账主要包括：账证核对、账账核对和账实核对。

1. 账证核对

这是指账簿记录与会计凭证之间的核对，包括总分类账、明细分类账和日记账与原始凭证、记账凭证之间的相互核对。这种核对主要是在平时编制记账凭证和记账过程中进行核对。期末，如果发现账账不符或账实不符等情况，仍应对账簿记录与会计凭证进行核对，以保证账证相符。

2. 账账核对

这是在账证核对的基础上，各种账簿之间的核对。

账账核对包括：各总分类账户期末借方余额合计与期末贷方余额合计核对相符；各总分类账户的期末余额与其所属的各明细分类账户的期末余额之和核对相符；有关总分类账户期末余额与库存现金日记账、银行存款日记账期末余额核对相符；会计部门各种财产物资明细分类账户期末余额与财产物资保管和使用部门的有关财产物资明细分类账户期末余额核对相符。

3. 账实核对

这是在账账核对的基础上，将各种财产物资的账面余额与实存数额相核对。

账实核对包括：库存现金日记账的账面余额与实地盘点的库存现金实有数之间的核对；银行存款日记账的账面余额同各开户银行对账单之间的核对；各种财产物资明细分类账结存数与清查盘点后的实有数之间的核对；各种应收、应付款项明细分类账的账面余额与有关债权、债务单位或个人的账目之间的核对。

对账工作结束后，如果发生账实不符，还应填制“账存实存对比表”，确定财产物资的盘盈或盘亏的数额。“账存实存对比表”是分析财产物资盘盈或盘亏的原因，明确经济责任的重要依据，它也是调整账簿记录的原始依据。

7.4.2　结账

结账是指在将本期发生的经济业务全部登记入账的基础上，结算出每个账户的本期发生额和期末余额。结账是一项将账簿记录定期结算清楚的财务工作。为了总括反映企业一定时期内的财务状况和经营成果，在每一会计期期末终了时，应对有关账户进行结账，以便根据账簿记录编制财务报告。

首先，在结账前，必须检查本期内发生的经济业务是否已全部登记入账，这是结账工作的前提。为了确保结账的正确性，在本期发生的各项经济业务全部入账的基础上，按照权责发生制的原则调整和结转有关账项。对于本期内所有应计和预收收入及应计和预付费用，应编制记账凭证，并据以记入有关账簿，以调整账簿记录。其次，要计算各账户本期发生额和期末余额。在本期全部经济业务已登记入账的基础上，结算出库存现金日记账、银行存款日记账以及总分类账和明细分类账的本期发生额和期末余额。

结账可分为月结、季结和年结三种。结账主要采用划线法，就是期末结出每个账户的本期发生额和期末余额后，加上划线标记，并将期末余额结转至下期。具体做法如下。

1. 月结

月结应在月底办理。在各账户本月份最后一笔记录下面划一通栏红线，表示本月结束。然后，在红线下结出本月发生额和月末余额。若无余额的，可在“余额”栏内注明“平”字或“θ”符号。同时在“摘要”栏内注明“×月份发生额及余额”或“本月合计”字样。最后，在下面再划一通栏红线，表示完成月结。

2. 季结

季结应在季末办理。在各账户本季度最后一个月的月结下面（需按月结出累计发生额的，应在“本季累计”下面）划一通栏红线，表示本季结束。然后，在红线下结算出本季发生额和季末余额，并在“摘要”栏内注明“第×季度发生额及余额”或“本季合计”字样。最后，再在本摘要栏下面划一通栏红线，表示完成季结。

3. 年结

年结应在年终办理。在 12 月份或第四季度的季结下面划一通栏红线，表示年度终了。然后，在红线下面结算填列全年 12 个月份的月结发生额或 4 个季度的季结发生额，并在“摘要”栏内注明“年度发生额及余额”或“本年合计”字样。在此基础上，将年初借（贷）方余额抄至“年度发生额”或“本年合计”下一行的借（贷）方栏内，并在“摘要”栏内注明“年初余额”字样。同时将年末借（贷）方余额抄至下一行的贷（借）方栏内，并在“摘要”栏内注明“结转下年”字样。最后加计借贷双方合计数相等，并在“摘要”栏内注明“合计”字样，再在合计数下划通栏双红线，表示完成年结。

结账的具体方法见表 7-20。

表 7-20 总 账

会计科目：原材料 单位：元

年		凭证		摘 要	借 方	贷 方	借或贷	余 额
月	日	字	号					
1	1			年初余额				
	31			1月份发生额及余额				
				⋮				
2	1			月初余额				
	28			2月份发生额及余额				
				⋮				
3	1			月初余额				
				⋮				
	31			3月份发生额及余额				
	31			第一季度发生额及余额				
				⋮				
12	31			12月份发生额及余额				
12	31			第四季度发生额及余额				
12	31			年度发生额及余额				
				结转下年				

7.5 会计账簿的管理

7.5.1 会计账簿的更换

会计账簿的更换，是指在会计年度终了时，将上年度的账簿更换为下一年度的新账簿。

库存现金日记账、银行存款日记账、总分类账及明细分类账每年都要更换新账，但是固定资产明细账或固定资产卡片可以继续使用，不必每年更换新账。

对于各种需要更换的账簿，首先检查本年度账簿记录在年终结账时是否全部结清，然后在新账中有关账户的第一行“日期”栏内注明 1 月 1 日，在“摘要”栏内注明“上年结转”或“年初余额”字样，将上年的年末余额按同方向抄入新账中的“余额”栏内，并在“借或贷”栏内注明余额的方向。

应注意的是，新旧账簿更换时，账户余额的结转不编制记账凭证，也不要记入“借方”栏或“贷方”栏，而是直接记入“余额”栏。

7.5.2　会计账簿的保管

为了清晰地反映各会计年度的财务状况和经营成果，每个会计年度开始时都要启用新账，并把上年度的会计账簿归档保管。具体内容包括：

首先是整理。归档前应对更换下来的旧账进行整理。检查应归档的旧账是否收集齐全、各种账簿应办的会计手续是否完备。对于手续不完备的应补办手续，如加盖印章、结转余额等。

其次是装订成册。账簿经过整理后要装订成册。装订前要检查账簿的扉页内容是否填写齐全，手续是否完备；检查订本式账页从第一页到最后一页是否按顺序编写页数，有无缺页、跳页，活页账或卡式账是否按账页顺序编号，是否加装封面。装订时，根据实际情况一个账户可装订一册或数册，也可将几个账户合并装订成一册。装订后应由经管人员、装订人员和会计主管人员在封口处签名或盖章。

最后是办理交接手续，归档保管。账簿装订成册后，应编制目录、填写移交清单、办理移交手续和归档保管。保管人员应按要求编制索引、分类储存，以便日后查阅。保管期满后，应按照规定的审批程序报经批准后才能销毁。

拓展阅读 7

基本训练

一、单项选择题

1.“应收账款”“应付账款”账户的明细分类核算应设置的明细账的账页格式一般是（　　）。

A. 三栏式　　B. 多栏式　　C. 订本式　　D. 数量金额式

2. 在我国，总分类账要采用（　　）。

A.活页式账簿　　B.自己认为合适的账簿
B.卡片式账簿　　D.订本式账簿

3.下列适合采用多栏式明细账格式核算的是（　　）。
A.固定资产　B.应收账款　C.管理费用　D.原材料

4.在下列明细账中，应该采用数量金额式明细账核算的是（　　）。
A.原材料明细分类账　　B.应收账款明细分类账
C.制造费用明细分类账　　D.管理费用明细分类账

5.专门记载某一类经济业务的序时账簿，称为（　　）。
A.普通日记账　B.特种日记账　C.转账日记账　D.分类簿

6.在月末结账前发现所填列的记账凭证无误，根据记账凭证登记账簿时，将1 568元误记为1 586元，按照有关规定，更正时应采用的错账更正方法是（　　）。
A.划线更正法　　B.红字更正法
C.补充登记法　　D.平行登记法

7.登记日记账的方式是按照经济业务发生的时间先后顺序进行（　　）。
A.逐日逐笔登记　　B.逐日汇总登记
C.逐笔定期登记　　D.定期汇总登记

8.活页式账簿和卡片式账簿主要适用于（　　）。
A.特种日记账　B.普通日记账　C.总分类账　D.明细分类账

9.固定资产明细分类账采用（　　）。
A.订本式账簿　　B.卡片式账簿
C.活页式账簿　　D.多栏式明细分类账

10.某会计人员根据记账凭证登记入账时，误将600元填写为6 000元，而记账凭证无误，采用的更正方法是（　　）。
A.红字更正法　　B.划线更正法
C.补充登记法　　D.蓝字更正法

二、多项选择题

1.会计账簿按用途的不同，可以分为（　　）。
A.分类账簿　B.活页账簿　C.备查账簿　D.数量金额式账簿

2.会计账簿按外表形式可以分为（　　）。
A.备查账簿　B.订本式账簿　C.活页式账簿　D.数量金额式账簿

3.必须采用订本式账簿的是（　　）。
A.库存现金日记账　　B.固定资产明细账
C.银行存款日记账　　D.管理费用总账

4.日记账的特点是（　　）。
A.序时登记　B.汇总登记　C.逐日逐笔登记
D.定期登记　E.分类登记

5.错账的更正方法一般有（　　）。

A.划线更正法　　B.红字更正法　　C.补充登记法　　D.平行登记法

三、判断题

1. 总分类账和明细分类账都是根据记账凭证登记的。（　　）

2. 记账后，发现所记金额小于应记金额，但记账凭证正确，应采用红字更正法更正。（　　）

3. 备查账簿是根据对某些在日记账和分类账中未能记录的事项进行补充登记的账簿，因此，各单位必须设置。（　　）

4. 在会计年度中间变更记账人员，可不必办理有关交接手续。（　　）

5. 任何单位都要设置总分类账簿。（　　）

6. 结账之前，如果发现账簿中所记的文字或数字错误，而记账凭证没有错误，应采用划线更正法进行更正。（　　）

7. 明细分类账的格式主要有三栏式、数量金额式和多栏式三种。（　　）

8. 年结时，应在“总计”下划单红线，表示借贷平衡和本年度记账结束。（　　）

9. 数量金额式明细账适用于明细项目较多，且要求分别列示的成本、费用、收入、利润和利润分配明细账。（　　）

10. 只要账簿记录过程中不发生误差，就能保证账簿记录的客观真实性。（　　）

四、简答题

1. 账簿按用途不同可分为几类？

2. 账簿的设置应遵循哪些原则？

3. 错账的更正方法有哪几种？

4. 查找错账的方法有哪几种？

5. 什么是对账？对账的主要内容是什么？

五、综合题

【目的】错账更正方法的具体运用。

【要求】指出对下述错账应采用何种更正方法。

【资料】甲企业会计人员在结账前进行对账时，查找出以下错账：

（1）用银行存款预付建造固定资产的工程价款（通过“在建工程”核算）86 000元，编制的会计分录为：

借：在建工程　　86 000

　贷：银行存款　　86 000

在过账时，“在建工程”账户记录为68 000元。

（2）用库存现金支付职工生活困难补助（通过“应付职工薪酬”核算）300元，编制的会计分录为：

借：应付职工薪酬　　300

　贷：库存现金　　300

（3）计提车间生产用固定资产折旧（涉及“累计折旧”和“制造费用”账户）3 500元，编制的会计分录为：

借：制造费用　　35 000

　贷：累计折旧　　35 000

（4）用库存现金支付工人工资45 000元，编制的会计分录为：

借：应付职工薪酬　　4 500

　贷：库存现金　　4 500

第8章　财产清查

学习目标

◆ 了解财产清查的基础理论知识和基本技能。

◆ 掌握各种实物、货币资金和债权债务的清查方法，尤其是实地盘点法的应用、银行存款余额调节表的编制等。

◆ 重点掌握财产清查结果的会计处理，注意“待处理财产损溢”账户的结构及应用。

8.1　财产清查概述

8.1.1　财产清查的意义

财产清查是指通过对库存现金、实物资产的实地盘点和对银行存款、往来款项等的核对，确定各项财产物资和债权债务的实存数，查明实存数与账面结存数是否相符的一种专门的会计核算方法。

每一个单位日常发生的经济业务，通过填制和审核会计凭证、登记账簿、试算平衡和对账等一系列严密的会计处理后，从理论上来讲，会计账簿上所记载的财产增减和结存情况应该与实际财产的收发和结存情况相符。但在实际工作中，由于一些主观和客观的原因往往会出现某些财产物资实存数与账存数不一致。造成账实不符的原因主要有：在财产物资收发时，由于计量、计算、检验不准确而发生的品种、数量或质量上的差错；财产物资在保管过程中，由于受自然和其他原因的影响，会发生数量和质量上的变化；在会计凭证或会计账簿记录中，会出现漏记、重记、错记或计算错误；由于不法分子的营私舞弊、贪污盗窃而发生的财产物资损失；由于遭受自然灾害或意外事件造成财产物资的损失；由于会计人员在收支或记账上的疏忽大意，使库存现金、银行存款等各种货币资金和各种往来账款出现账面数额与实际数额不符等。为了掌握各项财产物资的真实情况，做到账实相符，必须在账簿记录的基础上，运用财产清查这一专门方法，对各项财产物资和债权债务进行定期或不定期的盘点和核对，为编制财务报表提供准确、完整、系统的核算信息。

财产清查对于保证会计信息资料的真实可靠，不断改善企业的经营管理，提高企业管理效率和效果都具有十分重要的意义，主要表现为以下几个方面：

①通过财产清查，可以保证会计核算资料真实可靠。通过财产清查，可以确定

各项财产物资的实存数与账存数是否相符，若不符则及时查找发生差异的原因，以便及时调整账存记录，使账面数额与实存数额相符，从而保证会计核算资料的真实可靠。

②通过财产清查，可以保证企业财产物资的安全完整，提高资产利用效率。通过财产清查，可以查明各项财产盘盈、盘亏的原因和责任，从而找出财产物资管理中存在的问题，以便及时采取措施，加强管理，进而保护财产物资的安全完整；同时，在财产清查过程中，可以查明各项财产物资的储备和利用情况，储存不足的应及时补足，多余积压的应及时处理，以促进财产物资的有效使用，充分发挥财产物资的潜力，加速资金周转，避免损失浪费。

③通过财产清查，可以促进企业财产物资管理制度的建立健全。通过财产清查，可以查明企业各项财产物资的保管情况，有无损毁、变质，是否被非法挪用、盗窃等情况，从而促使企业不断改进财产物资管理，建立健全财产物资管理制度，确保财产物资的安全、完整。

④通过财产清查，可以保证财经纪律和结算制度的贯彻执行。通过财产清查，可以查明在财产物资使用、管理及往来款项的结算过程中，有无违反财经纪律和结算制度的问题，对于债权债务等往来结算账款，要与对方逐一核对清楚，可以查明企业与银行及其他单位或个人的款项往来，是否符合结算制度和合同规定，有无不合理的债权、债务关系。对于各种应收、应付账款应及时结算，避免长期拖欠和长年挂账，从而促使企业自觉遵守财经法纪，自觉遵守结算制度。

8.1.2 财产清查的种类

财产清查可以按照不同的标准进行分类。财产清查主要有以下几种分类方法：

1. 按清查的范围分类

财产清查按其清查的范围大小，可以分为全面清查和局部清查。

①全面清查，是指对全部财产进行盘点和核对。全面清查的范围较广，具体包括：货币资金、存货、固定资产、债权债务及对外投资等。由于全面清查的内容多、范围广、花费的时间长、工作量大、参加的人员也多，有时还会影响企业生产经营的正常进行，所以一般在以下几种情况下才进行全面清查：年终决算之前；企业关停并转或改变隶属关系；中外合资、国内联营；开展资产评估、清产核资等活动；单位主要负责人调离工作。

②局部清查，是指根据管理的需要或依据有关规定，对部分财产进行的盘点和核对。例如，对于库存现金应由出纳人员每日清点核对；对于银行存款至少每月同银行核对一次；对于各种材料、在产品和产成品除年度清查外，应有计划地每月重点抽查，尤其对贵重的财产物资应至少每月清查一次；对于债权债务，每年至少应同债权债务单位核对一两次。

2. 按清查时间分类

财产清查按照清查时间是否事先有计划，可分为定期清查和不定期清查。

①定期清查，是指根据预先计划或管理制度规定的时间安排对财产所进行的清查。定期清查，可以是局部清查，也可以是全面清查。这种清查通常在年末、季末或月末结账前进行。例如，每日结账时，要对库存现金进行账实核对；每月结账时要对银行存款日记账进行对账等。

②不定期清查，是指预先没有安排计划，而是根据需要所进行的临时清查。不定期清查，可以是局部清查，也可以是全面清查。不定期清查通常在以下几种情况下进行：更换财产物资和库存现金的保管人员；发生非常损失；上级主管部门、财政、银行、物价、税务、审计等部门对本单位进行检查；单位撤销、合并或改变隶属关系，临时性清产核资等。

3. 按清查执行单位的不同分类

财产清查按照清查执行单位的不同，可分为内部清查和外部清查。

①内部清查，是指由本单位的有关人员对本单位的财产所进行的清查。根据单位自身工作需要，出于加强财产管理等目的，组织内部审计部门及相关部门和人员对其财产所进行的清查，这种清查也称为自查。

②外部清查，是指由单位外部的有关部门或人员根据国家法律或制度的规定对单位财产所进行的清查。

8.1.3　财产清查前的准备工作

财产清查是一项既复杂又细致的工作，其工作内容涉及面广、涉及的人员多，为了使财产清查工作有序进行，达到预定的目的，在财产清查之前应充分做好各项准备工作。

1. 组织准备

进行财产清查前，尤其是进行全面清查前，必须成立专门的清查领导小组，具体负责财产清查的组织和管理工作，即在有关单位主要负责人和总会计师的领导下，成立由财会部门牵头，有设备、技术、生产、行政及各有关部门参加的财产清查领导小组，具体负责财产清查的领导工作。它的主要任务是：研究制订清查工作计划；明确财产清查对象和范围；安排财产清查工作的详细步骤；确定财产清查工作的方式方法；配备有能力的财产清查人员；检查和督促清查工作；及时解决清查工作中出现的问题；在清查工作结束后，总结清查工作的经验和教训，写出清查工作的总结报告，并提出对财产清查结果的处理意见。

2. 业务准备

业务准备是进行财产清查的重要前提条件。各业务部门，特别是财产物资管理部门和财会部门，应积极配合，必须做好如下准备工作：

①财会部门要在财产清查之前将所有的经济业务登记入账并结出余额。做到账证相符、账账相符，为财产清查提供可靠的依据。

②财产物资管理部门要在财产清查前将各项财产物资的出入办好相关凭证及手续，全部登记入账，结出各账户的余额，并与财会部门的有关财产物资明细账核对

相符。同时，将各种财产物资排列整齐，挂上标签，标明品种、规格及结存数量，以便进行实物盘点。

③准备好各种计量器具和有关清查用的各种登记表册。如清查前必须按国家标准计量校正各种度量衡器具，减少误差，印制好“盘存单”“实存账存对比表”“未达账项登记表”“库存现金盘点报告表”“结算款项核对登记表”等，以备清查时使用。

8.1.4 财产清查的方法

财产清查首先就要查明各项财产物资的实存数量和金额，确定各项财产物资的账存数量和金额，通过实存数和账存数的比较，便可以明确各项财产物资实存数和账存数是否相符。财产清查的方法包括：对财产物资实存数量的清查方法和对财产物资实存金额的清查方法。

1. 财产物资实存数量的清查方法

财产物资的种类繁多，实物形态不同，清查中需根据各种财产物资的特点，采用不同的方法进行清查，一般采用实地盘点法和技术推算法。

①实地盘点法，是指在财产物资堆放现场对其逐一点数或用计量器具确定实存数量的一种常用方法。这种方法确定实存数量比较准确。凡是能够通过点数和量度的实物，如固定资产、原材料、库存商品等财产物资，都可以采用此种方法。

②技术推算法，是指根据有些财产物资大堆存放，不便于逐一过磅、点数的特点，通过技术推算确定其实存数量的一种方法。如对露天存放的沙石、原煤，其堆放量较大、存放规则，可通过测量体积，以单位体积换算为重量，确定其实存数量。对数量大、存放不规则、物重价廉的财产物资，一般利用经验估算其实存数量。

2. 财产物资实存金额的清查方法

在确定了财产物资的实存数量后，就要进一步确定其金额。财产物资中有一部分属于直接用货币计量的资产，如库存现金、银行存款、应收账款、应付账款等，但是，还有一部分资产是以实物形式存在的，还要确定和选择一定的计价方法，反映这部分资产的金额。财产物资实存金额的清查方法一般采用账面价值法、评估确认法、核对账目法。

①账面价值法，是指根据财产物资的实存数量乘以单位账面价值来确定实存金额的方法。一般情况下，存货的实存金额可以采用账面价值法确定，其中，存货单位账面价值的确定，可以采用先进先出法、全月一次加权平均法、移动加权平均法、个别计价法等。

②评估确认法，是指根据资产的特点，由专门的评估机构对有关的财产物资进行评估，确定其实存金额的方法。这种方法适用于企业改组、改变隶属关系、联营、单位撤销、清产核资等。

③核对账目法，是指通过与有关方面相互对账，进行核实，确定实存金额的方法。通常采用一方向另一方抄送对账单或双方互送对账单的方法进行。这种方法适用于对银行存款及各种债权、债务的清查。

8.2　财产清查的内容和方法

8.2.1　货币资金的清查

1. 库存现金的清查

库存现金的清查，是通过实地盘点，确定库存现金的实存数量，再与库存现金日记账的账面余额核对，来查明账实是否相符及盈亏情况。在进行库存现金清查时，为了明确经济责任，出纳员必须在场，在清查过程中不能用白条抵库，也就是不能用不具有法律效力的借条、收据等抵充库存现金。库存现金盘点后，应根据库存现金盘点的结果及与库存现金日记账核对的情况，填制“库存现金盘点报告表”。“库存现金盘点报告表”应由盘点人和出纳员共同签字或盖章方能生效。“库存现金盘点报告表”的一般格式见表 8-1。

表 8-1　　库存现金盘点报告表

单位名称：　　　　年　月　日

实存金额	账存金额	实存与账存对比		备　注
		长　款	短　款	

盘点人签字：　　　　出纳员签字：

2. 银行存款的清查

银行存款的清查方法与实物、库存现金的清查方法不同。对于银行存款的清查，一般采用与开户银行核对账目的方法，即将单位的银行存款日记账与从银行取得的对账单逐笔核对，从而查明账实是否相符。在实际工作中，尽管银行对账单与本单位银行存款日记账所记录的内容相同，但是，银行对账单上的余额与本单位银行存款日记账上的存款余额仍会出现不一致，这除了本单位与银行之间的一方或双方记账有错误外，另一个原因就是存在未达账项。所谓未达账项，是指在开户银行和本单位之间，对于同一款项的收付业务，由于取得凭证的时间不同，导致记账的时间不同，发生一方已经入账而另一方尚未入账的会计事项。单位与银行之间的未达账项，主要有以下四种情况：

①企业已经收到款项或取得收款凭据，并作企业存款增加入账，而银行尚未取得入账的依据而未入账。如企业因销售产品收到转账支票，送存银行后即可根据银行盖章、退回的“进账单”回联登记银行存款的增加，而银行则不能马上登记企业存款增加，需要等款项收妥后再登记企业存款增加。

②企业已经开出支票或其他支款凭据，并作企业存款减少入账，而银行尚未取得入账的依据而未入账。如企业开出一张转账支票购买办公用品，企业可根据支票存根、发货票及入库单等凭证，登记企业银行存款的减少，而此时银行由于尚未接到支付款项的凭证尚未登记企业存款的减少。

③银行已经收到代企业收取的款项或企业存款利息，已作企业存款增加入账，而企业尚未取得入账依据而未入账。如企业委托银行收款，银行收到汇款单后，马上登记存款增加，企业由于尚未收到汇款凭证尚未登记银行存款增加。

④银行已经支付代企业付出的款项或扣取企业贷款利息，已作企业存款减少入账，而企业尚未取得入账的依据而未入账。如企业委托银行支付的电费，银行已取得支付款项的凭证并已登记存款减少，企业由于尚未接到凭证尚未登记银行存款减少。

上述任何情况的未达账项发生，都会造成银行对账单余额与企业银行存款日记账余额的不一致。因此，在核对双方账目时，必须注意有无未达账项。如果存在未达账项，可以编制“银行存款余额调节表”。“银行存款余额调节表”的编制应在企业银行存款日记账余额和银行对账单余额的基础上，各自加上对方已收、本身未收款项，减去对方已付、本身未付款项，以计算双方调节后的余额。其计算公式如下：

$$\begin{matrix}\text{企业银行存款}\\\text{日记账余额}\end{matrix}+\begin{matrix}\text{银行已收}\\\text{企业未收款项}\end{matrix}-\begin{matrix}\text{银行已付}\\\text{企业未付款项}\end{matrix}=\begin{matrix}\text{银行}\\\text{对账单余额}\end{matrix}+\begin{matrix}\text{企业已收}\\\text{银行未收款项}\end{matrix}-\begin{matrix}\text{企业已付}\\\text{银行未付款项}\end{matrix}$$

一般来说，经过调节后的双方余额应当相符，说明双方记账没有错误，并且调节后的双方余额是企业当时实际可以动用的存款数额，否则，说明企业与银行一方或双方记账有错误，应进一步查明原因，予以更正。现举例说明编制“银行存款余额调节表”的具体方法。

【例 8-1】企业 2017 年 5 月 31 日银行存款日记账的余额为 34 500 元，银行转来的对账单余额为 38 750 元，经核对双方记账均无差错，但有下列未达账项：

①企业收到销货款转账支票一张，金额 5 000 元，银行尚未入账。

②企业购买材料开出转账支票一张，金额 3 100 元，银行尚未入账。

③银行代企业支付电话费 426 元，企业尚未入账。

④银行代企业收到委托收款 6 576 元，企业尚未入账。

“银行存款余额调节表”的编制方法见表 8-2。

表 8-2 银行存款余额调节表

2017年5月31日 单位：元

项 目	金 额	项 目	金 额
银行存款日记账余额	34 500	银行对账单余额	38 750
加：银行代收款	6 576	加：企业已收销货款	5 000
减：银行代付电话费	426	减：企业已付购料款	3 100
调节后余额	40 650	调节后余额	40 650

值得注意的是，“银行存款余额调节表”只起到对账的作用，不能作为调节银行存款日记账余额的依据，对于银行已经登记入账而企业尚未登记入账的未达账项，还应待收到有关凭证后再进行登记。

上述银行存款的清查方法也适用于其他货币资金的清查。

8.2.2 实物财产的清查

实物财产是指具有实物形态的各种财产，主要包括原材料、在产品、产成品、外购商品、低值易耗品、包装物和固定资产等。实物财产的清查工作应从数量和质量两个方面开展，即检查数量是否与账簿记录一致，质量是否符合相应的要求。

1. 确定实物财产账面结存数量的方法

财产清查的重要环节是盘点财产的实存数量，为使盘点工作顺利进行，应建立一定的盘存制度。财产物资的盘存制度有两种：实地盘存制和永续盘存制。

①实地盘存制，又称实地盘存法。采用这种方法，平时只根据会计凭证在账簿中登记财产物资增加的数量、金额，不登记发出财产物资的数量、金额，到期末，对各项财产物资进行盘点，以确定期末财产物资的数量、金额，根据实地盘点所确定的实存数量，倒挤出本月各项财产物资的减少数量，即：

本期减少存货数量=期初存货账面结存数量+本期增加存货数量-期末存货盘点数量

期末存货价值=期末存货盘点数量×存货单价

发出存货价值=本期减少存货数量×存货单价

【例 8-2】某企业6月份A材料的期初结存、本期购进和本期发出的有关资料如下：

6月1日，结存400千克，单价200元，金额80 000元；6月5日，发出300千克；6月10日，购进500千克，单价200元，金额100 000元；6月20日，购进100千克，单价200元，金额20 000元；6月28日，发出400千克。

经过期末盘点，该种材料的结存数量是220千克。采用实地盘存制，在材料明细账上的记录见表8-3。

表 8-3 **材料明细账**

品名：A 材料 计量单位：千克、元

年		凭证		摘要	收入			发出			结存		
月	日	字	号		数量	单价	金额	数量	单价	金额	数量	单价	金额
6	1	略	略	期初余额							400	200	80 000
	10			购进	500	200	100 000						
	20			购进	100	200	20 000						
	30			盘点							220	200	44 000
	30			发出				780	200	156 000			
	30			本期发生额及余额	600	200	120 000	780	200	156 000	220	200	44 000

通过例 8-2 可以看出，采用实地盘存制，由于平时只登记存货的增加数量、金额，不登记发出存货的数量、金额，可以大大简化存货的核算工作量，使核算工作变得简单。但这种盘存制度也存在缺点，即不能从账面上随时反映存货的增加、减少和结存情况，只能通过定期实地盘点来计算、结转发出存货的成本，提供会计信息不及时；各项财产物资的减少没有严密的手续，不便于实行会计监督；同时，由于倒挤发出存货的成本，使发出存货成本中可能包含毁损和丢失等非正常耗用的成本，不利于保护财产物资的安全完整。

②永续盘存制，又称永续盘存法、账面盘存制。采用这种方法，平时对各项财产物资的增加数量和减少数量，都要根据会计凭证连续记入有关账簿，并且随时结出账面余额，即：

期末存货账面结存数量=期初账面结存数量+本期增加存货数量-本期减少存货数量

发出存货价值=本期减少存货数量×存货单价

期末存货价值=期末存货账面结存数量×存货单价

【例 8-3】承例 8-2，采用永续盘存制，在材料明细账上的记录见表 8-4。

表 8-4 **材料明细账**

品名：A 材料 计量单位：千克、元

年		凭证		摘要	收入			发出			结存		
月	日	字	号		数量	单价	金额	数量	单价	金额	数量	单价	金额
6	1	略	略	期初余额							400	200	80 000
	5			发出				300	200	60 000	100	200	20 000
	10			购进	500	200	100 000				600	200	120 000
	20			购进	100	200	20 000				700	200	140 000
	28			发出				400	200	80 000	300	200	60 000
	30			本期发生额及余额	600	200	120 000	700	200	140 000	300	200	60 000

通过例 8-3 可以看出，采用永续盘存制，要求财产物资的收入、发出都有严格的手续，有利于会计监督；对财产物资的收入、发出进行连续登记，随时结出账面结存数量和金额，有利于从数量和金额两方面进行管理控制。账簿上的结存数量，可以通过盘点加以核对，如果账簿上的结存数量与实际结存数量不符，还可以通过财产清查的方法及时查明原因。这种盘存制度的缺点是存货的明细分类核算工作量较大，耗用的人力、物力也较多。

尽管永续盘存制会计工作量较大，但永续盘存制能够加强对存货的管理，使得会计信息真实；能够随时通过账面记录提供有用的资料，及时提供会计信息。因而在实际工作中，绝大部分存货都采用永续盘存制。只有一些价值低、品种多、收发频繁的存货或鲜活商品的盘存采用实地盘存制。

2. 发出存货的计价方法

企业取得的各项存货，主要是通过外购和自制两个途径，由于采购时间、采购地点和入库原因的不同往往形成不同批次入库的存货有不同的入库单价。而发出存货时，就涉及采用哪一个入库单价核算的问题。通常采用的发出存货的计价方法包括：先进先出法、加权平均法、移动加权平均法和个别计价法等。

（1）先进先出法

先进先出法是以先购入的存货先发出这样一种存货实物流转假设为前提，对发出存货进行计价的方法。采用这种方法，收入存货时，逐笔登记每一批存货的数量、单价和金额；发出存货时，先购入的存货成本在后购入的存货成本之前转出，据此确定发出存货和期末结存存货的成本。这种计价方法的特点是使存货的账面结存价值接近于近期市场价格，其优点是使企业不能随意挑选存货计价以调整当期利润，缺点是工作比较繁琐，特别是对于存货进出频繁的企业更是如此，而且当物价上涨时，会高估企业当期利润和库存存货价值；反之，会低估企业存货价值和当期利润。下面以 B 材料的收发为例，说明采用先进先出法计算发出存货和期末结存存货成本的方法，见表 8-5。

表 8-5　**材料明细账**

品名：B 材料　计量单位：千克、元

年		凭证		摘要	收入			发出			结存		
月	日	字	号		数量	单价	金额	数量	单价	金额	数量	单价	金额
6	1			期初余额							500	20	10 000
	5			购进	300	23	6 900				500 300	20 23	10 000 6 900
	10			发出				500 100	20 23	10 000 2 300	200	23	4 600
	15			购进	400	24	9 600				200 400	23 24	4 600 9 600
	20			发出				200 100	23 24	4 600 2 400	300	24	7 200
	30			发出				200	24	4 800	100	24	2 400
	30			合计	700		16 500	1 100		24 100	100	24	2 400

（2）加权平均法

加权平均法，亦称全月一次加权平均法，是以本月全部进货数量加月初存货数量，去除本月全部进货成本加上月初存货成本，计算出存货的加权平均单位成本，从而确定本期发出存货和期末结存存货成本的一种方法。采用这种方法，发出存货的单价是以本期收入数量和期初结存数量进行加权平均计算的。其计算公式如下：

$$存货单位成本=（月初库存存货实际成本+本月入库存货实际成本）÷（月初库存存货数量+本月入库存货数量）$$

本月发出存货成本=本月发出存货数量×存货单位成本

月末库存存货成本=月末库存存货数量×存货单位成本

采用加权平均法，只有在月末才能计算出存货的平均单价，并对发出存货进行计价、计算存货结存的金额，比较简单，而且在市场价格上涨或下跌时所计算出来的单位成本平均化，对存货成本的分摊较为折中。但采用这种方法平时从存货明细账中看不出存货的结存价值，不利于存货的日常管理。仍以上述资料为例，说明采用加权平均法，本月发出存货和月末账面结存存货实际成本的计算方法，见表 8-6。

表 8-6 **材料明细账**

品名：B 材料　　计量单位：千克、元

年		凭证		摘要	收入			发出			结存		
月	日	字	号		数量	单价	金额	数量	单价	金额	数量	单价	金额
6	1			期初余额							500	20	10 000
	5			购进	300	23	6 900				800		
	10			发出				600			200		
	15			购进	400	24	9 600				600		
	20			发出				300			300		
	30			发出				200			100		
	30			合计	700		16 500	1 100	22.08	24 292*	100	22.08	2 208

*发出存货成本按照单价 22.08 元/千克计算的结果应为 24 288 元。由于尾数的原因，将 4 元的差额放入发出存货的成本，因此，发出存货的成本为 24 292 元。

存货单位成本=（10 000+16 500）÷（500+700）=22.08（元/千克）

月末库存存货成本=100 × 22.08=2 208（元）

本月发出存货成本=10 000+16 500−2 208=24 292（元）

（3）移动加权平均法

移动加权平均法是指本次进货成本加原有库存存货的成本，除以本次进货数量加原有存货数量，计算出新的加权平均单位成本，并对发出存货进行计价的一种方法。移动加权平均法与加权平均法的计算原理基本相同，只是要求在每次收入存货时重新计算加权平均单位成本。其计算公式如下：

$$\text{存货单位成本}=\left(\text{原有库存存货实际成本}+\text{本次购入存货实际成本}\right)\div\left(\text{原有库存存货数量}+\text{本次购入存货数量}\right)$$

本次发货成本=本次发货数量×本次发货前存货的单位成本

本月月末库存存货成本=月末库存存货的数量×本月月末存货单位成本

采用移动加权平均法，每购进一批存货，就要重新计算一次存货的单位成本，每发出一次存货，都要按上次结存存货的平均单位成本作为本次发出存货的单位成本，存货的计价工作量较大。但采用这种计价方法，存货计价工作可以分散在月内进行，能使管理层及时了解存货的结余情况，而且计算的平均单位成本以及发出和结存的存货成本比较客观。仍以上述资料为例，说明采用移动加权平均法，本月发出存货和月末账面结存存货实际成本的计算方法，见表 8-7。

表 8-7 **材料明细账**

品名：B 材料 计量单位：千克、元

年		凭证		摘要	收入			发出			结存		
月	日	字	号		数量	单价	金额	数量	单价	金额	数量	单价	金额
6	1			期初余额							500	20	10 000
	5			购进	300	23	6 900				800	21.13	16 900
	10			发出				600	21.13	12 675*	200	21.13	4 225
	15			购进	400	24	9 600				600	23.04	13 825
	20			发出				300	23.04	6 913	300	23.04	6 912
	30			发出				200	23.04	4 608	100	23.04	2 304
	30			合计	700		16 500	1 100		24 196	100	23.04	2 304

*发出存货成本按照单价 21.13 元/千克计算的结果应为 12 678 元。由于尾数的原因，将 3 元的差额冲减发出存货的成本，因此，发出存货的成本为 12 675 元。后续发出存货成本存在同样的尾差调整。

6 月 5 日库存材料单位成本=（10 000+6 900）÷（500+300）=21.13（元/千克）

6 月 15 日库存材料单位成本=（4 225+9 600）÷（200+400）=23.04（元/千克）

（4）个别计价法

个别计价法，又称个别认定法，采用这一方法是假设存货的成本流转与实物流转相一致，按照各种存货，逐一辨认各批发出存货和月末存货所属的购进批别或生产批别，分别按其购入或生产时所确定的单位成本作为计算各批发出存货和月末结存存货成本的方法。

采用个别计价法，计算发出存货的成本和期末结存存货的成本比较准确、合理，并随时掌握实际库存情况。但采用这种方法，要求确认发出存货和期末结存存货所属购进的批别，所以实务操作的工作量繁重，困难较大。

3. 清查实物资产的方法

由于各种实物资产的形态、体积重量、堆放方式不同，所以，对其进行清查应采用不同的清查方法，一般采用的清查方法有实地盘点法和技术推算法两种。

对于实物资产进行清查时，要由清查人员协同有关实物资产的保管人员在现场，对实物资产进行盘点，确定其实有数量，并同时检查其质量情况。对各项实物资产的盘点结果，要如实地登记在“盘存单”上，并由参加盘点的人员、检查负责人和实物保管人员同时签章，以明确经济责任。“盘存单”是记录各项实物资产盘点的实存数量的书面证明，也是财产清查工作的原始凭证之一。“盘存单”的一般格式见表 8-8。

表 8-8 **盘存单**

单位名称： 盘点时间： 编号：

财产类别： 存放地点：

序号	名称	规格型号	计量单位	实存数量	单价	金额	备注

盘点人签章： 实物保管人签章： 检查负责人签章：

将“盘存单”中所记录的实存数额与账面结存余额核对，若发现某些财产物资账实不符时，应填制“账存实存对比表”，以确定财产物资盘盈或盘亏的数额。“账存实存对比表”是财产清查的重要报表，是调整账面记录的原始凭证，也是分析盈亏原因，明确经济责任的重要依据，应严肃、认真地填报。“账存实存对比表”的一般格式见表 8-9。

表 8-9 **账存实存对比表**

单位名称： 年 月 日

序号	名称	规格型号	计量单位	单价	实存		账存		对比结果				备注
									盘盈		盘亏		
					数量	金额	数量	金额	数量	金额	数量	金额	
	合计												

盘点人签章： 会计签章： 检查负责人签章：

8.2.3 应收、应付款项的清查

对于各种应收、应付款项的清查，应采取核对账目法，即通过电函、信函或面询等方式，同对方核对各种应收、应付款项，确认往来款项的时间、数量。

往来款项的清查一般按下列步骤进行：

①清查前，会计人员应将各种应收、应付款项全部登记入账，并结出余额。

②清查单位应在其各种往来款项记录准确的基础上，编制“往来款项对账单”，寄发或派人送交对方单位进行核对。“往来款项对账单”的一般格式和内容如图 8-1 所示：

往来款项对账单

××单位：

你单位 2017 年 5 月 25 日购入我单位甲产品 100 件，货款及税款共计 23 400 元，已付货款 10 000 元，尚有 13 400 元款项未付，请核对后将回联寄回。

××清查单位：（盖章）

2017 年 12 月 20 日

请沿此虚线裁开，将以下回联寄回！

往来款项对账单（回联）

××清查单位：

你单位寄来的“往来款项对账单”已经收到，经核对相符无误。

××单位：（盖章）

2017 年 12 月 24 日

图 8-1 往来款项对账单格式和内容

③核对后，依据核对情况填制“往来款项核对登记表”。“往来款项核对登记表”的一般格式见表 8-10。

表 8-10 **往来款项核对登记表**

单位名称： 年 月 日 单位：元

总分类账户	明细分类账户	账面余额	对方余额	对比结果		差异原因	备 注
				相 符	不相符		
合 计							

盘点人签章： 会计签章： 负责人签章：

8.3 财产清查结果的会计处理

8.3.1 设置和应用的账户

为了核算企业在财产清查中查明的各种财产物资盘盈、盘亏或毁损数额和清查结果的处理情况，企业应设置“待处理财产损溢”账户。这个账户属于双重性质账户。其借方登记各项财产物资发生的待处理盘亏、毁损数以及经批准处理的盘盈财产物资的转销数；贷方登记各项财产物资发生的待处理盘盈数以及经批准处理财产物资盘亏、毁损的转销数。按规定，企业的各项盘盈、盘亏或毁损数额必须于期末结账前处理完毕。所以，该账户期末一般无余额。该账户下设“待处理流动资产损溢”和“待处理非流动资产损溢”两个明细账户。“待处理财产损溢”账户的结构如下：

借方　　待处理财产损溢	贷方
发生额：发生的财产物资盘亏、毁损数额 经批准各项财产物资盘盈的转销数	发生额：发生的财产物资盘盈数额 经批准各项财产物资盘亏、毁损的转销数

8.3.2 财产清查结果的会计处理

1. 存货盈亏的账务处理

在财产清查中，对于存货的盘盈数，借记有关存货账户，贷记“待处理财产损溢”账户，报经批准后冲减管理费用。对于存货的盘亏或损毁数，借记“待处理财产损溢”账户，贷记有关存货账户，经批准以后，再根据不同情况作不同的处理：定额内的盘亏，应增加管理费用；责任事故造成的损失，应由过失人负责赔偿；非常事故，如自然灾害，在扣除保险公司赔偿和残料价值后，经批准列作营业外支出等。

【例 8-4】根据“账存实存对比表”所列盘盈原材料 6 000 元，编制记账凭证，调整原材料账存数，编制的会计分录如下：

借：原材料　　6 000

　贷：待处理财产损溢——待处理流动资产损溢　　6 000

经核查，盘盈原材料是由于收发计量仪器不准所致。经有关部门核准后，据此编制记账凭证，结转“待处理财产损溢”账户，编制的会计分录如下：

借：待处理财产损溢——待处理流动资产损溢　　6 000

　贷：管理费用　　6 000

【例 8-5】根据“账存实存对比表”所列盘亏原材料 54 000 元，编制记账凭证，调整原材料账存数，编制的会计分录如下：

借：待处理财产损溢——待处理流动资产损溢　　54 000

　贷：原材料　　54 000

经查明，该项原材料盘亏的原因：定额内损耗为5 000元；保管员过失造成的损失为1 000元；非常事故造成的损失为48 000元，其中保险公司同意赔偿40 000元，残料作价入库500元。经有关部门核准后，据此编制记账凭证，结转“待处理财产损溢”账户，编制的会计分录如下：

借：管理费用　5 000
　　其他应收款——某保管员　1 000
　　　　　　　——某保险公司　40 000
　　原材料　500
　　营业外支出　7 500
　贷：待处理财产损溢——待处理流动资产损溢　54 000

2. 固定资产盈亏的账务处理

在财产清查过程中，对于盘盈的固定资产，应作增加固定资产和待处理财产损溢处理。固定资产盘盈大多是自制设备交付使用后未能及时入账所至，经批准后将其盘盈的重置价值作为以前年度损益处理。对于固定资产的盘亏或毁损，应按固定资产账面原值减去已提累计折旧及减值准备后的差额转入“待处理财产损溢”账户，报经批准后，盘亏或损毁的固定资产，在减去过失人或者保险公司等赔款和残料价值后，计入营业外支出或资产处置损益。

【例8-6】某企业在清查固定资产时，发现账外设备一台，经确认盘盈固定资产的重置价值为80 000元。编制会计分录如下：

借：固定资产　80 000
　贷：待处理财产损溢——待处理非流动资产损溢　80 000

上述盘盈固定资产，按规定程序报经批准后，将盘盈确认的重置价值予以处理。编制会计分录如下：

借：待处理财产损溢——待处理非流动资产损溢　80 000
　贷：以前年度损益调整　80 000

【例8-7】某企业在年终财产清查时发现盘亏设备一台，账面原值为100 000元，已提折旧40 000元。编制会计分录如下：

借：待处理财产损溢——待处理非流动资产损溢　60 000
　　累计折旧　40 000
　贷：固定资产　100 000

上述盘亏固定资产，按照规定程序报经批准后，将盘亏设备的净值计入“营业外支出”。编制会计分录如下：

借：营业外支出　60 000
　贷：待处理财产损溢——待处理非流动资产损溢　60 000

拓展阅读 8

基本训练

一、单项选择题

1. 对库存现金的清查所采用的方法为（　　）。

A.实地盘点法　　B.核对账目法　　C.技术推算法　　D.加权平均法

2. 通常在年终决算之前，要（　　）。

A.对企业贵重的财产物资进行清查

B.对企业所有财产进行全面清查

C.对企业一部分财产进行局部清查

D.对企业流动性较大的财产进行全面清查

3. 银行存款的清查是将（　　）进行核对。

A.银行存款日记账与总账

B.银行存款日记账与银行存款收、付款凭证

C.银行存款日记账与银行对账单

D.银行存款总账与银行存款收、付款凭证

4. 华为公司 2017 年 6 月 30 日银行存款日记账的余额为 100 万元，经逐笔核对，未达账项如下：银行已收，企业未收的 2 万元；银行已付，企业未付的 1.5 万元。调节后的企业银行存款余额应为（　　）万元。

A.100　　B.100.5　　C.102　　D.103.5

5. 下列说法正确的是（　　）。

A.库存现金应该每日清点一次　　B.银行存款每月至少同银行核对两次

C.贵重物资每天应盘点一次　　D.债权债务每年至少核对二、三次

6. 对银行存款进行清查时，应将（　　）与银行对账单逐笔核对。

A.银行存款总账　　B.银行存款日记账

C.银行支票备查簿　　D.库存现金日记账

7. 某企业在遭受洪灾后，对其受损的财产物资进行的清查，属于（　　）。

A.局部清查和定期清查　　B.全面清查和定期清查

C.局部清查和不定期清查　　D.全面清查和不定期清查

8. 对盘亏的固定资产净损失经批准后可计入（　　）账户的借方。

A.“制造费用”　　B.“生产成本”

C.“营业外支出”　　D.“管理费用”

9. 财产物资实存数量的清查方法有（　　）。

A. 账面价值法　　B. 评估确认法　　C. 核对账目法　　D. 实地盘点法

10. 某企业在财产清查过程中发现盘亏一台设备，其账面原值为 80 000 元，已提折旧 20 000 元，则该企业记入“待处理财产损溢”账户的金额为（　　）元。

A. 80 000　　B. 20 000　　C. 60 000　　D. 100 000

二、多项选择题

1. 财产清查按照清查时间不同可以分为（　　）。

A. 全面清查　　B. 局部清查　　C. 定期清查　　D. 不定期清查

2. 关于库存现金的清查，下列说法正确的是（　　）。

A. 库存现金应该每日清点一次

B. 库存现金应该采用实地盘点法

C. 在清查过程中可以用借条、收据充抵库存现金

D. 要根据盘点结果编制“库存现金盘点报告表”

3. 出纳人员每天工作结束前都要将库存现金日记账结清并与库存现金实存数核对，这属于（　　）。

A. 定期清查　　B. 不定期清查　　C. 全面清查　　D. 局部清查

4. 使企业银行存款日记账的余额小于银行对账单余额的未达账项有（　　）。

A. 企业已收款记账而银行尚未收款记账

B. 企业已付款记账而银行尚未付款记账

C. 银行已收款记账而企业尚未收款记账

D. 银行已付款记账而企业尚未付款记账

5. 财产物资实存金额的清查方法包括（　　）。

A. 账面价值法　　B. 评估确认法　　C. 核对账目法　　D. 实地盘点法

三、判断题

1. 定期清查和不定期清查既可以是全面清查，也可以是局部清查。（　　）

2. 在进行库存现金和存货清查时，出纳人员和实物保管人员不得在场。（　　）

3. “银行存款余额调节表”编制完成后，可以作为调节企业银行存款余额的原始凭证。（　　）

4. 先进先出法的特点是使存货的账面结存价值接近于近期市场价格。（　　）

5. 经批准转销固定资产盘亏净损失时，账务处理应借记“营业外支出”账户，贷记“固定资产清理”账户。（　　）

6. 企业的银行存款日记账与银行对账单所记的内容是相同的，都是反映企业的银行存款的增减变动情况的。（　　）

7. 全面清查是对企业全部财产进行的全面的盘点和核对，包括各种在途物资，委托外单位加工、保管的材料等。（　　）

8. 企业在盘点实物时，发现账面数大于实存数，即为盘盈。（　　）

9. 实物盘点后，应根据“账存实存对比表”作为调整账面余额记录的原始依据。 ( )

10. 对财产清查结果进行账务处理时，都必须通过待处理财产损溢账户。 ( )

四、简答题

1. 什么是财产清查？财产清查的意义有哪些？

2. 什么是“永续盘存制”？什么是“实地盘存制”？这两种盘存制度有何不同？

3. 存货的计价方法有哪几种？各种存货的计价方法之间有何不同？

4. 何为未达账项？未达账项有哪几种？为什么会产生未达账项？

5. 财产清查的核算需设置什么账户？其结构如何？

五、计算题

1. 【目的】财产清查的账务处理。

【要求】做出下列事项批准前后的账务处理。

【资料】大华公司 2017 年 12 月 31 日报表决算前进行财产清查时发现如下问题：

（1）现金短缺 100 元，经查明是由于出纳收发错误造成的，经批准由出纳赔偿。

（2）原材料甲盘盈 100 千克，单价为 10 元/千克，无法查明原因。

（3）原材料乙盘亏 100 千克，总价款 1 000 元，经查明属于计量差错造成。

（4）盘亏设备一台，固定资产原值为 10 000 元，已经计提折旧 5 000 元，未计提减值准备，经查明属于失窃，可以获得保险公司赔偿 1 000 元。

2. 【目的】银行存款余额调节表的编制。

【要求】编制银行存款余额调节表（见表 8-12）。

表 8-12 **银行存款余调节表**

2017 年 6 月 30 日 单位：元

项　目	金　额	项　目	金　额
银行存款日记账余额		银行对账单余额	
加：银行已收，企业未收款		加：企业已收、银行未收款	
减：银行已付、企业未付款		减：企业已付、银行未付款	
调节后余额		调节后余额	

【资料】某企业 2017 年 6 月 30 日银行存款日记账余额 238 000 元，银行对账单余额 243 000 元。经逐笔核对，发现以下几笔未达账项：

（1）企业偿还 A 公司货款 25 000 元已登记入账，但银行尚未登记入账；

（2）企业收到销售商品款 35 100 元已登记入账，但银行尚未登记入账；

（3）银行已划转电费 4 900 元登记入账，但企业尚未收到付款通知单、未登记入账；

（4）银行已收到外地汇入货款 20 000 元登记入账，但企业尚未收到收款通知单、未登记入账；

第9章　财务报告

学习目标

- ◆ 掌握财务报告的意义、组成和编制要求。
- ◆ 重点掌握资产负债表和利润表的结构原理和基本的编制方法。
- ◆ 掌握对财务报告进行简单的分析方法。

9.1　财务报告概述

9.1.1　编制财务报告的意义

财务报告是企业在日常会计核算的基础上，对外提供的反映企业某一特定日期财务状况和某一会计期间经营成果、现金流量的书面文件，是财务会计部门提供财务会计信息资料的一种重要手段，因此，编制财务报告成为财务会计工作必不可少的一项重要内容。

会计通过日常的核算工作，虽然可以提供反映会计主体经营活动和财务收支情况的会计资料，但是，这些会计资料分散在很多会计凭证和会计账簿上，没有经过集中加工整理和概括，不便于理解和利用，既不能满足国家宏观经济管理的要求，也不能满足投资者、债权人和内部经营管理者等会计信息使用者的需要。所以，必须在日常会计核算的基础上，根据会计信息使用者的需要，对日常会计核算资料定期进行加工处理和分类，编制出财务报告，以便可以总括、综合和清晰地反映会计主体的财务状况、经营成果和现金流量。

财务报告所提供的会计信息资料，对于外部会计信息使用者（包括投资者、债权人、银行和供应商等），可以了解企业的财务状况、经营成果，并进一步了解投资风险和投资报酬，分析贷款和借款能否按期收回，在此基础上投资者作出是否投资决策、银行作出是否贷款决策、供应商作出是否提供销售决策等；对于国家经济管理部门，财务报告所提供的会计信息是制定国家宏观经济决策的重要信息来源。

财务报告所提供的会计信息资料，对于企业内部经营管理者，是他们了解企业财务状况和经营成果的重要经济资料来源。企业的决策人，需要不断地考核和分析企业的财务状况，总结经验，查明问题存在的原因，制定出更加完善的经营管理措施，以便提高经营管理水平，不断提高企业的经济实力。

9.1.2 财务报告的组成

财务报告是反映企业财务状况、经营成果和现金流量的结构性表述。一套完整的财务报告至少应当包括资产负债表、利润表、现金流量表、所有者权益（或股东权益，下同）变动表以及附注。

资产负债表、利润表和现金流量表分别从不同的角度反映企业财务状况、经营成果和现金流量。资产负债表反映企业在某一特定日期所拥有的资产、需偿还的债务以及所有者（或股东）拥有的净资产情况；利润表反映企业在一定期间的经营成果，即盈利或亏损情况，表明企业运用所拥有资产的获利能力；现金流量表反映企业在一定期间内现金和现金等价物流入和流出情况。

所有者权益变动表反映构成所有者权益的各组成部分当期的增减变动情况。企业的净利润及其分配情况是所有者权益变动的组成部分，相关信息已经在所有者权益变动表及其附注中反映，企业不需要再单独编制利润分配表。

附注是财务报告不可或缺的组成部分，是对资产负债表、利润表、现金流量表和所有者权益变动表等报告中列示项目的文字描述或明细资料，以及对未能在这些报表中列示项目的说明等。

9.1.3 财务报告的分类

1. 按编报期间的不同，财务报告可以分为中期财务报告和年度财务报告

中期财务报告是指以短于一个完整会计年度的报告期间为基础编制的财务报告，包括月报、季报和半年报等。中期财务报告至少应当包括资产负债表、利润表、现金流量表和附注，其中，中期资产负债表、利润表和现金流量表应当是完整报表，其格式和内容应当与年度财务报告相一致。与年度财务报告相比，中期财务报告中附注披露可适当简略。

年度财务报告是指以一个完整会计年度的报告期间为基础编制的财务报告，包括资产负债表、利润表、现金流量表和所有者权益变动表，以及报表附注。

2. 按编报主体的不同，财务报告可以分为个别财务报告和合并财务报告

个别财务报告是由企业在自身会计核算的基础上对账簿记录进行加工而编制的财务报告，它主要反映企业自身的财务状况、经营成果和现金流量情况。合并财务报告是以母公司和子公司组成的企业集团为会计主体，根据母公司和所属子公司的财务报告，由母公司编制的综合反映企业集团财务状况、经营成果和现金流量的财务报告。

9.1.4 财务报告的编制要求

为了充分发挥财务报告的作用，国家统一规定了财务报告的内容、格式和编制方法，企业应严格地按照统一规定填制和上报，才能保证财务报告口径一致，便于有关部门和人员利用财务报告进行分析、决策。

为了确保财务报告的质量，企业在编制财务报告时，还必须符合以下要求。

1. 数字真实

根据客观性原则，会计核算应当以实际发生的经济业务为依据，如实反映企业的财务状况和经营成果。财务报告所提供的会计信息数字应具有可靠性，不应该是人为捏造的。财务报告中各项目的数字主要来源于会计账簿，编制财务报告主要根据会计账簿上的记录。只有会计账簿记录的内容真实完整，才能保证财务报告数字的真实可靠。因此，在编制财务报告前需要做好以下工作：

①账证核对，是指在编制财务报告之前，应该将各账簿的记录与会计凭证核对，检查它们的内容、金额和记账方向是否一致。

②按期结账。企业在编制财务报告之前，应该在财务会计报告条例规定的结账日内结账，结出会计账簿的发生额和余额，同时对有关会计账簿之间的余额进行核对，使账账核对相符。企业的财会人员应在结账前将本期内发生的所有经济业务全部登记入账，经过期末有关账项调整，并登记转账业务，在此基础上才能结清各个账户的本期发生额和期末余额，不能提前结账。

③会计制度遵守情况的检查。企业在期末编制财务报告前，应检查企业的会计核算是否执行了国家统一规定的会计制度；对于没有规定统一核算方法的有关会计事项，检查其对会计核算一般原则的遵守情况以及相关业务的账务处理是否合理。

④检查需要调整的本期和前期会计事项。企业在编制财务报告前，还应该检查会计核算是否存在差错，是否有会计政策变更情况，如果有，是否因此调整了前期或本期有关的会计事项。

⑤账表核对。企业在编制完财务报告后，还必须认真核对账簿记录与会计报表数字是否相符，同时检查不同报表中同一指标是否相符，做到账表核对相符，以保证财务报告数字的真实、可靠。

2. 内容完整

企业必须按照会计制度规定的财务报告的种类、格式和内容来编制财务报告，不得漏填漏报。对不同会计期间应当编制的财务报告，都应该编报齐全，每份财务报告应填列的指标，无论是表内项目，还是附注资料都要填列齐全。对于报表中需要特别说明的项目，为了使报表使用者容易理解和利用，应该在报表附注中简要说明。如果企业的对外投资达到被投资企业资本的一定比例，或者实质上拥有被投资企业的控制权时，企业还应该编制合并财务报告。对于汇总财务报告，应按照项目汇总，不得遗漏，以提供完整的财务报告资料。

3. 计算准确

各种财务报告的编制依据主要是会计账簿，但是，报表上的数字并不是将账簿记录的数字完全照抄过来。填列财务报告中有些项目的金额，需要对会计账簿中记录的会计科目期末余额和本期发生额进行分析、计算和整理，所以，编制财务报告时必须采用正确的计算方法，以保证计算结果准确，才能确保财务报告数字准确。当然，对于一些不确定性因素，例如，应收账款的收回比例、资产的跌价情况等，可利用谨慎性原则，在不确定性因素存在的情况下作出合理的预计，既不高估资产和收益，也不压低费用和损失。

计算准确程度如何确定，一方面要考虑财务报告提供的资料是否能最大限度地满足使用者的需要；另一方面还要考虑成本和效益原则，只有提供会计信息资料产生的效益大于其花费的成本时，才能保证计算准确、有用又合理。

4. 编报及时

财务报告提供的资料要讲求时效性，过时的会计信息就会失去其应有的效用。所以，编制财务报告必须按照规定的时间、程序，及时编制和报送。使财务报告使用者可以及时了解编报单位的财务状况和经营成果；使有关部门及时进行汇总。因为财务报告的编制依据是会计账簿，所以，为了及时编制财务报告，要求财会部门要组织好日常的会计核算工作，认真做好记账、算账、对账、结账和财产清查等编制财务报告前的各项准备工作，以便按照规定的时间编制并及时报送财务报告。通常情况下，年度财务报告应当于年度终了后 4 个月内对外报送；半年度财务报告应当于年度中期结束后 60 天内对外报送；季度财务报告应当于季度终了后 15 天内对外报送；月份财务报告应当于月份终了后 6 天内对外报送。

5. 指标可比

每一会计期间内，企业都要编制多种财务报表，各报表中提供的有关经济指标，内容应该尽可能相同，计算方法一致。使企业不同时期的财务报告，同类型的不同企业同一时期的有关财务报告具有可比性。这样，才便于报表使用者比较同一企业不同时期的和同类型的不同企业同一时期的财务状况及经营成果，并作出正确决策。因此，要求任何企业，在任何时期，必须按照一致的方法对同类经济业务进行计量和在报表中填列，使企业在不同时期的报表指标和同类型企业之间的报表指标，尽可能一致，相互可比。如果由于会计政策变更而影响到报表项目，必须向使用者说明所采用的会计政策、政策的变更和变更的影响。以便使报表使用者能够判别同一企业在不同时期和不同企业在同一时期的财务状况及经营成果。

9.2 资产负债表

9.2.1 资产负债表的作用

资产负债表是反映企业在某一特定日期（月末、季末、年末）财务状况的报表。它提供的是某一时点的情况，因此，资产负债表是静态报表。财务状况是指企业的全部资产、负债、所有者权益的总额及构成情况。资产负债表是以“资产=负债+所有者权益”这一会计基本等式为基础编制的，它表明企业在某一特定日期所拥有或控制的经济资源、所承担的现时义务和所有者对净资产的要求权。

资产负债表是企业主要的财务报表之一，它所提供的会计信息是国家宏观管理、企业内部经营管理决策、企业的投资者和债权人所必需的资料。每个单位都必须编制资产负债表。

通过资产负债表，可以了解企业某一日期的资产总额以及结构、负债总额和所有者权益状况；通过资产负债表可以计算企业的偿债能力指标、筹资能力指标，据以评价企业的偿债能力、筹资能力；通过资产负债表可以考察企业的资本保全和增值情况；通过资产负债表可以分析企业的资本结构和负债经营是否合理；通过不同时期资产负债表的比较、分析，可以预测企业未来的财务状况发展趋势及财务安全程度等。

9.2.2　资产负债表的结构和内容

1. 资产负债表的结构

资产负债表采取了资产总额和负债总额与所有者权益总额相平衡对照的结构。它的格式一般有两种：报告式和账户式。

（1）报告式资产负债表

报告式资产负债表又称垂直式资产负债表，是将资产、负债和所有者权益项目采用垂直分列的形式编制的报表，它有两种形式：一种是依照“资产=负债+所有者权益”的等式编制；另一种是依照“资产总额 - 负债总额=所有者权益总额”的等式编制。报告式资产负债表的格式见表 9-1。

表 9-1　**资产负债表**

编制单位：某企业　2017 年 12 月 31 日　单位：元

项　目	金　额
资产	
流动资产	354 000
非流动资产	1 410 000
资产合计	1 764 000
负债	
流动负债	618 000
非流动负债	120 000
负债合计	738 000
所有者权益（或股东权益）	
实收资本（或股本）	870 000
盈余公积	66 000
未分配利润	90 000
所有者权益（或股东权益）合计	1 026 000

（2）账户式资产负债表

账户式资产负债表分成左右两方，左方是资产类项目，右方是负债和所有者权益类项目。因此，账户式资产负债表左方金额与右方金额相等。账户式资产负债表的格式见表9-3。

报告式资产负债表和账户式资产负债表在国外都被广泛采用，而我国主要采用账户式资产负债表。因为这种格式的资产负债表使得资产与负债和所有者权益之间的衡等关系一目了然，会计人员比较习惯和熟悉。

2. 资产负债表的内容

资产负债表的内容分为资产、负债和所有者权益三类。

（1）资产类项目

资产类项目按其流动性的强弱，或按资产变现能力的强弱，按由强到弱的顺序，将流动资产、非流动资产分别列示。

流动资产项目包括货币资金、交易性金融资产、应收票据及应收账款、预付款项、其他应收款、存货、一年内到期的非流动资产等。

非流动资产项目包括其他债权投资、其他权益工具投资、债权投资、长期股权投资、长期应收款、固定资产、无形资产、商誉等。

（2）负债类项目

负债类项目按照偿还期限的长短，分为流动负债和非流动负债两类，并分项列示。

流动负债项目包括短期借款、应付票据及应付账款、预收款项、应付职工薪酬、应交税费、其他应付款、一年内到期的非流动负债等。

非流动负债项目主要包括长期借款、应付债券、长期应付款等。

（3）所有者权益类项目

所有者权益类项目按其来源划分，分为实收资本、其他权益工具、资本公积、其他综合收益、盈余公积、未分配利润等。

上述资产各项目的合计数等于负债和所有者权益各项目的合计数。同时，资产负债表还提供年初余额和期末余额的比较资料，便于报表使用者了解企业财务状况的变动情况和经营发展趋势。

9.2.3 资产负债表的编制

1. 资产负债表各项目的填写

资产负债表中的“年初余额”栏内各项目的金额，根据上年年末资产负债表的“期末余额”栏内各项目的金额填写。

资产负债表中的“期末余额”栏内各项目的金额，根据期末资产类、负债类、所有者权益类账户的期末余额填写。

【例9-1】某企业2017年12月31日全部总分类科目及有关明细科目余额见表9-2。

表 9-2　**总分类科目及有关明细科目余额表**　单位：元

总账科目	明细账科目	借方余额	贷方余额	总账科目	明细账科目	借方余额	贷方余额
库存现金		6 000		短期借款			150 000
银行存款		42 000		应付账款			60 000
交易性金融资产		21 000			丙工厂		75 000
应收账款		24 000			丁工厂	15 000	
	甲单位	30 000		预收账款			3 000
	乙单位		6 000		丙单位		12 000
预付账款		11 100			丁单位	9 000	
	甲工厂	12 000		其他应付款			30 000
	乙工厂		900		工会	6 000	
其他应收款		15 000			代扣款		36 000
	行政科	18 000		应付职工薪酬			104 100
	销售科		3 000	应交税费			150 000
原材料		81 000		应付股利			81 000
生产成本		24 000		长期借款			120 000
库存商品		90 000		实收资本			870 000
固定资产		1 500 000		盈余公积			66 000
累计折旧			180 000	利润分配	未分配利润		90 000
无形资产		90 000					

以上述资料为例，资产负债表各项目的内容和具体填列方法如下：

"货币资金"项目，反映企业库存现金、银行存款、办理结算的本票存款和外埠存款等的合计数。本项目应根据"库存现金""银行存款""其他货币资金"账户的期末余额合计数填写。在表 9-2 中，“库存现金”账户借方的余额为 6 000 元，“银行存款”账户的借方余额为 42 000 元，无其他货币资金，两个账户的期末余额合计数是 48 000 元填入资产负债表，见表 9-3。

“交易性金融资产”项目，反映企业为了近期内出售而持有的金融资产，是企业以进行交易为目的而持有的，故在交易前发生的公允价值变动直接影响交易性金融资产的价值。本项目应根据“交易性金融资产”账户的期末余额填写。本例中“交易性金融资产”账户借方余额为 21 000 元，直接填入表 9-3 中。另外应该设置“公允价值变动损益”账户反映其价值的变动情况。

“应收票据及应收账款”项目，反映资产负债表日以摊余成本计量的、企业因销售产品、提供劳务等经营活动应收取的款项，以及收到的商业汇票，包括银行承兑汇票和商业承兑汇票。本项目应根据“应收票据”和“应收账款”账户的期末余额，减去“坏账准备”账户中相关坏账准备期末余额后的金额填列。如果企业设置“预收账款”账户对预收账款进行核算的，当“预收账款”账户出现借方余额时，它具有应收的性质，在这种情况下，该项目还应加上“预收账款”账户所属明细账的期末借方余额合计数填写。本例中“应收账款——甲单位”账户借方余额为 30 000 元，“预收账款——丁单位”账户借方余额为 9 000 元，其合计数为 39 000 元，填入资产负债表中“应收票据及应收账款”项目。

“预付款项”项目，反映企业预付给供应单位的款项。本项目应根据“预付账款”账户的期末借方余额直接填写。如果企业将预付账款的内容并入“应付账款”账户时，“应付账款”账户既核算各种应付的款项，又核算各种预付的款项。“预付账款”项目只能根据“应付账款”账户所属明细账的借方余额合计数填写。如果企业设置“预付账款”账户核算预付的各种款项，当“预付账款”账户出现贷方余额时，它具有应付款的性质。在这种情况下，“预付账款”项目应根据“应付账款”“预付账款”账户所属的明细账借方余额的合计数填写。本例中，“预付账款——甲工厂”借方余额为 12 000 元，“应付账款——丁工厂”账户借方余额为 15 000 元，其合计数为 27 000 元，填入“预付款项”项目。

“其他应收款”项目，反映企业对其他单位和个人的应收和暂付的款项。本项目应根据“应收利息”“应收股利”“其他应收款”“其他应付款”账户所属明细账的期末借方余额合计数填写。在本例中，“其他应收款——行政科”账户期末借方余额为 18 000 元，“其他应付款——工会”账户期末借方余额为 6 000 元，其合计数为 24 000 元，填入资产负债表中“其他应收款”项目。

“存货”项目，反映企业期末库存的各项存货的实际成本，包括原材料、在产品、库存商品等。本项目应根据“材料采购”“原材料”“生产成本”“库存商品”等账户的期末借方余额合计数填写，如果企业设置“存货跌价准备”账户，应该按上述合计数减去该账户的余额后的净额填写。在本例中，“原材料”“生产成本”“库存商品”三个账户的余额分别为 81 000 元、24 000 元、90 000 元，其合计数为 195 000 元，填入资产负债表中“存货”项目。

“其他流动资产”项目，反映企业除了上述流动资产以外的其他流动资产的实际成本。

“债权投资”项目，反映企业不准备在一年内变现的各种债权性质的投资。长期债权投资中，对将于一年内到期的长期债权投资，应在流动资产类下“一年内到期的非流动资产”项目单独反映。本项目应根据“债权投资”账户的期末余额扣除一年内到期的债权投资后的余额填列。如果企业设置“资产减值损失”账户，则以上两项应按减去相应的“资产减值损失”账户余额后的净额填列。

“长期股权投资”项目，反映企业不准备在一年变现的各种股权性质的投资。本项目应根据“长期股权投资”账户的余额填列。

“固定资产”项目，反映企业固定资产的净额。本项目应根据“固定资产”账户的余额减去“累计折旧”账户以及“固定资产减值准备”账户的余额后的金额，以及“固定资产清理”账户的期末余款填列。在本例中，“固定资产”账户余额为1 500 000元，“累计折旧”账户余额为贷方180 000元，它们的差额1 320 000元直接填入资产负债表中。

“无形资产”项目，反映企业各项无形资产的净额。在本例中，“无形资产”账户余额为90 000元，直接填入资产负债表中。

“其他非流动资产”项目，反映企业除以上非流动资产以外的其他非流动资产。

“短期借款”项目，反映企业借入的尚未归还的一年期以内的借款。本项目应根据“短期借款”账户的余额直接填列。在本例中，“短期借款”账户的余额为150 000元，直接填入资产负债表中。

“应付票据及应付账款”项目，反映资产负债表日企业因购买材料、商品和接受服务等经营活动应支付的款项，以及开出、承兑的商业汇票，包括银行承兑汇票和商业承兑汇票。本项目应根据“应付票据”和“应付账款”账户的期末余额填列。如果“预付账款”账户有贷方余额；“应付账款”账户核算有预付账款的内容，则该项目中还应加上“预付账款”账户所属明细账的贷方余额填列。在本例中，“应付账款——丙工厂”账户贷方余额为75 000元，“预付账款——乙工厂”账户贷方余额为900元，其合计数为75 900元填入资产负债表中。

“预收款项”项目，反映企业预收购买单位的货款。本项目应根据“预收账款”账户的期末余额填列。如果“应收账款”账户核算有预收账款的内容，则“预收账款”项目应根据“应收账款”“预收账款”账户所属明细账的贷方余额合计数填列。在本例中，“应收账款——乙单位”账户贷方余额为6 000元，“预收账款——丙单位”账户贷方余额为12 000元，其合计数为18 000元填入资产负债表中。

“应付职工薪酬”项目，反映企业应付未付给职工的工资。本项目应根据

“应付职工薪酬”账户贷方余额直接填列，如果为借方余额，以“-”号填列。在本例中，“应付职工薪酬”账户的贷方余额为104 100元，直接填入资产负债表中。

“应交税费”项目，反映企业应交未交的各种税金。本项目应根据“应交税费”账户期末贷方余额直接填列，如果为借方余额，以“-”号填列。在本例中，“应交税费”账户贷方余额为150 000元，直接填入资产负债表中。

“其他应付款”项目，反映企业应付或暂收其他单位或个人的款项。本项目应根据“应付利息”、“应付股利”和“其他应付款”账户的贷方余额填列。如果“其他应付款”账户中核算有其他应收款的内容，本项目还应以加上“其他应收款”账户所属明细账的期末贷方余额后的金额填列。在本例中，“其他应收款——销售科”账户贷方余额为3 000元，“其他应付款——代扣款”账户贷方余额为36 000元，“应付股利”账户贷方余额为81 000元，其合计数为120 000元，填入资产负债表中。

“其他流动负债”项目，反映企业除了上述流动负债以外的其他流动负债。

“长期借款”项目，反映企业向银行等金融机构借入的归还期限在一年以上的借款本息。本项目应根据“长期借款”账户期末贷方余额减去将于一年内到期的余额后的金额填列。在本例中，“长期借款”账户贷方余额为120 000元，直接填入资产负债表中。

“其他非流动负债”项目，反映除了上述非流动负债以外的其他非流动负债。

“实收资本”项目，反映企业实际收到的资本总额。本项目应根据“实收资本”账户期末贷方余额直接填列。在本例中，“实收资本”账户期末贷方余额为870 000元，直接填入资产负债表中。

“盈余公积”项目，反映企业盈余公积的期末数。本项目应根据“盈余公积”账户期末贷方余额直接填列。在本例中，“盈余公积”账户期末贷方余额为66 000元，直接填入资产负债表中。

“未分配利润”项目，反映企业未分配的利润。1—11月份，资产负债表中本项目应根据“本年利润”账户和“利润分配”账户余额相减后的净额填列。如果“本年利润”账户为贷方余额，是实现的利润，“利润分配”为借方余额，是已经分配的利润，二者相减为正数时，将其差额直接填入资产负债表中；如果“本年利润”账户为借方余额，且又大于“利润分配”账户贷方余额，其差额表示未弥补的亏损，以“-”号填列。12月末，年终实现的利润或发生的亏损已结转，此时本项目应根据“利润分配”账户的贷方余额填列，如果为借方余额，以“-”号列示。在本例中，“利润分配”账户的贷方余额为90 000元直接填入资产负债表中。

根据表9-2总分类科目及有关明细科目余额表编制的资产负债表见表9-3。

表 9-3

资产负债表

会企 01 表

编制单位：某企业　　2017 年 12 月 31 日　　单位：元

资　产	行　次	年初余额	期末余额	负债及所有者权益（或股东权益）	行　次	年初余额	期末余额
流动资产：				流动负债：			
货币资金			48 000	短期借款			150 000
交易性金融资产			21 000	交易性金融负债			
衍生金融资产				衍生金融负债			
应收票据及应收账款			39 000	应付票据及应付账款			75 900
预付款项			27 000	预收款项			18 000
其他应收款			24 000	合同负债			
存货			195 000	应付职工薪酬			104 100
合同资产				应交税费			150 000
持有待售资产				其他应付款			120 000
一年内到期的非流动资产				持有待售负债			
其他流动资产				一年内到期的非流动负债			
流动资产合计			354 000	其他流动负债：			
非流动资产：				流动负债合计			618 000
债权投资				非流动负债：			
其他债权投资				长期借款			120 000
长期应收款				应付债券			
长期股权投资				其中：优先股			
其他权益工具投资				永续债			
其他非流动金融资产				长期应付款			
投资性房地产				预计负债			
固定资产			1 320 000	递延所得税负债			
在建工程				其他非流动负债			
生产性生物资产				非流动负债合计			120 000
油气资产				负债合计			738 000
无形资产			90 000	所有者权益（或股东权益）：			
开发支出				实收资本（或股本）			870 000
商誉				其他权益工具			
长期待摊费用				其中：优先股			
递延所得税资产				永续债			
其他非流动资产				资本公积			
非流动资产合计			1 410 000	减：库存股			
				其他综合收益			
				盈余公积			66 000
				未分配利润			90 000
				所有者权益（或股东权益）合计			1 026 000
资产总计			1 764 000	负债及所有者权益（或股东权益）总计			1 764 000

2. 资产负债表具体项目的几种填列方法

从上述资产负债表具体项目的填列方法分析，可归纳出以下几种方法：

①根据总分类账户余额直接填列。资产负债表中的很多项目都根据总分类账户的期末余额直接填列，如“实收资本”“资本公积”“短期借款”“应付职工薪酬”“应交税费”“应付股利”等项目。

②根据总分类账户的期末余额分析计算填列。资产负债表中有些项目需要根据若干个总分类账户的期末余额计算填列，如“货币资金”项目应根据“库存现金”“银行存款”“其他货币资金”等账户期末借方余额合计数填列，“存货”项目应根据“原材料”“材料采购”“生产成本”“库存商品”等账户的期末余额的合计数填列。

③根据明细账的余额分析计算填列。资产负债表中的有些项目需要根据若干明细账的余额分析计算填列，如“应收票据及应收账款”“预收款项”“其他应收款”“其他应付款”“应付票据及应付账款”“预付款项”等项目。

④根据总分类账的余额减去其备抵项目后的净额填列。“固定资产”项目应根据“固定资产”账户的期末余额，减去“累计折旧”账户及其减值准备期末余额的金额，以及“固定资产清理”账户的期末余额填列。

9.3 利润表

9.3.1 利润表的作用

利润表是反映企业在一定会计期间（一个月、一个季度、半年或一年）经营成果的报表。利润表把一定期间的营业收入与该期间相关的营业费用进行配比，以计算出一定时期的净利润（或亏损）。因此，利润表是动态报表。利润表是根据“收入-费用=利润”这一平衡公式，依据一定的标准和次序，把企业一定时期内的收入、费用和利润项目予以适当排列编制而成的报表。

利润表也是企业主要的会计报表之一，利用利润表的资料可以了解企业一定时期的经营成果，评价企业该时期的经营业绩；通过利润表提供的不同时期的比较数据，可以检查影响经营成果变动的原因，分析和预测企业的盈利能力和经济效益；了解一定时期利润的分配或亏损的弥补情况等。利润是企业经营业绩的综合体现，又是进行利润分配的主要依据，因此，利润表是企业必须按期编制的主要报表。

9.3.2 利润表的结构和内容

利润表通过一定的表格来反映企业的经营成果情况。由于不同的国家或地区对会计报表的信息要求不完全相同，利润表的结构也不一样，但主要有单步式和多步式两种结构。

1. 单步式利润表

单步式利润表是将本期的所有收入加在一起，所有的费用加在一起，然后两者相减，一次计算出当期损益。其格式见表 9-4。

表 9-4　**利润表**

编制单位：某企业　2017 年 12 月　单位：元

项　目	本月金额（略）	本年累计金额（略）
一、营业收入和收益		
其中：主营业务收入		
其他业务收入		
⋮		
营业收入和收益合计		
二、营业费用和损失		
其中：主营业务成本		
税金及附加		
⋮		
营业费用和损失合计		
三、利润总额		
减：所得税费用		
四、净利润		

2. 多步式利润表

多步式利润表是通过多步计算求出当期利润。一般分为以下几步：

（1）计算营业利润

营业利润=营业收入-营业成本-税金及附加-销售费用-管理费用-财务费用-资产减值损失+公允价值变动收益（-公允价值变动损失）+投资收益（-投资损失）+资产处置收益（-资产处置损失）+其他收益

营业收入=主营业务收入+其他业务收入

营业成本=主营业务成本+其他业务成本

（2）计算利润总额

利润总额=营业利润+营业外收入-营业外支出

（3）计算净利润

净利润=利润总额-所得税费用

普通股或潜在普通股已公开交易的企业，以及正处于公开发行普通股或潜在普通股过程中的企业，还应当在利润表中列示每股收益信息。

采用多步式利润表可以将损益的构成分项目列示，并对收入、费用进行适当归类，充分反映了营业利润、利润总额、净利润等指标，从而可以较为准确地评价企业管理部门的管理效能，便于对企业经营情况进行分析，也有利于不同企业之间进行比较，进而预测企业未来的盈利能力，弥补了单步式利润表的局限性。目前我国要求利润表的格式应采用多步式。其格式见表 9-5。

表 9-5 **利润表** 会企 02 表

编制单位： 年 月 单位：元

项　目	行　次	本期金额	上期金额
一、营业收入			
减：营业成本			
税金及附加			
销售费用			
管理费用			
研发费用			
财务费用			
其中：利息费用			
利息收入			
资产减值损失			
信用减值损失			
加：其他收益			
投资收益（损失以“-”号填列）			
其中：对联营企业和合营企业的投资收益			
净敞口套期收益（损失以“-”号填列）			
公允价值变动收益（损失以“-”号填列）			
资产处置收益（损失以“-”号填列）			
二、营业利润（亏损以“-”号填列）			
加：营业外收入			
减：营业外支出			
三、利润总额（亏损总额以“-”号填列）			
减：所得税费用			
四、净利润（净亏损以“-”号填列）			
（一）持续经营净利润（净亏损以“-”号填列）			
（二）终止经营净利润（净亏损以“-”号填列）			
五、其他综合收益的税后净额			
（一）不能重分类进损益的其他综合收益			
1. 重新计量设定受益计划变动额			
2. 权益法下不能转损益的其他综合收益			
3. 其他权益工具投资公允价值变动			
4. 企业自身信用风险公允价值变动			
……			
（二）将重分类进损益的其他综合收益			
1. 权益法下可转损益的其他综合收益			
2. 其他债权投资公允价值变动			
3. 金融资产重分类计入其他综合收益的金额			
4. 其他债权投资信用减值准备			
5. 现金流量套期储备			
6. 外币财务报表折算差额			
……			
六、综合收益总额			
七、每股收益			
（一）基本每股收益			
（二）稀释每股收益			

利润表中反映的各项收入和费用，必须严格按照权责发生制原则和收入与费用相互配比的原则进行确认，以保证利润表所提供的经营成果资料的真实可靠。利润表不仅列示了报告期金额，还列示了本年累计金额，报表使用者从中可以了解企业利润计划的完成情况和利润构成变动情况。

9.3.3 利润表的编制

利润表中的“上期金额”栏反映各项目的上期实际发生数，应根据各损益类账户的上期发生数填列。

利润表中的“本期金额”栏反映各项目的本期实际发生数，应根据各损益类账户的本期发生额填列。

【例 9-2】某企业 2017 年 12 月份损益类账户的发生额合计数资料如下：

主营业务收入	1 500 000 元	（贷方）
其他业务收入	120 000 元	（贷方）
公允价值变动损益	90 000 元	（贷方）
投资收益	60 000 元	（贷方）
主营业务成本	600 000 元	（借方）
其他业务成本	120 000 元	（借方）
税金及附加	225 000 元	（借方）
销售费用	180 000 元	（借方）
管理费用	135 000 元	（借方）
财务费用	90 000 元	（借方）
营业外收入	72 000 元	（贷方）
营业外支出	54 000 元	（借方）
所得税费用	94 500 元	（借方）
资产减值损失	60 000 元	（借方）

以上述资料为例，利润表的具体项目内容和填列方法如下：

“营业收入”项目，反映企业经营活动所取得的收入总额。本项目应根据“主营业务收入”账户和“其他业务收入”账户的本期发生额的合计数填列。在本例中，“营业收入”的项目金额为：1 500 000+120 000=1 620 000（元）。

“营业成本”项目，反映企业经营活动发生的实际成本。本项目应根据“主营业务成本”账户和“其他业务成本”账户的本期发生额的合计数填列。在本例中，“营业成本”的项目金额为：600 000+120 000=720 000（元）。

“税金及附加”项目，反映企业销售产品和提供服务等经营业务所应负担的消费税、城市维护建设税、资源税、土地增值税和教育费附加等。本项目应根据“税金及附加”账户的发生额填列。在本例中，“税金及附加”账户的本期借方发生额为 225 000 元，直接填入利润表。

“销售费用”项目，反映企业在销售产品和提供服务等经营过程中发生的各项销售费用。本项目应根据“销售费用”账户的本期发生额填列。在本例中，“销售费用”账户的本期借方发生额为 180 000 元，直接填入利润表。

“管理费用”项目，反映企业发生的各项管理费用。本项目应根据“管理费用”账户的本期发生额填列。在本例中，“管理费用”账户的借方发生额为 135 000 元，直接填入利润表。

“财务费用”项目，反映企业为筹集生产经营所需资金而发生的费用。本项目应根据“财务费用”账户的本期发生额填列。在本例中，“财务费用”账户的借方发生额为 90 000 元，直接填入利润表。

“资产减值损失”项目，反映企业发生的各项减值损失，本项目应根据“资产减值损失”账户的借方发生额 60 000 元，直接填入利润表。

“公允价值变动收益”项目，反映企业公允价值发生变动导致的收益或者损失。本项目应根据“公允价值变动损益”账户的贷方发生额 90 000 元填列。

“投资收益”项目，反映企业以各种方式对外投资取得的收益。本项目应根据“投资收益”账户的贷方发生额 60 000 元填列。

“营业利润”项目，反映企业进行经营活动所取得的利润。在本例中，“营业利润”的项目金额为：1 620 000−720 000−225 000−180 000−135 000−90 000−60 000+90 000+60 000=360 000（元）。

“营业外收入”项目，反映企业经营业务以外的收入。本项目应根据“营业外收入”账户的本期发生额填列。在本例中，“营业外收入”账户的本期贷方发生额为 72 000 元，直接填入利润表。

“营业外支出”项目，反映企业经营业务以外的支出。本项目应根据“营业外支出”账户的本期发生额填列。在本例中，“营业外支出”账户的本期借方发生额为 54 000 元，直接填入利润表。

“利润总额”项目，反映企业实现的利润，如是亏损总额以“−”号填列。本项目应根据公式“营业利润+营业外收入−营业外支出=利润总额”计算填列。本例中“利润总额”项目金额为：360 000+72 000−54 000=378 000（元）。

“所得税费用”项目，反映企业实现利润后应负担的所得税。本项目应根据“所得税费用”账户的本期发生额填列。在本例中，“所得税费用”账户的借方发生额为 94 500 元，直接填入利润表。

“净利润”项目，反映企业实现的净利润。本项目应根据公式“利润总额−所得税费用=净利润”计算填列。在本例中，净利润金额为：378 000−94 500=283 500（元）。

根据以上资料编制的利润表见表 9-6。

表 9-6 **利润表** 会企 02 表

编制单位：×企业 2017 年 12 月 单位：元

项　目	行　次	本期金额	上期金额
一、营业收入		1 620 000	
减：营业成本		720 000	
税金及附加		225 000	
销售费用		180 000	
管理费用		135 000	
研发费用			
财务费用		90 000	
其中：利息费用			
利息收入			
资产减值损失		60 000	
信用减值损失			
加：投资收益		60 000	
其中：对联营企业和合营企业的投资收益			
净敞口套期收益（损失以“-”号填列）			
公允价值变动收益（损失以“-”号填列）		90 000	
资产处置收益（损失以“-”号填列）			
二、营业利润（损失以“-”号填列）		360 000	
加：营业外收入		72 000	
减：营业外支出		54 000	
三、利润总额（亏损总额以“-”号填列）		378 000	
减：所得税费用		94 500	
四、净利润（净亏损以“-”号填列）		283 500	
（一）持续经营净利润（净亏损以“-”号填列）			
（二）终止经营净利润（净亏损以“-”号填列）			
五、其他综合收益的税后净额			
（一）不能重分类进损益的其他综合收益			
1. 重新计量设定受益计划变动额			
2. 权益法下不能转损益的其他综合收益			
3. 其他权益工具投资公允价值变动			
4. 企业自身信用风险公允价值变动			
……			
（二）将重分类进损益的其他综合收益			
1. 权益法下可转损益的其他综合收益			
2. 其他债权投资公允价值变动			
3. 金融资产重分类计入其他综合收益的金额			
4. 其他债权投资信用减值准备			
5. 现金流量套期储备			
6. 外币财务报表折算差额			
……			
六、综合收益总额			
七、每股收益		略	
（一）基本每股收益			
（二）稀释每股收益			

9.4 财务报告的报送、审批和汇总

9.4.1 财务报告的报送

企业的财务报告必须由企业领导、总会计师、会计主管人员和制表人员签名盖章后才能上报。单位负责人对财务报告的合法性、真实性负法律责任。应向哪些单立上报财务报告，这与各单位的隶属关系、经济管理和经济监督的需要有关。国有企业一般要向上级主管部门、开户银行、财政部门、税务机关和审计单位报送财务报告，同时应向投资者、债权人以及其他与企业有关的报告使用者提供财务报告。股份有限公司还应当向证券交易机构和证券管理委员会提供年度相关财务报告。根据法律和国家有关规定必须对财务报告进行审计的单位应当先委托注册会计师进行审计，并将注册会计师出具的审计报告，随同财务报告按照规定期限报送有关部门。

9.4.2 财务报告的审批

上级主管部门或总公司、财政、税务和金融部门，对各企业报送的财务报告应当认真审核。主要审核财务报告的编制是否符合会计制度的有关规定，更要审查和分析财务报告的指标内容，以便对报送单位的财务活动情况进行监督。在审核过程中，如果发现报表编制有错误或不符合要求，应及时通知原单位进行更正，错误较多的应当重新编报。如果发现存在违反法律和财经纪律、弄虚作假的现象，应查明原因，及时纠正，严肃处理。

财务报告审核后，要进行批复。年度决算报告除经上级主管部门审核批复外，还应由财政部门审批。企业要认真研究、执行上级主管部门对报表的批复意见，并在账务上作相应处理。

9.4.3 财务报告的汇总

国有企业财务报告报送上级主管部门后，上级主管部门要将所属单位上报的财务报告合并，编制汇总财务报告。汇总财务报告是上级根据所属单位上报的财务报告汇总编制的，用来总括反映所属单位财务状况和经营成果的书面文件。在汇编财务报告时，必须先审核后汇总。汇总财务报告的格式和基层单位财务报告的格式基本相同。编制方法是根据所属单位的财务报告和汇编单位本身的财务报告，经过合并、分析计算、汇总而填列的。

各级企业主管部门编好汇总财务报告后，应按规定的期限逐级上报，并及时报送同级财政、计划、税务等国家综合部门，以便提供国家宏观管理所需的会计信息，为国民经济发展服务。

9.5 财务报告的分析

9.5.1 财务报告分析的意义

财务报告分析是以财务报告为主要依据，对经济活动与财务收支情况进行全面、系统的分析。财务报告分析是会计分析的重要组成部分，它属于会计分析中的事后总结分析。

财务报告（如资产负债表、利润表等）虽然能为国家经济管埋部门、其他会计信息使用者提供该单位的财务状况和经营成果的总括资料，但是不能进一步提供该单位经济活动中取得的成绩和经营中存在的问题等信息。因此，还需要对财务报告所提供的数据进一步加工、整理、分析、比较，以便得到经营管理和经营决策所需的经济信息。比如，企业的债权人要了解企业的偿债能力，而反映偿债能力的资料在资产负债表中没有直接列示出来，但可以利用资产负债表的资料计算出反映偿债能力的财务指标：资产负债率、流动比率和速动比率等。因此，通过对财务报告深入具体的分析、比较，可以更全面、更深刻地了解该单位的经济活动和财务收支情况，正确评价其经营成果，明确其存在的问题和原因，以便提出改进措施，提高生产经营管理水平。

对于企业的投资者来说，他们最关心的是企业的盈利能力。而利润表只提供了企业的经营成果及分配情况的资料，没有直接列示出反映盈利能力的财务指标。这就需要利用资产负债表和利润表上的资料计算出相关的财务指标：资本金利润率、销售利润率、成本费用利润率等。通过这些反映盈利能力的财务指标，可以清楚地了解企业的盈利能力。

9.5.2 财务报告分析的目的和内容

1. 财务报告分析的目的

财务报告分析是利用会计报表对其财务状况、经营成果及其变动情况进行的分析。

报表使用者利用财务报告的目的虽然不同，但都希望从中得到自己所需的信息，以便作出经济决策。例如，企业的主管部门和财政部门重点分析检查企业有关资源配置、财经法规的遵守情况；企业的债权人重点分析企业的偿债能力；企业的投资者重点分析检查企业的盈利、营运能力等。从报表使用者的不同要求考虑，财务报告分析的内容非常广泛，既要帮助报表使用者总结、评价企业的财务状况和经营成果，又要为报表使用者提供进行预测和决策的可靠依据。

2. 财务报告分析的内容

财务报告分析的内容主要包括：

①利用资产负债表分析企业资产、负债的分布和构成的变动情况，分析企业负债经营的情况，用以评价企业的偿债能力。

②利用利润表分析企业利润计划的完成情况，分析盈利水平的变动情况，用以评价和预测企业的盈利能力。

③利用现金流量表分析企业现金流量的变动原因，分析资金保全和增值变动情况，用以评价企业的现金流动状况、付现能力和财务状况等。

除此以外，报表使用者还可以根据需要利用财务报告进行一些其他有关分析，如金融机构对开户单位的信贷资金管理情况分析、资金盈利水平分析，财政和税务部门对报表报送单位遵守财经、税收法规情况的分析等。

9.5.3 财务报告分析的主要财务指标

利用财务报告进行分析，可全面了解、评价企业的经营成果、财务状况及变动情况，其财务指标主要有三类：偿债能力指标、盈利能力指标和营运能力指标。

【例 9-3】假设某企业某年年初、年末应收票据及应收账款（应收票据年初年末均为 0）、存货的数额相等，销售收入中现销收入为 2 460 万元，年末资产负债表、利润表的有关资料见表 9-7。

表 9-7 年末资产负债表、利润表的有关资料 单位：万元

项　目	金　额	项　目	金　额
流动资产	2 580	流动负债	2 550
货币资金	30	非流动负债	2 850
应收票据及应收账款	1 080	所有者权益	1 350
存货	1 470	负债及所有权益总计	6 750
非流动资产	4 170	主营业务收入	8 400
资产总计	6 750	主营业务成本	4 800
资本金	1 200	利润总额	2 400

以上述资料为例进行财务指标分析。

（1）反映企业偿债能力的财务指标

反映企业偿债能力的财务指标主要有：资产负债率、流动比率、速动比率。

①资产负债率，指企业负债总额与资产总额的比率。它反映企业利用债权人提供的资金进行经营活动的能力和债权人债务的安全程度。其计算公式为：

资产负债率=负债总额÷资产总额×100%

在本例中，资产负债率=（2 550+2 850）÷6 750×100%=80%

②流动比率，是指企业流动资产与流动负债的比率。它反映企业的流动资产在流动负债到期以前可以变为现金用于偿还流动负债的能力。其计算公式为：

流动比率=流动资产÷流动负债×100%

在本例中，流动比率=2 580÷2 550×100%≈101%

③速动比率，是指企业速动资产与流动负债的比率。它反映企业流动资产中可

以立即用于偿还流动负债的能力。其计算公式为：

速动比率=速动资产÷流动负债×100%

速动资产包括货币资金、交易性金融资产、应收票据及应收账款、其他应收款等，可以在较短时间内变现。而在流动资产中，存货、一年内到期的非流动资产及其他流动资产等则不应计入。

在本例中，速动资产=2 580–1 470=1 110（万元）

速动比率=1 110÷2 550×100%≈43.53%

上述反映企业偿债能力的财务指标应有一个适度的范围，作为评价的依据。对债权人来说，资产负债率越低，偿债能力越强，流动比率和速动比率越大，偿债能力越强。但对企业来讲，适度的负债经营既能维持和扩大企业的生产经营能力，又能影响企业的盈利水平。一般认为流动资产超过流动负债一倍，即流动比率为2，速动比率为1时，比较有保证偿还流动负债，且企业经营较为安全。

（2）反映企业盈利能力的财务指标

反映企业盈利能力的财务指标主要有：资本金利润率、销售利润率、成本费用利润率。

①资本金利润率，是指利润总额与资本金总额的比率。它反映投资者投入企业资本金的获利能力。其计算公式：

资本金利润率=利润总额÷资本金总额×100%

在本例中，资本金利润率=2 400÷1 200×100%=200%

②销售利润率，是指利润总额与销售收入的比率。它反映企业销售收入的收益水平。其计算公式为：

销售利润率=利润总额÷销售收入×100%

在本例中，销售利润率=2 400÷8 400×100%≈28.57%

③成本费用利润率，是指利润总额与成本费用的比率。它反映营业成本的获利水平。工业企业的营业成本主要是产品的销售成本，即主营业务成本。其计算公式为：

成本费用利润率=利润总额÷成本费用总额×100%

在本例中，成本费用利润率=2 400÷4 800×100%=50%

以上评价企业盈利能力的各项财务指标计算的数值越大，说明企业的盈利能力越强。通常情况下，企业的资本金利润率大于借款利率，企业负债经营才比较有利。

（3）反映企业营运能力的财务指标

反映企业营运能力的财务指标主要有：应收账款周转率、存货周转率。

①应收账款周转率，是指企业赊销收入净额与应收账款平均余额的比率。它反映企业应收账款的流动程度。其计算公式为：

应收账款周转率=赊销收入÷应收账款平均余额

赊销收入=营业收入–现销收入

应收账款平均余额=（期初应收账款+期末应收账款）÷2

在本例中，赊销收入=8 400−2 460=5 940（万元）

应收账款平均余额=1 080 万元

应收账款周转率=5 940÷1 080=5.5（次）

②存货周转率，是指销货成本与平均存货的比率。它反映企业的销售能力和存货是否适当。其计算公式为：

存货周转率=销货成本÷平均存货

平均存货=（期初存货+期末存货）÷2

在本例中，平均存货=1 470 万元

存货周转率=4 800÷1 470=3.27（次）

上述反映企业营运能力的各项财务指标计算的数值越大，说明企业的营运能力越强。应收账款周转率越大，说明企业应收账款收回变现的速度越快；存货周转率越大，说明企业存货周转速度越快。因此，判断企业营运能力和资产管理效率的高低，应收账款周转率和存货周转率是两个重要的财务指标。

9.5.4 财务报告分析的方法

财务报告（比如资产负债表、利润表等）是由一系列反映经济指标的项目所组成的。因此，财务报告分析就是对各项报表项目的数字变动和各有关报表项目之间的数量关系进行分析。常用的分析方法主要有比较法、比率分析法、连环替代法。

1. 比较法

比较法是通过经济指标不同数量的比较来分析经济指标数量差异的一种方法。它的主要作用是揭示客观存在的差距，从而发现问题。在财务报告分析中比较法应用广泛。按分析的目的和要求不同，比较法可以分为以下几种。

①本期实际与计划比较，可以反映出本期实际与计划之间的差距，了解该项指标的计划完成情况。

②本期实际与前期实际比较。前期可以是上年同期，也可以是历史上的最好水平。这项比较可以确定本期与前期或历史最好水平间的差异，从而了解该项经济活动的发展趋势和经营管理工作的改进情况。

③本期实际与国内外先进水平比较。目的是学习先进，以便达到或赶超先进水平。

企业在应用比较法进行财务报告分析时，要注意各项指标的可比性和各项指标数量的真实性。比较双方的指标内容、计算方法应当一致，而且要真实、科学，保证分析结果正确、有用。

2. 比率分析法

比率分析法是通过计算和比较经济指标的比率，来分析确定相对数差异的一种方法。企业在采用这种方法进行财务报告分析时，首先要把分析的数值变成相对数，计算出各种不同的比率，然后才能进行比较。它可以把不可比指标变成可比指标，以利于进行比较分析。

前述财务报告分析中的偿债能力分析、营运能力分析、盈利能力分析都属于比率分析法。

3. 连环替代法

连环替代法，也称为因素替代法，是指计算几个相互联系的因素对经济指标的影响程度进行分析的一种方法。

在分析时，首先要找出影响该项经济指标的各项因素，然后，根据经济指标与影响因素之间的关系，建立分析计算公式，确定科学的替换各个因素的顺序，从而计算出各因素的影响程度。

拓展阅读9

基本训练

一、单项选择题

1. 用于分析企业资产、负债的分布和构成的变动情况，分析企业负债经营的情况，以及用于评价企业偿债能力的报表是（　　）。

A. 资产负债表　　B. 利润表

C. 现金流量表　　D. 所有者权益变动表

2. 反映企业偿债能力的财务指标是（　　）。

A. 资本金利润率　　B. 成本费用利润率

C. 应收账款周转率　　D. 资产负债率

3. 资产负债表中资产的排列顺序是（　　）。

A. 项目收益性　　B. 项目重要性　　C. 项目流动性　　D. 项目时间性

4. 在下列资产负债表项目中，不可以直接根据总分类账户期末余额填列的项目是（　　）

A. 资本公积　　B. 短期借款

C. 长期借款　　D. 应交税费

5. 反映企业盈利能力的财务指标是（　　）。

A. 资本金利润率　　B. 流动比率

C. 应收账款周转率　　D. 资产负债率

6. 根据相应总账账户余额直接填列的是（　　）。

A. 应收票据及应收账款　　B. 预付款项

C. 长期股权投资　　D. 在建工程

7. 我国利润表采用（　　）格式。

A. 账户式　　B. 报告式　　C. 单步式　　D. 多步式

8. 反映企业一定会计期间经营成果的报表是（　　）。

A. 资产负债表　　B. 利润表

C. 利润分配表　　D. 现金流量表

9. 反映企业一定会计期间现金和现金等价物流入和流出情况的报表是（　　）。

A. 资产负债表　　B. 利润表

C. 利润分配表　　D. 现金流量表

10. 资产负债表是反映企业在（　　）的财务状况的报表。

A. 一定期间　　B. 某一特定日期

C. 某一特定时期　　D. 某一会计期间

二、多项选择题

1. 利润表的特点是（　　）。

A. 根据损益账户的本期发生额编制

B. 根据相关账户的期末余额编制

C. 属于动态报表

D. 属于静态报表

2. 财务报告的编制要求（　　）。

A. 数字真实　　B. 内容完整

C. 计算准确　　D. 编报及时

3. 反映企业盈利能力的财务指标是（　　）。

A. 资本金利润率　　B. 成本费用利润率

C. 应收账款周转率　　D. 资产负债率

4. 反映企业偿债能力的财务指标是（　　）。

A. 资产负债率　　B. 流动比率

C. 速动比率　　D. 销售利润率

5. 资产负债表具体项目的填列方法是（　　）。

A. 根据明细账的余额填列

B. 根据明细账的余额分析计算填列

C. 根据总分类账户余额直接填列

D. 根据总分类账户的余额分析计算填列

三、判断题

1. 资产负债表中的"应收票据及应收账款"项目，应根据"应收票据"及"应收账款""预付账款"科目所属明细科目的借方余额合计数填列。（　　）

2. 编制会计报表的主要目的就是为会计报表使用者决策提供信息。（　　）

3. 我国利润表的格式采用多步式。（　　）

4. 资产负债表反映的是单位在一定时期财务状况具体分布的报表。（　　）

5. 利润表中的“营业利润”项目，反映的是企业除主营业务以外的其他业务收入扣除其他业务成本及应负担的费用、税金后的利润，如为亏损应以“-”号表示。（　）

6. 单步式利润表是将本期的所有收入加在一起，所有的费用加在一起，然后两者相减，一次计算出当期损益。（　）

7. 现金流量表中的“现金”即为货币资金。（　）

8. 资产负债表的编制依据为“资产=负债+所有者权益”。（　）

9. 净利润是指营业利润扣减所得税后的余额。（　）

10. 资产负债表提供的是某一时点的情况，是静态报表。利润表提供的是某一期间的情况，是动态报表。（　）

四、简答题

1. 什么是财务报告？编制财务报告的意义如何？
2. 财务报告是由哪些部分组成的？
3. 编制财务报告的要求有哪些？
4. 简述资产负债表的结构和内容？
5. 简述利润表的结构和内容？

五、计算分析题

1.【目的】资产负债表项目的填列。

【要求】计算填列资产负债表中以下项目：

（1）“应收票据及应收账款”项目；

（2）“应付票据及应付账款”项目；

（3）“预收账款”项目；

（4）“预付账款”项目。

【资料】甲企业 2017 年 12 月 31 日有关账户的余额如下：

应收账款——A　24 000 元（贷方）
　　　　——B　21 000 元（借方）
应付账款——C　35 000 元（贷方）
　　　　——D　17 000 元（借方）
预收账款——E　16 000 元（借方）
　　　　——F　25 000 元（贷方）
预付账款——G　42 000 元（贷方）
　　　　——H　31 000 元（借方）

2.【目的】利润计算。

【要求】计算该企业 2017 年的营业利润、利润总额和净利润。

【资料】某企业 2017 年 1 月 1 日至 12 月 31 日损益类科目累计发生额如下：

主营业务收入 3 750 万元（贷方）　　主营业务成本 1375 万元（借方）
税金及附加 425 万元（借方）　　销售费用 500 万元（借方）

管理费用 250 万元（借方） 财务费用 250 万元（借方）
投资收益 500 万元（贷方） 营业外收入 250 万元（贷方）
营业外支出 200 万元（借方） 其他业务收入 750 万元（贷方）
其他业务成本 450 万元（借方） 所得税费用 600 万元（借方）

3.【目的】资产负债表项目的填列。

【要求】(1) 编制下列各项经济业务的会计分录；

(2) 编制该企业 2017 年度的利润表。

【资料】某企业为增值税一般纳税人。2017 年 1 月 1 日有关科目余额见表 9-8。

表 9-8 **某企业 2017 年 1 月 1 日的科目余额表** 单位：元

科目名称	借方余额	贷方余额
货币资金	6 000	
交易性金融资产	3 000	
应收账款	6 000	
原材料	12 000	
固定资产	21 000	
累计折旧		6 000
在建工程	15 000	
应交税费		6 000
长期借款		21 000
实收资本		18 000
盈余公积		12 000

该企业 2017 年度发生的经济业务如下：

(1) 用银行存款支付购入原材料货款 3 000 元及增值税 480 元，材料已验收入库。

(2) 企业的长期借款发生利息费用 1 500 元。按借款费用资本化的规定，计算出工程应负担的长期借款利息费用为 600 元，其他利息费用 900 元，利息尚未支付。

(3) 企业将账面价值为 3 000 元的交易性金融资产售出，获得价款 6 000 元，已存入银行。

(4) 购入不需安装的设备 1 台，设备价款及增值税共计 9 000 元，全部款项均已用银行存款支付，设备已经交付使用。

(5) 本年计提固定资产折旧 4 500 元，其中：厂房及生产设备折旧 3 000 元，办公用房及设备折旧 1 500 元。

（6）实际发放职工工资 6 000 元，并将其分配计入相关成本费用项目。其中，生产人员工资 3 000 元，管理人员工资 1 500 元，在建工程应负担的人员工资 1 500 元。本年产品生产耗用原材料 12 000 元。计算产品生产成本并将其结转至产成品科目。假设生产成本科目无年初年末余额。

（7）销售产品一批，销售价款 30 000 元，应收取的增值税为 4 800 元。已收款项 17 400 元（其中货款 15 000 元，增值税 2 400 元），余款尚未收取。该批产品成本为 18 000 元。假设本年产成品无期初及期末余额。

（8）将各收支科目结转本年利润科目。

（9）假设本年企业不交所得税，不提取盈余公积，没有利润分配。本年利润余额全部转入“利润分配——未分配利润”科目。

4.【目的】资产负债表项目的填列。

【要求】根据资料及编制的会计分录、各账户的本期发生额和期末余额，编制资产负债表简表（见表 9–10）。

【资料】某企业（一般纳税人，增值税税率 16%）2017 年 11 月 30 日各总分类账户余额及有关账户明细资料如下：

“库存商品”账户余额为 1 200 000 元，其中：

A 类库存商品 16 000 件，每件 40 元，计 640 000 元。

B 类库存商品 28 000 件，每件 20 元，计 560 000 元。

“应收账款”账户余额 12 000 元，系新华工厂欠款。

“应付账款”账户余额 4 000 元，系欠八一工厂款。

其他各账户余额见表 9–9。

表 9–9 **账户余额表** 单位：元

账户名称	借方余额	账户名称	贷方余额
库存现金	6 000	短期借款	171 600
银行存款	556 000	应付账款	4 000
应收账款	12 000	其他应付款	1 200
原材料	500 000	应交税费	4 000
库存商品	1 200 000	应付利息	2 000
固定资产	4 691 200	实收资本	4 000 000
		盈余公积	56 000
		本年利润	1 710 400
		利润分配	400 000
		累计折旧	616 000
合　计	6 965 200	合　计	6 965 200

本年12月份发生下列经济业务：

（1）仓库发出材料160000元，其中，用于生产A产品90000元，B产品70000元。

（2）从银行提取现金96000元。

（3）以现金支付职工薪酬96000元。

（4）向光明工厂购入甲材料60000元，增值税税率16%，该厂垫付运费4000元，所有款项以银行存款支付，材料已验收入库，按实际采购成本转账。

（5）向八一工厂购入乙材料200000元，增值税税率16%，货款未付，材料已到达并验收入库。

（6）以银行存款支付上述购入乙材料搬运费2400元，按实际采购成本转账。

（7）结算本月职工薪酬96000元：

A产品生产工人工资	40000元
B产品生产工人工资	40000元
车间管理人员工资	12000元
管理部门职工工资	4000元

（8）仓库发出材料8000元，供车间使用。

（9）收到新华工厂还来欠款12000元，存入银行。

（10）以银行存款支付上月应交税费4000元。

（11）计提本月固定资产折旧26000元，其中：车间使用固定资产折旧20000元，管理部门使用固定资产折旧6000元。

（12）将制造费用按生产工人工资比例分配到A、B两种产品成本中去。

（13）A、B产品已全部完成，按实际成本（A、B产品均无期初余额）转账。

（14）出售库存商品给新华工厂，其中A产品2000件，每件售价56元，B产品4000件，每件售价28元，增值税税率16%，价税款尚未收到。

（15）结转上述出售库存商品（不一定是本期生产的）的生产成本，其中A产品每件40元，B产品每件20元。

（16）用银行存款支付销售产品包装费、装卸费等销售费用20000元。

（17）以银行存款支付借款利息2000元。

（18）以银行存款支付税款滞纳金5000元。

（19）出售多余材料8000元，增值税税率16%，货款存入银行。同时结转该材料实际成本6000元。

（20）将12月份各损益账户发生额转至本年利润账户，结出12月份利润。

（21）按全年利润总额的25%计算应交所得税，并结转本年所得税费用。

（22）结转本年实现的净利润。

（23）按本年净利润的10%计提盈余公积。

（24）按本年净利润的50%作为应付给投资者的利润。

（25）将除“利润分配——未分配利润”账户以外的其他有关“利润分配”账户的余额转入“利润分配——未分配利润”账户。

表 9-10

资产负债表（简表）

年 月 日

单位：元

资产	行次	年初余额	期末余额	负债和所有者权益（或股东权益）	行次	年初余额	期末余额
流动资产：				流动负债：			
货币资金				短期借款			
交易性金融资产				应付票据及应付账款			
应收票据及应收账款				预收款项			
预付款项				应付职工薪酬			
其他应收款				应交税费			
存货				其他应付款			
其他流动资产				其他流动负债			
流动资产合计				流动负债合计			
非流动资产：				非流动负债：			
债权投资				长期借款			
长期股权投资				其他非流动负债			
其他权益工具投资				非流动负债合计			
固定资产				负债合计			
无形资产				所有者权益（或股东权益）			
其他非流动资产				实收资本（或股本）			
非流动资产合计				盈余公积			
				未分配利润			
				所有者权益（或股东权益）合计			
资产总计				负债及所有者权益（或股东权益）总计			

第10章　会计核算组织程序

学习目标

◆ 了解会计核算组织程序的意义、设计会计核算组织程序的原则。

◆ 掌握各种会计核算组织程序的基本含义、特点及适用范围。

◆ 重点掌握记账凭证核算组织程序、科目汇总表核算组织程序、汇总记账凭证核算组织程序、日记总账核算组织程序和分录日记账核算组织程序等五种会计核算组织程序的账务处理步骤。

10.1　会计核算组织程序概述

10.1.1　会计核算组织程序的意义

1. 会计核算组织程序的基本含义

任何单位在经济业务发生以后，都要通过设置会计科目、复式记账、填制会计凭证、登记账簿、成本计算等一系列会计核算的专门方法取得日常会计核算资料。特别是要经过填制会计凭证、登记账簿，对经济业务进行归类、整理和汇总，然后再将这些分散在各个会计凭证、会计账簿中的日常会计核算资料，通过特定的方法进行加工整理，编制出财务报表。可以说，填制会计凭证、登记账簿和编制财务报表是会计主体在会计核算工作中的重要方法，它们有各自不同的目的、原则和方法。但它们又不是孤立的，而是相互联系、有机结合在一起的。编制财务报表的资料来源主要是账簿，登记账簿的主要依据是会计凭证。因此说，财务报表的内容制约和影响着账簿的种类、格式和登记内容，账簿的种类、格式又影响着会计凭证的种类和格式。会计凭证、账簿和财务报表三者之间科学合理的有机结合是保证会计核算质量的前提。每一个会计主体都应根据本单位的实际情况科学合理地设计会计凭证、账簿和财务报表的种类、格式及内容，并将其与记账方法进行有机结合，即会计核算组织程序。

会计核算组织程序也称账务处理程序或会计核算形式，它是指会计主体在日常会计核算过程中，采用的会计凭证、账簿和财务报表的种类、格式与记账程序有机结合的方法和步骤。

所谓记账程序是指运用一定的记账方法，从填制会计凭证、登记账簿到编制财务报表的工作程序，也就是将发生的经济业务利用会计凭证、账簿和财务报表进行反映的步骤与过程。一个会计主体对于同一个经济业务进行账务处理，如果采用的记账程序不同，所采用的会计凭证、账簿和财务报表的种类与格式也有所不同。这就形成了具有一定区别的会计核算组织程序。下面通过图 10-1 的列示，来理解会计核算组织程序的基本含义。

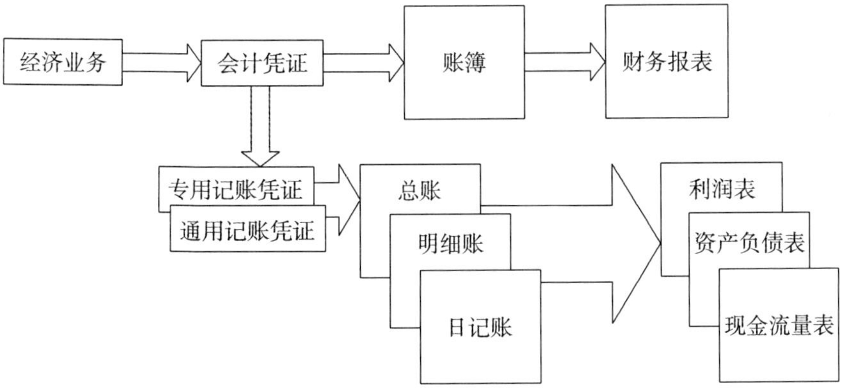

图 10-1　会计核算组织程序示意图

2. 会计核算组织程序的意义

选择科学合理的会计核算组织程序是会计部门和会计人员的一项重要工作，而且对科学地组织本单位的会计核算工作，保证会计信息质量具有十分重要的意义。

（1）科学合理地选择会计核算组织程序，有利于规范会计核算工作

选择了科学合理的会计核算组织程序可以使会计部门和会计人员在进行会计核算过程中，分工明确，有序可循，有条不紊地处理好各个环节的会计核算工作，加强岗位责任制，使会计核算工作规范化。

（2）科学合理地选择会计核算组织程序，有利于提高会计核算工作质量

科学合理的会计核算组织程序可以形成会计信息的正常归类、加工和整理的机制，保证会计信息的真实、准确、及时和完整，提高会计核算工作质量。

（3）科学合理地选择会计核算组织程序，有利于提高会计核算工作效率，降低会计核算工作成本

会计核算工作同其他工作一样，也要消耗一定的成本。因此，会计核算工作也要讲求经济效益。选择了科学合理的会计核算组织程序，可以使会计业务处理流程更加科学和合理，减少了在会计机构和会计人员之间的不必要环节，及时有效地处理会计业务，编制会计报表，提高会计核算工作效率，并且，有了科学合理的会计核算组织程序，会使会计凭证、会计账簿和财务报表的种类、格式和数量的选择更加合理，从而降低了会计核算的工作成本。

10.1.2　会计核算组织程序的种类

我国在长期会计核算工作实践中，形成了多种会计核算组织程序，但比较常见的有五种：记账凭证核算组织程序；科目汇总表核算组织程序；汇总记账凭证核算

组织程序；日记总账核算组织程序；分录日记账核算组织程序。

这五种会计核算组织程序既有共同点，又有不同点。其不同点主要在于各会计核算组织程序登记总账的依据和方法不同。它们的主要特点和基本内容，将在以后各节分别介绍。关于这五种会计核算组织程序的共同点可参见图 10-2。

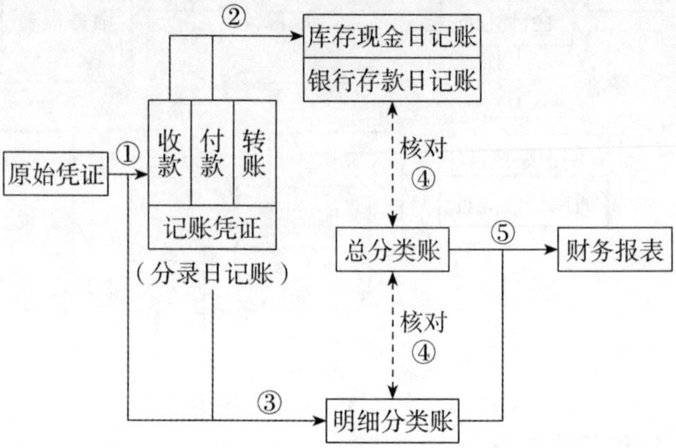

图 10-2 五种会计核算组织程序共同点示意图

10.1.3 设计和选用会计核算组织程序的原则

各会计主体应从本单位的具体情况出发，设计、选择适合本单位特点的会计核算组织程序，应遵循的基本原则如下：

①从本单位的实际情况出发，充分考虑本单位的经济性质、经营规模、经济业务繁简和经济管理的需要，以及会计机构、会计人员的设置和配备等情况，使会计核算组织程序与本单位会计核算工作相适应。有利于分工协作，建立岗位责任制，加强会计核算。

②要真实、准确、及时和完整地提供会计核算资料，全面系统地反映经济业务活动情况，以满足会计信息使用者的需要。

③要在保证会计核算工作质量、提高会计核算工作效率的前提下，力求简化核算手续，节约人力、物力，降低会计核算工作的成本。

10.2 记账凭证核算组织程序

10.2.1 记账凭证核算组织程序的基本内容

1. 记账凭证核算组织程序的概念及特点

记账凭证核算组织程序是指根据经济业务发生以后填制的各种记账凭证直接逐笔登记总分类账，并定期编制财务报表的一种会计核算组织程序。它是最基本的一种会计核算组织程序，也是其他会计核算组织程序的基础。

记账凭证核算组织程序的特点是：直接根据各种记账凭证逐笔登记总分类账。

各种会计核算组织程序在账务处理的做法上具有共同点。比如，在登记库存现金日记账、银行存款日记账和各种明细账时，其基本做法相同。它们的不同点主要体现在登记总分类账的方法不同。直接根据各种记账凭证逐笔登记总分类账是记账凭证核算组织程序与其他会计核算组织程序不同的一个显著特点。

2. 记账凭证核算组织程序下记账凭证、账簿和财务报表的种类与格式

在记账凭证核算组织程序下，记账凭证可以采用通用记账凭证，也可以采用收款凭证、付款凭证和转账凭证等专用记账凭证。会计账簿的设置一般包括总分类账、日记账和明细分类账。总分类账的格式一般采用借、贷、余三栏式；库存现金日记账、银行存款日记账的格式一般采用收、付、余三栏式；明细分类账的格式可根据管理工作的需要，采用借、贷、余三栏式，数量金额式和多栏式。财务报表主要有资产负债表、利润表、现金流量表和所有者权益变动表等，关于财务报表的种类与格式，在我国颁布的会计准则以及相关会计制度中已有统一规定，因此，不论在何种会计核算组织程序下，财务报表的种类与格式都不会有大的变化。因此，我们在以后的各种会计核算组织程序下，不再详细讨论财务报表的种类与格式。记账凭证核算组织程序下的记账凭证和账簿的种类与格式如图 10-3 所示。

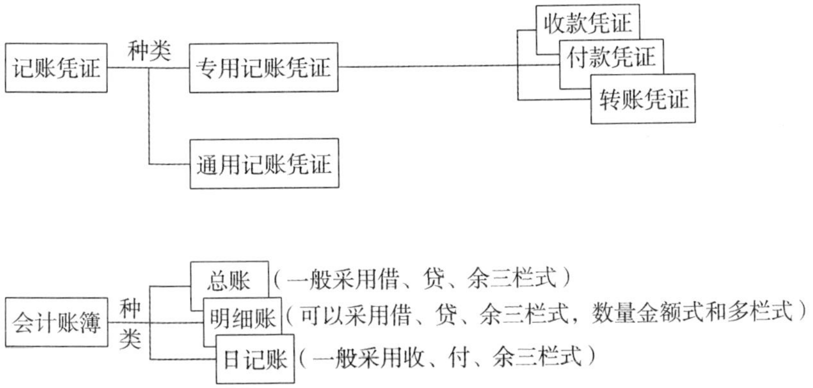

图 10-3　记账凭证核算组织程序下记账凭证、账簿的种类与格式示意图

3. 记账凭证核算组织程序的基本步骤

在记账凭证核算组织程序下，对经济业务进行账务处理的基本步骤是：

①经济业务发生以后，根据原始凭证或原始凭证汇总表填制记账凭证。

②根据收款凭证、付款凭证逐笔登记库存现金日记账、银行存款日记账。

③根据记账凭证及相关的原始凭证或原始凭证汇总表逐笔登记明细分类账。

④根据记账凭证逐笔登记总分类账。

⑤月末，根据对账的具体要求，将库存现金日记账、银行存款日记账和明细分类账的余额与总分类账的有关账户余额相核对。

⑥月末，根据核对相符的总分类账和明细分类账的资料编制财务报表。

记账凭证核算组织程序的基本步骤如图 10-4 所示。

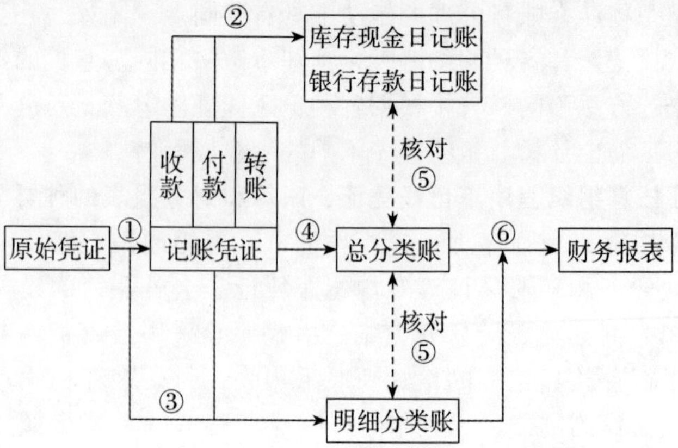

图 10-4 记账凭证核算组织程序的基本步骤示意图

10.2.2 记账凭证核算组织程序的优缺点及适用范围

1. 记账凭证核算组织程序的优缺点

（1）记账凭证核算组织程序的优点

在记账凭证核算组织程序下，当一笔经济业务发生以后，即在一张凭证上完整地记录整笔经济业务，账户对应关系清晰明了。日记账、明细分类账与总分类账是根据记账凭证逐笔登记的。因此，总分类账能比较详细地反映经济业务的发生情况，而且，总分类账的登记方法简单，便于理解，易于掌握。

（2）记账凭证核算组织程序的缺点

由于记账凭证核算组织程序是直接根据各种记账凭证逐笔登记总分类账的，因此，总分类账的登记工作量过大，登账工作简单重复，账页耗用多，账页预留多少难以把握，容易造成浪费。

2. 记账凭证核算组织程序的适用范围

记账凭证核算组织程序一般适用于经营规模小、业务量少、记账凭证数量不多的单位。

10.3 科目汇总表核算组织程序

10.3.1 科目汇总表核算组织程序的基本内容

1. 科目汇总表核算组织程序的概念及特点

科目汇总表核算组织程序是指定期将所有记账凭证按会计科目汇总编制成科目汇总表，再根据科目汇总表登记总分类账，并定期编制财务报表的一种会计核算组织程序。它是在记账凭证核算组织程序的基础上发展和演变而来的。

科目汇总表核算组织程序的主要特点是定期将各种记账凭证汇总编制成科目汇总表，然后根据科目汇总表上的汇总数据登记总分类账。

2. 科目汇总表核算组织程序下记账凭证、账簿的种类与格式

在科目汇总表核算组织程序下记账凭证可以采用通用记账凭证，也可以采用收款凭证、付款凭证和转账凭证等专用记账凭证。可以说，科目汇总表也是一种具有汇总性质的特殊记账凭证。为了便于按科目归类汇总编制科目汇总表，在实际工作中，各单位便将所有记账凭证编制成单式凭证或对记账凭证加以复写。若采用 T 形账户形式作为编制科目汇总表工作底稿的依据，则记账凭证也可以编制复合会计分录。账簿的设置与记账凭证核算组织程序下账簿的设置基本相同。只是由于科目汇总表中不能反映各个账户之间的对应关系，所以，总分类账的格式中可以不必设置“对方科目”栏。科目汇总表核算组织程序下，记账凭证、账簿的格式如图 10-5 所示。

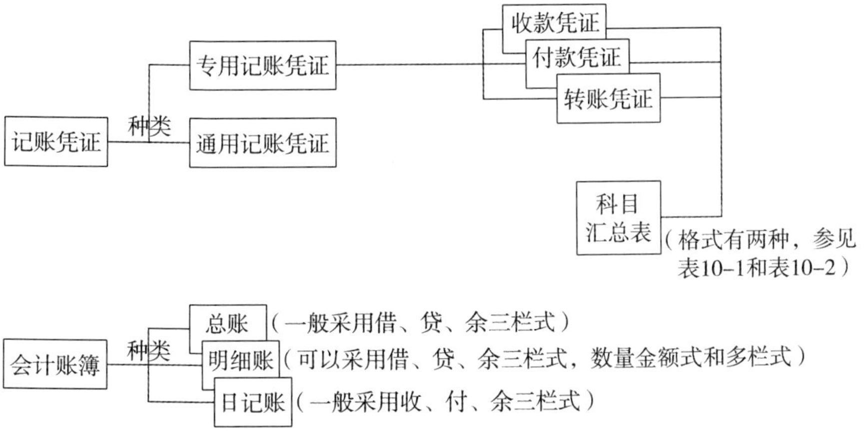

图 10-5　科目汇总表核算组织程序下记账凭证、账簿的种类与格式示意图

3. 科目汇总表的编制方法

科目汇总表是以一定期间的全部记账凭证为依据，定期按照相同的会计科目分类汇总编制而成的。其格式一般有两种，见表 10-1、表 10-2。

表 10-1　**科目汇总表（格式一）**

年　月　日至　日　　　　第　号

会计科目	总账页数	本期发生额		记账凭证起讫号数
		借　方	贷　方	
合　计				

表 10-2 **科目汇总表（格式二）**

年 月 日至 日 第 号

会计科目	账 页	1日—10日		11日—20日		21日—31日		本月合计	
		借 方	贷 方	借 方	贷 方	借 方	贷 方	借 方	贷 方
合 计									

科目汇总表的编制方法是根据一定期间的全部记账凭证，按照相同的会计科目归类，定期汇总每一个会计科目的借方发生额、贷方发生额，填写在科目汇总表的相关栏内。科目汇总表的编制时间可以根据各单位的经济业务量的多少来确定，1天、3天、5天、10天汇总编制一次均可。格式一的科目汇总表适用于定期汇总，每月编制若干张科目汇总表的单位。格式二的科目汇总表适用于按旬汇总，每月编制一张科目汇总表的单位。

【例 10-1】宏达公司 2017 年 3 月份发生的经济业务在记账凭证上编制如下会计分录：

①现收 1：

借：库存现金 500

贷：其他应收款 500

②银付 1：

借：库存现金 85 000

贷：银行存款 85 000

③现付 1：

借：应付职工薪酬 85 000

贷：库存现金 85 000

④现付 2：

借：管理费用 820

贷：库存现金 820

⑤银付 2：

借：其他应收款 6 000

贷：银行存款 6 000

⑥银付 3：

借：材料采购 73 000

借：应交税费　11 680

　贷：银行存款　84 680

⑦银付4：

借：在建工程　120 000

　贷：银行存款　120 000

⑧银付5：

借：材料采购　7 000

　贷：银行存款　7 000

⑨银付6：

借：应收账款　2 400

　贷：银行存款　2 400

⑩银付7：

借：制造费用　3 000

　　管理费用　2 500

　贷：银行存款　5 500

⑪转1：

借：管理费用　1 420

　贷：其他应收款　1 420

⑫转2：

借：材料采购　3 000

　贷：应付账款　3 000

⑬转3：

借：原材料　83 000

　贷：材料采购　83 000

⑭转4：

借：生产成本　3 000

　贷：制造费用　3 000

⑮转5：

借：生产成本　36 200

　　在建工程　10 000

　贷：原材料　46 200

在以上记账凭证的会计分录中，涉及很多会计科目，在对这些会计科目分别按借方发生额、贷方发生额进行汇总时，可利用编制“科目汇总表工作底稿”，即T形账户的方法进行。但应注意，“科目汇总表工作底稿”所使用的T形账户看似T形账户，但并不是真正的T形账户，运用这种形式的目的是便于对各个会计科目的发生额进行汇总。“科目汇总表工作底稿”的格式及本例的汇总情况如下：

库存现金

现收1	500	现付1	85 000
银付1	85 000	现付2	820
合计	85 500	合计	85 820

银行存款

		银付1	85 000
		银付2	6 000
		银付3	84 680
		银付4	120 000
		银付5	7 000
		银付6	2 400
		银付7	5 500
合计	0	合计	310 580

材料采购

银付3	73 000	转3	83 000
银付5	7 000		
转2	3 000		
合计	83 000	合计	83 000

原材料

转3	83 000	转5	46 200
合计	83 000	合计	46 200

应收账款

银付6	2 400		
合计	2 400	合计	0

其他应收款

银付2	6 000	现收1	500
		转1	1 420
合计	6 000	合计	1 920

在建工程

银付4	120 000		
转5	10 000		
合计	130 000	合计	0

管理费用

现付2	820		
银付7	2 500		
转1	1 420		
合计	4 740	合计	0

制造费用

银付 7	3 000	转 4	3 000
合计	3 000	合计	3 000

生产成本

转 4	3 000		
转 5	36 200		
合计	39 200	合计	0

应交税费

银付 3	11 680		
合计	11 680	合计	0

应付账款

		转 2	3 000
合计	0	合计	3 000

应付职工薪酬

现付 1	85 000		
合计	85 000	合计	0

根据“科目汇总表工作底稿”编制的“科目汇总表”见表 10-3。

表 10-3

科目汇总表

2017 年 3 月　　单位：元

会计科目	总账页数	本期发生额		记账凭证起讫号数
		借　方	贷　方	
库存现金		85 500	85 820	
银行存款		0	310 580	
材料采购		83 000	83 000	
原材料		83 000	46 200	
应收账款		2 400	0	
其他应收款		6 000	1 920	
在建工程		130 000	0	
管理费用		4 740	0	
生产成本		39 200	0	
制造费用		3 000	3 000	
应交税费		11 680	0	
应付账款		0	3 000	
应付职工薪酬		85 000	0	
合　计		533 520	533 520	

4. 科目汇总表核算组织程序的基本步骤

在科目汇总表核算组织程序下，对经济业务进行账务处理的基本步骤是：

①经济业务发生以后，根据原始凭证或原始凭证汇总表填制记账凭证。

②根据收款凭证、付款凭证逐笔登记库存现金日记账、银行存款日记账。

③根据记账凭证及相关的原始凭证或原始凭证汇总表逐笔登记明细分类账。

④根据各种记账凭证汇总编制科目汇总表。

⑤根据科目汇总表登记总分类账。

⑥月末，根据对账的具体要求，将库存现金日记账、银行存款日记账和明细分类账的余额与总分类账的有关账户余额相核对。

⑦月末，根据核对无误的总分类账和明细分类账的资料编制财务报表。

科目汇总表核算组织程序的基本步骤如图 10-6 所示。

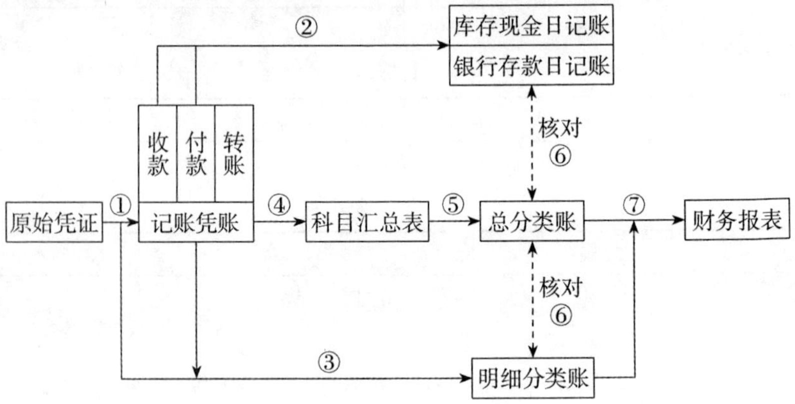

图 10-6 科目汇总表核算组织程序基本步骤示意图

10.3.2 科目汇总表核算组织程序的优缺点及适用范围

1. 科目汇总表核算组织程序的优缺点

（1）科目汇总表核算组织程序的优点

科目汇总表核算组织程序是根据科目汇总表定期登记总分类账的，因此，大大减轻了登记总分类账的工作量。而且，编制科目汇总表可以对会计科目的借方发生额与贷方发生额进行试算平衡，这就等于在登记总账之前，对记账凭证的编制进行了一次检查，在一定程度上可以减少登账错误的发生，保证登账质量。此外，科目汇总表的编制也并不复杂，记账程序易于掌握。

（2）科目汇总表核算组织程序的缺点

科目汇总表只能反映各个会计科目的借方发生额与贷方发生额的汇总情况，不能清晰地反映各个账户之间的对应关系，反映不出经济业务的来龙去脉，不便于对经济业务进行检查与分析。另外，科目汇总表需定期按会计科目进行归类、汇总，工作量较大。

2. 科目汇总表核算组织程序的适用范围

由于科目汇总表核算组织程序具有记账程序清晰的特点，科目汇总表又具有试算平衡的作用，登记总账工作量小等特点。因此，任何会计主体均可采用。但在实际工作中，一般经营规模较大、经济业务量较多的单位应用这种会计核算组织程序的比较普遍。

3.科目汇总表核算组织程序举例

【例 10-2】黎明工厂 2017 年 7 月有关会计核算资料如下：

2017 年 7 月 1 日有关账户余额如下：库存现金 2 500 元，银行存款 130 000 元，应收账款 42 000 元，原材料 33 700 元（其中 A 材料 200 千克，单价 97 元，计 19 400 元，B 材料 300 千克，单价 47.67 元，计 14 300 元），预付账款 7 300 元，生产成本 90 000 元，库存商品 53 000 元，固定资产 1 090 000 元，累计折旧 90 000 元，应付账款 53 000 元，短期借款 92 000 元，应交税费 42 000 元，应付利润 20 000 元，应付利息 2 500 元，其他应付款 300 元，实收资本 900 000 元，盈余公积 48 700 元，本年利润 290 000 元，利润分配 90 000 元。

2017 年 7 月份该厂发生如下经济业务：

（1）2 日，收到华联公司追加投资 200 000 元，款项存入银行。

（2）3 日，从银行取得短期借款 100 000 元，已接到银行的进账通知单。

（3）3 日，购入新机器设备一台，价款总计 50 000 元，已交付使用，款项已开支票付讫。

（4）4 日，以银行存款 30 000 元支付应交税费。

（5）4 日，从银行取得短期借款 40 000 元，直接偿还前欠宏光工厂货款。

（6）5 日，购买 A 材料 200 千克，单价 100 元，增值税税率 16%，全部款项已通过银行转账支付。

（7）5 日，以银行存款偿还前欠短期借款 30 000 元。

（8）6 日，以现金支付购买 A 材料的装卸费等 800 元。

（9）6 日，购买 B 材料 1 000 千克，单价 50 元，增值税税率 16%，全部款项暂欠。

（10）7 日，以银行存款支付购买 B 材料的采购费 2 000 元。

（11）8 日，上述购买的材料均已验收入库，结转其实际采购成本。

（12）9 日，生产领用 A 原材料 200 千克，单价 100.50 元，计 20 100 元，其中：生产产品耗用 18 100 元，车间一般耗用 1 500 元，厂部行政管理部门耗用 500 元。

（13）11 日，以银行存款支付水电费 25 000 元，其中：生产产品耗用 18 000 元，车间一般耗用 5 000 元，厂部行政管理部门耗用 2 000 元。

（14）13 日，计算应由本月负担的银行借款利息 400 元。

（15）15 日，从银行提现 50 000 元备发工资。

（16）15 日，以现金 50 000 元发放职工工资。

（17）16 日，以银行存款预付本季度报刊杂志费 1 500 元。

（18）17 日，以银行存款支付企业职工的培训费 2 000 元。

（19）18 日，销售产品 300 件，单价 200 元，增值税税率 16%，款项已全部收到，存入银行。

（20）20日，以银行存款支付本季度借款利息1 200元。

（21）22日，销售产品200件，单价200元，增值税税率16%，款项尚未收到。

（22）25日，以银行存款支付销售产品的广告费3 500元。

（23）26日，企业违反合同，按规定以现金1 000元支付罚款。

（24）28日，经批准，没收逾期未退出租包装物加收的押金300元，转作营业外收入。

（25）30日，生产产品领用B材料60千克，单价51元，计3 060元。

（26）31日，摊销应由本月负担的财产保险费600元。

（27）31日，计提固定资产折旧20 000元，其中：车间使用固定资产计提15 000元，厂部行政管理部门使用固定资产计提5 000元。

（28）31日，月末结算工资费用50 000元。其中：生产产品工人工资40 000元，车间管理人员工资3 000元，厂部行政管理部门人员工资7 000元。

（29）31日，结转制造费用。

（30）31日，结转完工入库产品的生产成本80 000元。

（31）31日，结转已售产品的生产成本50 000元。

（32）31日，计算并结转本月应交的消费税5 000元。

（33）31日，结转各项收入与费用。

（34）31日，计算并结转本月应交所得税6 990元。

（35）31日，结转所得税费用6 990元。

（36）31日，计提盈余公积8 000元。

（37）31日，计算结转本月应付利润3 000元。

根据上面所列黎明工厂的经济业务，采用科目汇总表核算组织程序进行的核算如下。

（1）将上述黎明工厂所发生的经济业务视同为原始凭证或原始凭证汇总表，根据原始凭证或原始凭证汇总表编制各种记账凭证见表10-4至表10-41。

表10-4 **收款凭证**

借方科目：银行存款　　2017年7月2日　　银收字第1号

摘　要	贷方科目	账　页	金　额	
			一级科目	二级或明细科目
接受追加投资	实收资本		200 000	
合　计			200 000	

表10-5 **收款凭证**

借方科目：银行存款　　2017年7月3日　　银收字第2号

摘　要	贷方科目	账　页	金　额	
			一级科目	二级或明细科目
取得短期借款	短期借款		100 000	
合　计			100 000	

表 10-6

付款凭证

贷方科目：银行存款　　2017 年 7 月 3 日　　银付字第 1 号

摘　要	借方科目	账　页	金　额	
			一级科目	二级或明细科目
购买设备	固定资产		50 000	
合　计			50 000	

表 10-7

付款凭证

贷方科目：银行存款　　2017 年 7 月 4 日　　银付字第 2 号

摘　要	借方科目	账　页	金　额	
			一级科目	二级或明细科目
支付房产税	应交税费		30 000	
合　计			30 000	

表 10-8

转账凭证

2017 年 7 月 4 日　　转字第 1 号

摘　要	会计科目	账页	借方金额		贷方金额	
			一级科目	二级或明细科目	一级科目	二级或明细科目
以借款还欠款	应付账款		40 000			
	短期借款				40 000	
合　计			40 000		40 000	

表 10-9

付款凭证

贷方科目：银行存款　　2017 年 7 月 5 日　　银付字第 3 号

摘　要	借方科目	账　页	金　额	
			一级科目	二级或明细科目
购买材料	材料采购——A		20 000	20 000
	应交税费——应交增值税		3 200	3 200
合　计			23 200	23 200

表 10-10

付款凭证

贷方科目：银行存款　　2017 年 7 月 5 日　　银付字第 4 号

摘　要	借方科目	账　页	金　额	
			一级科目	二级或明细科目
归还短期借款	短期借款		30 000	
合　计			30 000	

表 10-11 **付款凭证**

贷方科目：库存现金　　2017 年 7 月 6 日　　现付字第 1 号

摘　要	借方科目	账　页	金　额	
			一级科目	二级或明细科目
付采购装卸费	材料采购——A		800	800
合　计			800	800

表 10-12 **转账凭证**

2017 年 7 月 6 日　　转字第 2 号

摘　要	会计科目	账页	借方金额		贷方金额	
			一级科目	二级或明细科目	一级科目	二级或明细科目
购买材料，货款暂欠	材料采购——B		50 000	50 000		
	应交税费——应交增值税		8 000	8 000		
	应付账款				58 000	
合　计			58 000	58 000	58 000	

表 10-13 **付款凭证**

贷方科目：银行存款　　2017 年 7 月 7 日　　银付字第 5 号

摘　要	借方科目	账　页	金　额	
			一级科目	二级或明细科目
付采购费	材料采购——B		2 000	2 000
合　计			2 000	2 000

表 10-14 **转账凭证**

2017 年 7 月 8 日　　转字第 3 号

摘　要	会计科目	账　页	借方金额		贷方金额	
			一级科目	二级或明细科目	一级科目	二级或明细科目
结转入库材料的实际采购成本	原材料——A		20 800	20 800		
	原材料——B		52 000	52 000		
	材料采购——A				20 800	20 800
	材料采购——B				52 000	52 000
合　计			72 800	72 800	72 800	72 800

表 10-15

转账凭证

2017 年 7 月 9 日　　转字第 4 号

摘要	会计科目	账页	借方金额		贷方金额	
			一级科目	二级或明细科目	一级科目	二级或明细科目
生产领料	生产成本		18 100			
	制造费用		1 500			
	管理费用		500			
	原材料——A				20 100	20 100
合计			20 100		20 100	20 100

表 10-16

付款凭证

贷方科目：银行存款　　2017 年 7 月 11 日　　银付字第 6 号

摘要	借方科目	账页	金额	
			一级科目	二级或明细科目
支付水电费	生产成本		18 000	
	制造费用		5 000	
	管理费用		2 000	
合计			25 000	

表 10-17

转账凭证

2017 年 7 月 13 日　　转字第 5 号

摘要	会计科目	账页	借方金额		贷方金额	
			一级科目	二级或明细科目	一级科目	二级或明细科目
计提借款利息	财务费用		400			
	应付利息				400	
合计			400		400	

表 10-18

付款凭证

贷方科目：银行存款　　2017 年 7 月 15 日　　银付字第 7 号

摘要	借方科目	账页	金额	
			一级科目	二级或明细科目
提现金备发工资	库存现金		50 000	
合计			50 000	

表 10-19 付款凭证

贷方科目：库存现金　　2017 年 7 月 15 日　　现付字第 2 号

摘　要	借方科目	账　页	金　额	
			一级科目	二级或明细科目
发放职工工资	应付职工薪酬		50 000	
合　计			50 000	

表 10-20 付款凭证

贷方科目：银行存款　　2017 年 7 月 16 日　　银付字第 8 号

摘　要	借方科目	账　页	金　额	
			一级科目	二级或明细科目
预付下季度报刊杂志费	预付账款		1 500	
合　计			1 500	

表 10-21 付款凭证

贷方科目：银行存款　　2017 年 7 月 17 日　　银付字第 9 号

摘　要	借方科目	账　页	金　额	
			一级科目	二级或明细科目
支付职工培训费	管理费用		2 000	
合　计			2 000	

表 10-22 收款凭证

借方科目：银行存款　　2017 年 7 月 18 日　　银收字第 3 号

摘　要	贷方科目	账　页	金　额	
			一级科目	二级或明细科目
销售产品	主营业务收入		60 000	
	应交税费——应交增值税		9 600	
合　计			69 600	

表 10-23 付款凭证

贷方科目：银行存款　　2017 年 7 月 20 日　　银付字第 10 号

摘　要	借方科目	账　页	金　额	
			一级科目	二级或明细科目
支付本季度借款利息	应付利息		1 200	
合　计			1 200	

表 10-24　**转账凭证**

2017 年 7 月 22 日　转字第 6 号

摘　要	会计科目	账页	借方金额		贷方金额	
			一级科目	二级或明细科目	一级科目	二级或明细科目
赊销产品	应收账款		46 400			
	主营业务收入				40 000	
	应交税费——应交增值税				6 400	
合　计			46 400		46 400	

表 10-25　**付款凭证**

贷方科目：银行存款　2017 年 7 月 25 日　银付字第 11 号

摘　要	借方科目	账　页	金　额	
			一级科目	二级或明细科目
支付广告费	销售费用		3 500	
合　计			3 500	

表 10-26　**付款凭证**

贷方科目：库存现金　2017 年 7 月 26 日　现付字第 3 号

摘　要	贷方科目	账　页	金　额	
			一级科目	二级或明细科目
支付违约罚款	营业外支出		1 000	
合　计			1 000	

表 10-27　**转账凭证**

2017 年 7 月 28 日　转字第 7 号

摘　要	会计科目	账　页	借方金额		贷方金额	
			一级科目	二级或明细科目	一级科目	二级或明细科目
没收押金	其他应付款		300			
	营业外收入				300	
合　计			300		300	

表 10-28　**转账凭证**

2017 年 7 月 30 日　转字第 8 号

摘　要	会计科目	账　页	借方金额		贷方金额	
			一级科目	二级或明细科目	一级科目	二级或明细科目
生产领料	生产成本		3 060			
	原材料——B				3 060	3 060
合　计			3 060		3 060	3 060

表 10-29 **转账凭证**

2017 年 7 月 31 日 转字第 9 号

摘　要	会计科目	账　页	借方金额		贷方金额	
			一级科目	二级或明细科目	一级科目	二级或明细科目
摊销财产保险费	管理费用		600			
	预付账款				600	
合　计			600		600	

表 10-30 **转账凭证**

2017 年 7 月 31 日 转字第 10 号

摘　要	会计科目	账　页	借方金额		贷方金额	
			一级科目	二级或明细科目	一级科目	二级或明细科目
计提折旧	制造费用		15 000			
	管理费用		5 000			
	累计折旧				20 000	
合　计			20 000		20 000	

表 10-31 **转账凭证**

2017 年 7 月 31 日 转字第 11 号

摘　要	会计科目	账　页	借方金额		贷方金额	
			一级科目	二级或明细科目	一级科目	二级或明细科目
结算工资费用	生产成本		40 000			
	制造费用		3 000			
	管理费用		7 000			
	应付职工薪酬				50 000	
合　计			50 000		50 000	

表 10-32 **转账凭证**

2017 年 7 月 31 日 转字第 12 号

摘　要	会计科目	账　页	借方金额		贷方金额	
			一级科目	二级或明细科目	一级科目	二级或明细科目
结转制造费用	生产成本		24 500			
	制造费用				24 500	
合　计			24 500		24 500	

表 10-33

转账凭证

2017 年 7 月 31 日　　转字第 13 号

摘　要	会计科目	账页	借方金额		贷方金额	
			一级科目	二级或明细科目	一级科目	二级或明细科目
结转入库产品成本	库存商品		80 000			
	生产成本				80 000	
合　计			80 000		80 000	

表 10-34

转账凭证

2017 年 7 月 31 日　　转字第 14 号

摘　要	会计科目	账页	借方金额		贷方金额	
			一级科目	二级或明细科目	一级科目	二级或明细科目
结转已售产品成本	主营业务成本		50 000			
	库存商品				50 000	
合　计			50 000		50 000	

表 10-35

转账凭证

2017 年 7 月 31 日　　转字第 15 号

摘　要	会计科目	账页	借方金额		贷方金额	
			一级科目	二级或明细科目	一级科目	二级或明细科目
结转应交消费税	税金及附加		5 000			
	应交税费				5 000	
合　计			5 000		5 000	

表 10-36

转账凭证

2017 年 7 月 31 日　　转字第 16 号

摘　要	会计科目	账页	借方金额		贷方金额	
			一级科目	二级或明细科目	一级科目	二级或明细科目
结转各项支出	本年利润		77 000			
	主营业务成本				50 000	
	税金及附加				5 000	
	销售费用				3 500	
	管理费用				17 100	
	财务费用				400	
	营业外支出				1 000	
合　计			77 000		77 000	

表 10-37 **转账凭证**

2017 年 7 月 31 日 转字第 17 号

摘要	会计科目	账页	借方金额		贷方金额	
			一级科目	二级或明细科目	一级科目	二级或明细科目
结转各项收入	主营业务收入		100 000			
	营业外收入		300			
	本年利润				100 300	
合计			100 300		100 300	

表 10-38 **转账凭证**

2017 年 7 月 31 日 转字第 18 号

摘要	会计科目	账页	借方金额		贷方金额	
			一级科目	二级或明细科目	一级科目	二级或明细科目
计算应交所得税	所得税费用		6 990			
	应交税费				6 990	
合计			6 990		6 990	

表 10-39 **转账凭证**

2017 年 7 月 31 日 转字第 19 号

摘要	会计科目	账页	借方金额		贷方金额	
			一级科目	二级或明细科目	一级科目	二级或明细科目
结转所得税费用	本年利润		6 990			
	所得税费用				6 990	
合计			6 990		6 990	

表 10-40 **转账凭证**

2017 年 7 月 31 日 转字第 20 号

摘要	会计科目	账页	借方金额		贷方金额	
			一级科目	二级或明细科目	一级科目	二级或明细科目
计提盈余公积	利润分配		8 000			
	盈余公积				8 000	
合计			8 000		8 000	

表 10-41

转账凭证

2017年7月31日　　转字第21号

摘　要	会计科目	账页	借方金额		贷方金额	
			一级科目	二级或明细科目	一级科目	二级或明细科目
分配利润	利润分配		3 000			
	应付利润				3 000	
合　计			3 000		3 000	

（2）根据收款凭证、付款凭证登记库存现金日记账和银行存款日记账，见表 10-42、表 10-43。

表 10-42

库存现金日记账

2017年		凭证		摘　要	对方科目	借　方	贷　方	余　额
月	日	字	号					
7	1			期初余额				2 500
	6	现付	1	付采购费	材料采购		800	1 700
	15	银付	7	提现金备发工资	银行存款	50 000		51 700
		现付	2	发放职工工资	应付职工薪酬		50 000	1 700
				小计		50 000	50 000	1 700
	26	现付	3	支付违约罚款	营业外支出		1 000	700
	31			本月合计		50 000	51 800	700

表 10-43

银行存款日记账

2017年		凭证		摘　要	结算凭证		对方科目	借　方	贷　方	余　额
月	日	字	号		种类	编号				
7	1			期初余额						130 000
	2	银收	1	接受追加投资			实收资本	200 000		330 000
	3	银收	2	取得短期借款			短期借款	100 000		430 000
		银付	1	购买机器设备			固定资产		50 000	380 000
				小计				100 000	50 000	380 000
	4	银付	2	支付房产税			应交税费		30 000	350 000
	5	银付	3	购买材料			材料采购		20 000	330 000
							应交税费		3 200	326 800
		银付	4	归还短期借款			短期借款		30 000	296 800
				小计					53 200	296 800
	7	银付	5	支付采购费			材料采购		2 000	294 800
	11	银付	6	支付水电费			生产成本		18 000	276 800
							制造费用		5 000	271 800
							管理费用		2 000	269 800
				小计					25 000	269 800
	15	银付	7	提现金备发工资			库存现金		50 000	219 800
	16	银付	8	预付下季度报刊杂志费			预付账款		1 500	218 300
	17	银付	9	支付职工培训费			管理费用		2 000	216 300
	18	银收	3	销售产品			主营业务收入	60 000		276 300
							应交税费	9 600		285 900
				小计				69 600		285 900
	20	银付	10	支付本季度借款利息			应付利息		1 200	284 700
	25	银付	11	支付销售产品广告费			销售费用		3 500	281 200
	31			本月合计				369 600	218 400	281 200

(3) 根据原始凭证、汇总原始凭证或记账凭证登记部分明细分类账，见表 10-44 和表 10-45。

表 10-44

材料明细账

品名：A 材料　　　　计量单位：千克

2017年		凭证		摘要	收入			发出			结存		
月	日	字	号		数量	单价	金额	数量	单价	金额	数量	单价	金额
7	1			期初余额							200	97	19 400
	8	转	3	购进	200	104	20 800				400	100.50	40 200
	9	转	4	发出材料				200	100.50	20 100	200	100.50	20 100
	31			本月合计	200		20 800	200		20 100	200	100.50	20 100

表 10-45

材料明细账

品名：B 材料　　　　计量单位：千克

2017年		凭证		摘要	收入			发出			结存		
月	日	字	号		数量	单价	金额	数量	单价	金额	数量	单价	金额
7	1			期初余额							300	47.67	14 300
	8	转	3	购进	1 000	52	52 000				1 300	51	66 300
	30	转	8	发出材料				60	51	3 060	1 240	51	63 240
	31			本月合计	1 000		52 000	60		3 060	1 240		63 240

其余明细分类账的填制略。

(4) 根据记账凭证按月分旬编制科目汇总表见表 10-46。

表 10-46

科目汇总表

2017 年 7 月　　　　单位：元

会计科目	账页	1日—10日		11日—20日		21日—31日		本月合计	
		借方	贷方	借方	贷方	借方	贷方	借方	贷方
库存现金			800	50 000	50 000		1 000	50 000	51 800
银行存款		300 000	135 200	69 600	79 700		3 500	369 600	218 400
应收账款						46 400		46 400	
材料采购		72 800	72 800					72 800	72 800
原材料		72 800	20 100				3 060	72 800	23 160
预付账款				1 500			600	1 500	600
库存商品						80 000	50 000	80 000	50 000
固定资产		50 000						50 000	
累计折旧							20 000		20 000

续表

会计科目	账页	1日—10日		11日—20日		21日—31日		本月合计	
		借方	贷方	借方	贷方	借方	贷方	借方	贷方
应付账款		40 000	58 000					40 000	58 000
短期借款		30 000	140 000					30 000	140 000
应付职工薪酬				50 000			50 000	50 000	50 000
应交税费		41 200			9 600		18 390	41 200	27 990
应付利润							3 000		3 000
应付利息				1 200	400			1 200	400
其他应付款						300		300	
实收资本			200 000						200 000
盈余公积							8 000		8 000
本年利润						83 990	100 300	83 990	100 300
利润分配						11 000		11 000	
生产成本		18 100		18 000		67 560	80 000	103 660	80 000
制造费用		1 500		5 000		18 000	24 500	24 500	24 500
主营业务收入					60 000	100 000	40 000	100 000	100 000
主营业务成本						50 000	50 000	50 000	50 000
税金及附加						5 000	5 000	5 000	5 000
销售费用						3 500	3 500	3 500	3 500
管理费用		500		4 000		12 600	17 100	17 100	17 100
财务费用				400			400	400	400
营业外收入						300	300	300	300
营业外支出						1 000	1 000	1 000	1 000
所得税费用						6 990	6 990	6 990	6 990
合计		626 900	626 900	199 700	199 700	486 640	486 640	1 313 240	1 313 240

（5）根据科目汇总表登记总分类账见表10-47至表10-76。

表10-47　**总分类账**

会计科目：库存现金

2017年		凭证		摘　要	借　方	贷　方	借或贷	余　额
月	日	字	号					
7	1			期初余额			借	2 500
	10	科汇	1	1日—10日发生额		800	借	1 700
	20	科汇	1	11日—20日发生额	50 000	50 000	借	1 700
	31	科汇	1	21日—31日发生额		1 000	借	700
	31			本期发生额及余额	50 000	51 800	借	700

表 10-48 **总分类账**

会计科目：银行存款

2017年		凭证		摘要	借方	贷方	借或贷	余额
月	日	字	号					
7	1			期初余额			借	130 000
	10	科汇	1	1日—10日发生额	300 000	135 200	借	294 800
	20	科汇	1	11日—20日发生额	69 600	79 700	借	284 700
	31	科汇	1	21日—31日发生额		3 500	借	281 200
	31			本期发生额及余额	369 600	218 400	借	281 200

表 10-49 **总分类账**

会计科目：应收账款

2017年		凭证		摘要	借方	贷方	借或贷	余额
月	日	字	号					
7	1			期初余额			借	42 000
	31	科汇	1	21日—31日发生额	46 400		借	88 400
	31			本期发生额及余额	46 400		借	88 400

表 10-50 **总分类账**

会计科目：预付账款

2017年		凭证		摘要	借方	贷方	借或贷	余额
月	日	字	号					
7	1			期初余额			借	7 300
	20	科汇	1	11日—20日发生额	1 500		借	8 800
	31	科汇	1	21日—31日发生额		600	借	8 200
	31			本期发生额及余额	1 500	600	借	8 200

表 10-51 **总分类账**

会计科目：材料采购

2017年		凭证		摘要	借方	贷方	借或贷	余额
月	日	字	号					
7	10	科汇	1	1日—10日发生额	72 800	72 800	平	0
		31		本期发生额及余额	72 800	72 800	平	0

表 10-52 **总分类账**

会计科目：原材料

2017年		凭证		摘要	借方	贷方	借或贷	余额
月	日	字	号					
7	1			期初余额			借	33 700
	10	科汇	1	1日—10日发生额	72 800	20 100	借	86 400
	31	科汇	1	21日—31日发生额		3 060	借	83 340
	31			本期发生额及余额	72 800	23 160	借	83 340

表 10-53　**总分类账**

会计科目：库存商品

2017年		凭证		摘　要	借　方	贷　方	借或贷	余　额
月	日	字	号					
7	1			期初余额			借	53 000
	31	科汇	1	21日—31日发生额	80 000	50 000	借	83 000
	31			本期发生额及余额	80 000	50 000	借	83 000

表 10-54　**总分类账**

会计科目：固定资产

2017年		凭证		摘　要	借　方	贷　方	借或贷	余　额
月	日	字	号					
7	1			期初余额			借	1 090 000
	10	科汇	1	1日—10日发生额	50 000		借	1 140 000
				本期发生额及余额	50 000		借	1 140 000

表 10-55　**总分类账**

会计科目：累计折旧

2017年		凭证		摘　要	借　方	贷　方	借或贷	余　额
月	日	字	号					
7	1			期初余额			贷	90 000
	31	科汇	1	21日—31日发生额		20 000	贷	110 000
	31			本期发生额及余额		20 000	贷	110 000

表 10-56　**总分类账**

会计科目：应付账款

2017年		凭证		摘　要	借　方	贷　方	借或贷	余　额
月	日	字	号					
7	1			期初余额			贷	53 000
	31	科汇	1	1日—10日发生额	40 000	58 000	贷	71 000
				本期发生额及余额	40 000	58 000	贷	71 000

表 10-57　**总分类账**

会计科目：短期借款

2017年		凭证		摘　要	借　方	贷　方	借或贷	余　额
月	日	字	号					
7	1			期初余额			贷	92 000
	31	科汇	1	1日—10日发生额	30 000	140 000	贷	202 000
	31			本期发生额及余额	30 000	140 000	贷	202 000

表 10-58　**总分类账**

会计科目：应付职工薪酬

2017年		凭证		摘　要	借　方	贷　方	借或贷	余　额
月	日	字	号					
7	20	科汇	1	11日—20日发生额	50 000		借	50 000
	31	科汇	1	21日—31日发生额		50 000	平	0
	31			本期发生额及余额	50 000	50 000	平	0

表 10-59 **总分类账**

会计科目：应交税费

2017年		凭证		摘要	借方	贷方	借或贷	余额
月	日	字	号					
7	1			期初余额			贷	42 000
	10	科汇	1	1日—10日发生额	41 200		贷	800
	20	科汇	1	11日—20日发生额		9 600	贷	10 400
	31	科汇	1	21日—31日发生额		18 390	贷	28 790
	31			本期发生额及余额	41 200	27 990	贷	28 790

表 10-60 **总分类账**

会计科目：应付利润

2017年		凭证		摘要	借方	贷方	借或贷	余额
月	日	字	号					
7	1			期初余额			贷	20 000
	31	科汇	1	21日—31日发生额		3 000	贷	23 000
	31			本期发生额及余额		3 000	贷	23 000

表 10-61 **总分类账**

会计科目：应付利息

2017年		凭证		摘要	借方	贷方	借或贷	余额
月	日	字	号					
7	1			期初余额			贷	2 800
	20	科汇	1	11日—20日发生额	1 200	400	贷	2 000
	31			本期发生额及余额	1 200	400	贷	2 000

表 10-62 **总分类账**

会计科目：实收资本

2017年		凭证		摘要	借方	贷方	借或贷	余额
月	日	字	号					
7	1			期初余额			贷	900 000
	10	科汇	1	1日—10日发生额		200 000	贷	1 100 000
	31			本期发生额及余额		200 000	贷	1 100 000

表 10-63 **总分类账**

会计科目：盈余公积

2017年		凭证		摘要	借方	贷方	借或贷	余额
月	日	字	号					
7	1			期初余额			贷	48 700
	31	科汇	1	21日—31日发生额		8 000	贷	56 700
	31			本期发生额及余额		8 000	贷	56 700

表 10-64　　总分类账

会计科目：本年利润

2017年		凭证		摘　要	借　方	贷　方	借或贷	余　额
月	日	字	号					
7	1			期初余额			贷	290 000
	31	科汇	1	21日—31日发生额	83 990	100 300	贷	306 310
	31			本期发生额及余额	83 990	100 300	贷	306 310

表 10-65　　总分类账

会计科目：利润分配

2017年		凭证		摘　要	借　方	贷　方	借或贷	余　额
月	日	字	号					
7	1			期初余额			借	90 000
	31	科汇	1	21日—31日发生额	11 000		借	101 000
	31			本期发生额及余额	11 000		借	101 000

表 10-66　　总分类账

会计科目：生产成本

2017年		凭证		摘　要	借　方	贷　方	借或贷	余　额
月	日	字	号					
7	1			期初余额			借	90 000
	10	科汇	1	1日—10日发生额	18 100		借	108 100
	20	科汇	1	11日—20日发生额	18 000		借	126 100
	31	科汇	1	21日—31日发生额	67 560	80 000	借	113 660
	31			本期发生额及余额	103 660	80 000	借	113 660

表 10-67　　总分类账

会计科目：制造费用

2017年		凭证		摘　要	借　方	贷　方	借或贷	余　额
月	日	字	号					
7	10	科汇	1	1日—10日发生额	1 500		借	1 500
	20	科汇	1	11日—20日发生额	5 000		借	6 500
	31	科汇	1	21日—31日发生额	18 000	24 500	平	0
	31			本期发生额及余额	24 500	24 500	平	0

表 10-68　　总分类账

会计科目：主营业务收入

2017年		凭证		摘　要	借　方	贷　方	借或贷	余　额
月	日	字	号					
7	20	科汇	1	11日—20日发生额		60 000	贷	60 000
	31	科汇	1	21日—31日发生额	100 000	40 000	平	0
	31			本期发生额及余额	100 000	100 000	平	0

表 10-69 **总分类账**

会计科目：主营业务成本

2017年		凭证		摘　要	借　方	贷　方	借或贷	余　额
月	日	字	号					
7	31	科汇	1	21日—31日发生额	50 000	50 000	平	0
	31		1	本期发生额及余额	50 000	50 000	平	0

表 10-70 **总分类账**

会计科目：税金及附加

2017年		凭证		摘　要	借　方	贷　方	借或贷	余　额
月	日	字	号					
7	31	科汇	1	21日—31日发生额	5 000	5 000	平	0
	31		1	本期发生额及余额	5 000	5 000	平	0

表 10-71 **总分类账**

会计科目：销售费用

2017年		凭证		摘　要	借　方	贷　方	借或贷	余　额
月	日	字	号					
7	31	科汇	1	21日—31日发生额	3 500	3 500	平	0
	31		1	本期发生额及余额	3 500	3 500	平	0

表 10-72 **总分类账**

会计科目：管理费用

2017年		凭证		摘　要	借　方	贷　方	借或贷	余　额
月	日	字	号					
7	10	科汇	1	1日—10日发生额	500		借	500
	20	科汇	1	11日—20日发生额	4 000		借	4 500
	31	科汇	1	21日—31日发生额	12 600	17 100	平	0
	31			本期发生额及余额	17 100	17 100	平	0

表 10-73 **总分类账**

会计科目：财务费用

2017年		凭证		摘　要	借　方	贷　方	借或贷	余　额
月	日	字	号					
7	20	科汇	1	11日—20日发生额	400		借	400
	31	科汇	1	21日—31日发生额		400	平	0
	31			本期发生额及余额	400	400	平	0

表 10-74　**总分类账**

会计科目：营业外收入

2017年		凭证		摘　要	借　方	贷　方	借或贷	余　额
月	日	字	号					
7	31	科汇	1	21日—31日发生额	300	300	平	0
	31			本期发生额及余额	300	300	平	0

表 10-75　**总分类账**

会计科目：营业外支出

2017年		凭证		摘　要	借　方	贷　方	借或贷	余　额
月	日	字	号					
7	31	科汇	1	21日—31日发生额	1 000	1 000	平	0
	31			本期发生额及余额	1 000	1 000	平	0

表 10-76　**总分类账**

会计科目：所得税费用

2017年		凭证		摘　要	借　方	贷　方	借或贷	余　额
月	日	字	号					
7	31	科汇	1	21日—31日发生额	6 990	6 990	平	0
	31			本期发生额及余额	6 990	6 990	平	0

（6）将总分类账与所属明细分类账、日记账核对。

（7）根据核对相符的总分类账与明细分类账的资料编制财务报表。

10.4　汇总记账凭证核算组织程序

10.4.1　汇总记账凭证核算组织程序的基本内容

1. 汇总记账凭证核算组织程序的概念及特点

汇总记账凭证核算组织程序是指将所有记账凭证汇总编制成汇总记账凭证，然后再根据汇总记账凭证登记总分类账，并定期编制财务报表的一种会计核算组织程序。

汇总记账凭证核算组织程序的特点是：定期将全部记账凭证编制成汇总记账凭证，然后再根据汇总记账凭证上的汇总数字登记总账。

2. 汇总记账凭证核算组织程序下记账凭证、账簿的种类与格式

在汇总记账凭证核算组织程序下，除设置记账凭证外，还需定期根据记账凭证编制汇总记账凭证。记账凭证通常分为收款凭证、付款凭证和转账凭证。相应地，汇总记账凭证也分为汇总收款凭证、汇总付款凭证和汇总转账凭证。会计账簿的种类与格式和记账凭证核算组织程序、科目汇总表核算组织程序基本相同。只是总分类账所采用的借、贷、余三栏式中的借、贷两栏应设置“对方科目”专栏。月末，根据汇总收款凭证的合计数，登记在“库存现金”“银行存款”等总分类账的借方，以及相关总分类账的贷方；根据汇总付款凭证的合计数，登记在“库存现金”“银行存款”等总分类账的贷方，以及相关总分类账的借方；根据汇总转账凭证的合计数，记入有关总分类账的借方和的贷方。汇总记账凭证核算组织程序下记账凭证、账簿的种类与格式如图 10-7 所示。

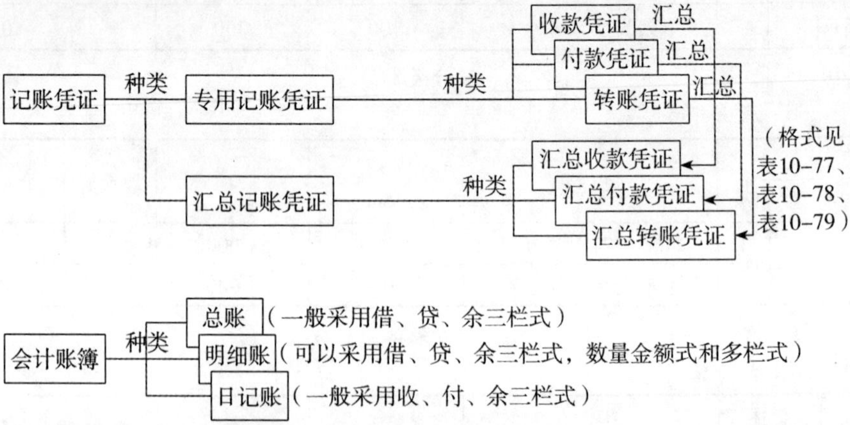

图 10-7　汇总记账凭证核算组织程序下记账凭证、账簿的种类与格式示意图

3. 汇总记账凭证的编制方法

（1）汇总收款凭证的编制方法

汇总收款凭证是根据一定时期的全部收款凭证按月汇总编制而成的。汇总收款凭证的编制方法是：将日常会计核算工作中所填制的收款凭证，按会计分录上的借方科目设置，并按其相对应的贷方科目加以归类，定期（可以 5 天或 10 天）汇总，按月编制，月末时，计算出汇总收款凭证中各贷方科目的合计数，填入汇总收款凭证的相应栏次内，作为登记总分类账的依据。由于收款凭证主要涉及的是货币资金收入业务，其借方科目只有库存现金和银行存款。因此，以借方为主体，按贷方科目归类、汇总编制的汇总收款凭证的张数就减少了。按月编制汇总收款凭证时，每月只需编制一张库存现金汇总收款凭证和银行存款汇总收款凭证。表 10-77 为库存现金汇总收款凭证的格式。

表 10-77　**汇总收款凭证**

借方科目：库存现金　　　　年　月　　　　汇收字第　号

贷方科目	金　额				总账页数	
	1日—10日 收款凭证 第　号至第　号	11日—20日 收款凭证 第　号至第　号	21日—31日 收款凭证 第　号至第　号	合计	借方	贷方
合　计						

（2）汇总付款凭证的编制方法

汇总付款凭证是根据一定时期的全部付款凭证按月汇总编制而成的。汇总付款凭证的编制方法是：将日常会计核算工作中所填制的付款凭证，按会计分录上的贷方科目设置，并按其相对应的借方科目加以归类，定期（可以5天或10天）汇总，按月编制，月末时，计算出汇总付款凭证中各借方科目的合计数，填入汇总付款凭证的相应栏次内，作为登记总分类账的依据。由于付款凭证主要涉及的是货币资金付出业务，其贷方科目同编制汇总收款凭证时一样也只有库存现金和银行存款。因此，以贷方为主体，按借方科目归类、汇总编制的汇总付款凭证的张数就减少了。按月编制汇总付款凭证时，每月只需编制一张库存现金汇总付款凭证和银行存款汇总付款凭证。表10-78为银行存款汇总付款凭证的格式。

表10-78　　汇总付款凭证

贷方科目：银行存款　　年　月　　汇付字第　号

借方科目	金　额				总账页数	
	1日—10日 付款凭证 第　号至第　号	11日—20日 付款凭证 第　号至第　号	21日—31日 付款凭证 第　号至第　号	合计	借方	贷方
合　计						

（3）汇总转账凭证的编制方法

汇总转账凭证是根据一定时期的全部转账凭证按月汇总编制而成的。汇总转账凭证的编制方法是：将日常会计核算工作中所填制的转账凭证，按会计分录上的贷方科目设置，并按其相对应的借方科目加以归类，定期（可以5天或10天）汇总，按月编制，月末时，计算出汇总转账凭证中各借方科目的合计数，填入汇总转账凭证的相应栏次内，作为登记总分类账的依据。由于转账凭证中所涉及的会计科目无规律性，为避免混乱，习惯上规定汇总转账凭证的编制按贷方科目设置，按与其相对应的借方科目加以归类，定期（可以5天或10天）汇总，按月编制，月末时，计算出汇总转账凭证中各借方科目的合计数，填入汇总转账凭证的相应栏次内，作为登记总分类账的依据。由于汇总转账凭证的编制通常是按贷方科目设置，为便于汇总，避免出现差错，日常填制转账凭证时，应编制一借一贷、多借一贷的会计分录，而不宜编制一借多贷或多借多贷的会计分录。表10-79为汇总转账款凭证的格式。

4. 汇总记账凭证核算组织程序的基本步骤

在汇总记账凭证核算组织程序下，对经济业务进行账务处理的基本步骤是：

表 10-79 **汇总转账凭证**

贷方科目: 年 月 汇转字第 号

借方科目	金额				总账页数	
	1日—10日 转账凭证 第 号至第 号	11日—20日 转账凭证 第 号至第 号	21日—31日 转账凭证 第 号至第 号	合计	借方	贷方
合 计						

①经济业务发生以后，根据原始凭证或原始凭证汇总表填制记账凭证。

②根据收款凭证、付款凭证逐笔登记库存现金日记账、银行存款日记账。

③根据记账凭证及相关的原始凭证或原始凭证汇总表逐笔登记明细分类账。

④根据各种记账凭证汇总编制汇总记账凭证，即编制汇总收款凭证、汇总付款凭证和汇总转账凭证。

⑤根据各种汇总记账凭证登记总分类账。

⑥月末，根据对账的具体要求，将库存现金日记账、银行存款日记账和明细分类账的余额与总分类账的有关账户余额相核对。

⑦月末，根据核对相符的总分类账和明细分类账的资料编制财务报表。

汇总记账凭证核算组织程序的基本步骤如图 10-8 所示。

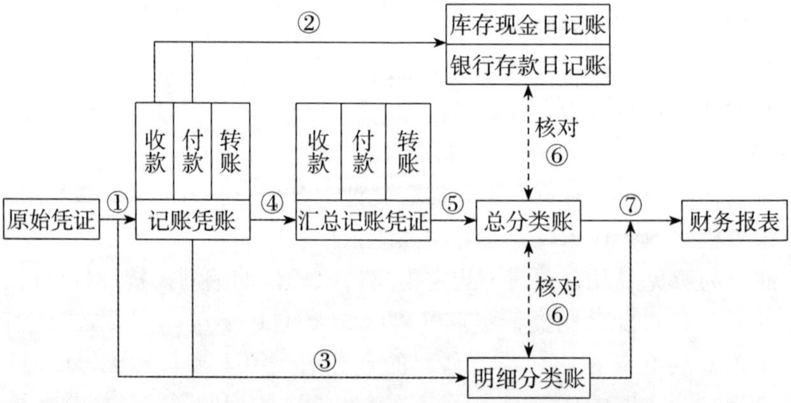

图 10-8 汇总记账凭证核算组织程序的基本步骤示意图

10.4.2 汇总记账凭证核算组织程序的优缺点及适用范围

1. 汇总记账凭证核算组织程序的优缺点

(1) 汇总记账凭证核算组织程序的优点

在汇总记账凭证核算组织程序下，可以将日常发生的大量记账凭证分散在平时整理、汇总，月末，根据汇总记账凭证上有关账户的汇总发生额，一次登记总分类账。这样就大大降低了登账的工作量。另外，汇总记账凭证是按会计科目的对应关系进行分类汇总的，因而可以明确地反映出有关会计账户之间的对应关系，便于经常分析、检查经济活动的发生情况。

（2）汇总记账凭证核算组织程序的缺点

在汇总记账凭证核算组织程序下，要定期将全部记账凭证进行汇总，编制汇总收款凭证、汇总付款凭证和汇总转账凭证，因而其工作量较大。另外，汇总转账凭证的编制通常是按贷方科目设置，按与其相对应的借方科目汇总的，没有考虑经济业务的性质，因而不利于会计核算工作的分工；汇总记账凭证的编制是一项比较复杂的工作，容易产生汇总错误，而且汇总记账凭证本身并不体现有关账户数字之间的平衡关系，即使出现汇总错误也很难发现。

2. 汇总记账凭证核算组织程序的适用范围

汇总记账凭证核算组织程序主要适用于经营规模较大、经济业务量较多的单位。

10.4.3　汇总记账凭证核算组织程序举例

【例 10-3】承例 10-2，以黎明工厂 2017 年 7 月份发生的主要经济业务为例，说明汇总记账凭证核算组织程序。由于记账凭证的编制，库存现金日记账和银行存款日记账以及各种明细分类账的登记与前述两种会计核算组织程序基本相同，故不再赘述。这里仅说明汇总记账凭证的编制及部分总分类账的登记方法。为了简化核算，不再编制汇总转账凭证，直接根据转账凭证登记总分类账。

①根据收款凭证、付款凭证编制汇总收款凭证和汇总付款凭证，见表 10-80 至表 10-82。

表 10-80　**汇总收款凭证**

借方科目：银行存款　2017 年 7 月　汇收字第 1 号

贷方科目	金额				总账页数	
	1日—10日 收款凭证 第　号至第　号	11日—20日 收款凭证 第　号至第　号	21日—31日 收款凭证 第　号至第　号	合计	借方	贷方
实收资本	200 000			200 000		
短期借款	100 000			100 000		
主营业务收入		60 000		60 000		
应交税费		9 600		9 600		
合　计	300 000	69 600		369 600		

表 10-81 **汇总付款凭证**

贷方科目：库存现金 2017 年 7 月 汇付字第 1 号

借方科目	金额				总账页数	
	1 日—10 日 付款凭证 第 号至第 号	11 日—20 日 付款凭证 第 号至第 号	21 日—31 日 付款凭证 第 号至第 号	合计	借方	贷方
材料采购	800			800		
应付职工薪酬		50 000		50 000		
营业外支出			1 000	1 000		
合 计	800	50 000	1 000	51 800		

表 10-82 **汇总付款凭证**

贷方科目：银行存款 2017 年 7 月 汇付字第 2 号

借方科目	金额				总账页数	
	1 日—10 日 付款凭证 第 号至第 号	11 日—20 日 付款凭证 第 号至第 号	21 日—31 日 付款凭证 第 号至第 号	合计	借方	贷方
固定资产	50 000			50 000		
应交税费	33 200			33 200		
材料采购	22 000			22 000		
短期借款	30 000			30 000		
生产成本		18 000		18 000		
制造费用		5 000		5 000		
管理费用		4 000		4 000		
库存现金		50 000		50 000		
预付账款		1 500		1 500		
应付利息		1 200		1 200		
销售费用			3 500	3 500		
合 计	135 200	79 700	3 500	218 400		

②根据汇总收款凭证、汇总付款凭证及转账凭证登记部分总分类账见表 10-83 至表 10-86。

表 10-83

总分类账

会计科目：库存现金

2017年		凭证		摘要	借方		贷方		借或贷	余额
月	日	字	号		金额	对方科目	金额	对方科目		
7	1			期初余额					借	2 500
	31	汇付	2	提现金	50 000	银行存款				
	31	汇付	1	购买材料			800	材料采购		
				发放工资			50 000	应付职工薪酬		
				付违约罚金			1 000	营业外支出		
	31			本期发生额及余额	50 000		51 800		借	700

表 10-84

总分类账

会计科目：银行存款

2017年		凭证		摘要	借方		贷方		借或贷	余额
月	日	字	号		金额	对方科目	金额	对方科目		
7	1			期初余额					借	130 000
	31	汇收	1	追加投资	200 000	实收资本				
				取得短期借款	100 000	短期借款				
				销售产品	60 000	主营业务收入				
					9 600	应交税费				
	31	汇付	2	购买机器设备			50 000	固定资产		
				交付税金			33 200	应交税费		
				购买材料			22 000	材料采购		
				偿还短期借款			30 000	短期借款		
				支付水电费等			18 000	生产成本		
							5 000	制造费用		
							4 000	管理费用		
				提现金			50 000	库存现金		
				付报刊杂志费			1 500	预付账款		
				付借款利息			1 200	应付利息		
				付广告费			3 500	销售费用		
	31			本期发生额及余额	369 600		218 400		借	281 200

表 10-85 **总分类账**

会计科目：应交税费

2017年		凭证		摘要	借方		贷方		借或贷	余额
月	日	字	号		金额	对方科目	金额	对方科目		
7	1			期初余额					贷	42 000
	31	汇付	2	交付税金	33 200	银行存款				
	31	转	2	购买材料	8 000	应付账款				
	31	汇收	1	销售产品			9 600	银行存款		
	31	转	6	销售产品			6 400	应收账款		
	31	转	15	结转消费税			5 000	税金及附加		
	31	转	18	结转所得税			6 990	所得税费用		
	31			本期发生额及余额	41 200		27 990		贷	28 790

表 10-86 **总分类账**

会计科目：原材料

2017年		凭证		摘要	借方		贷方		借或贷	余额
月	日	字	号		金额	对方科目	金额	对方科目		
7	1			期初余额					借	33 700
	31	转	3	结转入库材料成本	72 800	材料采购				
	31	转	4	生产领料			18 100	生产成本		
							1 500	制造费用		
							500	管理费用		
	31	转	8				3 060	生产成本		
	31			本期发生额及余额	72 800		23 160		借	83 340

10.5 日记总账核算组织程序

10.5.1 日记总账核算组织程序的基本内容

1. 日记总账核算组织程序的概念及特点

日记总账核算组织程序设置日记总账，以经济业务发生以后所填制的记账凭证为依据，直接登记日记总账，并定期编制财务报表的核算组织程序。

日记总账核算组织程序的特点是把总账和日记账结合起来，根据记账凭证直接登记日记总账。

2. 日记总账核算组织程序下记账凭证、账簿的种类与格式

在日记总账核算组织程序下采用的记账凭证主要是专用记账凭证，即收款凭证、付款凭证和转账凭证，也可以采用通用记账凭证。采用的日记账可以是收、付、余三栏式，也可以采用在收、付栏设有对方科目的多栏式日记账。明细分类账的格式可根据管理工作的需要，采用借、贷、余三栏式，多栏式和数量金额式等。总分类账主要采用将日记账和总分类账相结合而形成的日记总账。日记总账核算组织程序下记账凭证、账簿的种类与格式如图 10-9 所示。

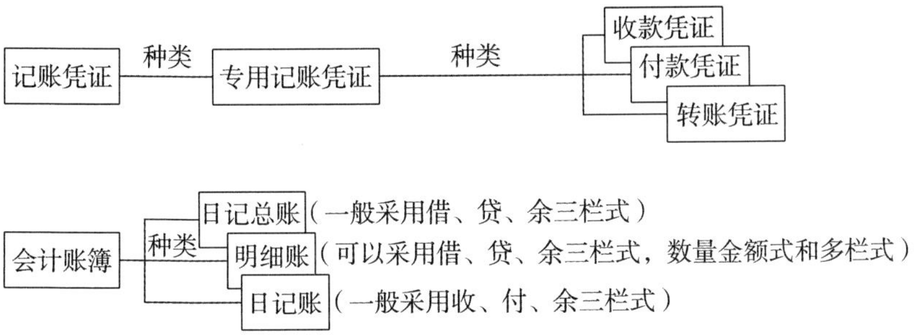

图 10-9　日记总账核算组织程序下记账凭证、账簿种类与格式示意图

3. 日记总账的格式与登记方法

日记总账是一种具有序时账簿和分类账簿两种功能的联合账簿。其账页一般为多栏式，即将经济业务发生后可能涉及的所有会计账户，设专栏集中列示在同一张账页上，并在每一个账户上分设借方和贷方两栏。日记总账的格式见表 10-87。

表 10-87　**日记总账**

年		凭证		摘　要	发生额	库存现金		银行存款		应收账款		其他应收款		原材料		……
月	日	字	号			借方	贷方	借方	贷方	借方	贷方	借方	贷方	借方	贷方	
				发生额合计及月末余额												

日记总账的登记方法是：在采用三栏式库存现金日记账和银行存款日记账的情况下，根据收款凭证、付款凭证和转账凭证逐日逐笔登记日记总账；登记时每笔经济业务的借方发生额和贷方发生额应该在同一行的有关账户的借方栏和贷方栏中分别登记，并将发生额记入“发生额”栏内。在采用多栏式库存现金日记账和银行存款日记账的情况下，平时根据收款凭证、付款凭证登记日记账，根据转账凭证逐笔登记日记总账。月末，将多栏式库存现金日记账和银行存款日记账各科目汇总的合计数一次登入日记总账。月末，在日记总账中，要计算各科目的发生额合计数，计算出各科目月末借方或贷方余额。

4. 日记总账核算组织程序的基本步骤

在日记总账核算组织程序下，对经济业务进行账务处理的基本步骤是：

①经济业务发生以后，根据原始凭证或原始凭证汇总表填制记账凭证。

②根据收款凭证、付款凭证逐笔登记库存现金日记账、银行存款日记账。

③根据记账凭证及相关的原始凭证或原始凭证汇总表逐笔登记明细分类账。

④根据各种记账凭证及库存现金日记账和银行存款日记账登记日记总账。

⑤月末，根据对账的具体要求，将库存现金日记账、银行存款日记账和各种明细分类账的余额与日记总账的有关账户余额相核对。具体核对内容包括：在采用三栏式库存现金日记账和银行存款日记账的情况下，将库存现金日记账和银行存款日记账的月末合计数与日记总账中的库存现金和银行存款月末合计数相核对；日记总账有关账户余额与其所属明细分类账户余额的合计数相核对；日记总账的“发生额”栏内的本月合计数与全部科目的借方发生额和贷方发生额合计数相核对；日记总账中各账户的借方余额合计数和贷方余额合计数相核对。在采用多栏式库存现金日记账和银行存款日记账的情况下，库存现金日记账和银行存款日记账的月末合计数过入日记总账，可以不必将库存现金日记账和银行存款日记账与日记总账进行核对。

⑥根据核对相符的日记总账和各种明细分类账的资料编制财务报表。

日记总账核算组织程序的基本步骤如图 10-10 所示。

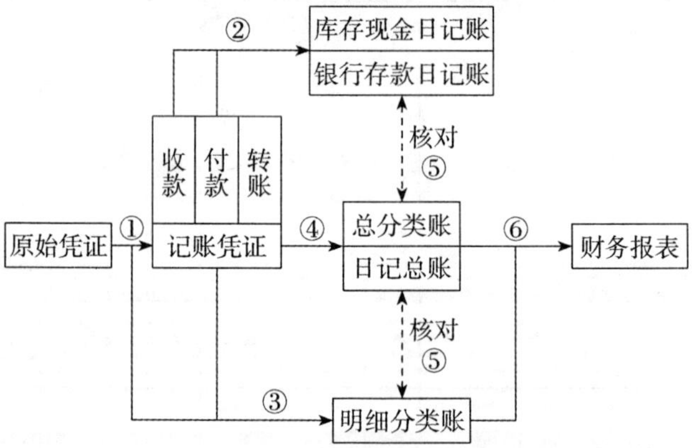

图 10-10 日记总账核算组织程序的基本步骤示意图

10.5.2 日记总账核算组织程序的优缺点及适用范围

1. 日记总账核算组织程序的优缺点

（1）日记总账核算组织程序的优点

在日记总账核算组织程序下，将日记账与总分类账结合在一起，直接根据各种记账凭证登记日记总账，并且把所有会计科目都集中在一张账页上，简化了登记总分类账的手续；另外，每一项经济业务的发生在日记总账中都登记在相应栏次的同一行，这样，可以集中反映经济业务的全貌，反映会计账户之间的对应关系，为检查分析经济业务提供了方便，而且根据日记总账的资料编制财务报表可以简化编表工作。

（2）日记总账核算组织程序的缺点

由于日记总账要根据各种记账凭证逐笔登记，因此，增大了登账的工作量。若在会计科目使用比较多的会计主体，日记总账的账页势必要设计得过长，这样，既不便于记账和查阅，也容易造成登记串行等记账错误，也不便于会计人员分工记账。

2. 日记总账核算组织程序的适用范围

日记总账核算组织程序主要适用于经营规模小、业务量少、业务简单、使用会计科目少的单位。

10.5.3　日记总账核算组织程序举例

【例 10-4】承例 10-2，以黎明工厂的主要经济业务为例，说明日记总账核算组织程序。

①根据收款凭证、付款凭证登记多栏式库存现金日记账和银行存款日记账见表 10-88、表 10-89。

表 10-88　　**库存现金日记账**　　单位：元

2017年		凭证		摘要	收入			支出					结余
					应贷科目		合计	应借科目				合计	
月	日	字	号		银行存款	……		材料采购	应付职工薪酬	营业外支出	……		
7	1			期初余额									2 500
	6	现付	1	支付采购费				800				800	1 700
	15	银付	7	提现金备发工资	50 000		50 000						
		现付	2	发放职工工资					50 000			50 000	
	15			小计	50 000		50 000		50 000			50 000	1 700
	26	现付	3	支付违约罚款						1 000		1 000	700
	31			本月合计	50 000		50 000	800	50 000	1 000		51 800	700

②根据原始凭证或原始凭证汇总表和各种记账凭证登记明细分类账。在日记总账核算组织程序下，各明细分类账的登记与其他会计核算组织程序基本相同，这里不再赘述。

③根据各种记账凭证及库存现金日记账、银行存款日记账登记日记总账，见表 10-90。

表 10-89

银行存款日记账

2017年		凭证字号	摘要	收入					支出												结余
				应贷科目				合计	应借科目											合计	
月	日			实收资本	短期借款	主营业务收入	应交税费		材料采购	固定资产	应交税费	短期借款	生产成本	制造费用	管理费用	库存现金	预付账款	应付利息	销售费用		
7	1		期初余额																		130 000
	2	银收1		200 000				200 000													330 000
	3	银收2			100 000			100 000													430 000
		银付1								50 000										50 000	
	3		小计		100 000			100 000		50 000										50 000	380 000
	4	银付2									30 000									30 000	350 000
	5	银付3							20 000		3 200									23 200	
		银付4										30 000								30 000	350 000
	5		小计						20 000		3 200	30 000								53 200	296 800
	7	银付5							2 000											2 000	294 800
		银付6											18 000	5 000	2 000					25 000	269 800
		银付7														50 000				50 000	219 800
		银付8															1 500			1 500	218 300
		银付9													2 000					2 000	216 300
		银收3				60 000	9 600	69 600													285 900
		银付10																1 200		1 200	284 700
		银付11																	3 500	3 500	281 200
			本月余额	200 000	100 000	60 000	9 600	369 600	22 000	50 000	33 200	30 000	18 000	5 000	4 000	50 000	1 500	1 200	3 500	218 400	281 200

表 10-90（1）

日记总账

2017年		凭证	摘　要	发生额	库存现金		银行存款		应收账款		预付账款		材料采购		原材料		库存商品		固定资产		累计折旧	
月	日	字号			借方	贷方	借方	贷方	借方	贷方	借方	贷方	借方	贷方	借方	贷方	借方	贷方	借方	贷方	借方	贷方
7	1		期初余额		2 500		130 000		42 000		7 300				33 700		53 000		1 090 000			90 000
	4	转 1		40 000																		
	6	转 2		58 000									50 000									
	8	转 3		72 800										72 800	72 800							
	9	转 4		20 100												20 100						
	13	转 5		400																		
	22	转 6		46 400					46 400													
	28	转 7		300																		
	30	转 8		3 060												3 060						
	31	转 9		600								600										
		转 10		20 000																		20 000
		转 11		50 000																		
		转 12		24 500																		
		转 13		80 000													80 000					

续表

2017年		凭证	摘要	发生额	库存现金		银行存款		应收账款		预付账款		材料采购		原材料		库存商品		固定资产		累计折旧	
月	日	字号			借方	贷方	借方	贷方	借方	贷方	借方	贷方	借方	贷方	借方	贷方	借方	贷方	借方	贷方	借方	贷方
7	31	转 14		50 000														50 000				
		转 15		5 000																		
		转 16		77 000																		
		转 17		100 300																		
		转 18		6 990																		
		转 19		6 990																		
		转 20		8 000																		
		转 21		3 000																		
			日记账转来	51 800		51 800							800									
				50 000	50 000			50 000														
			日记账转来	369 600			369 600															
				168 400				168 400			1 500		22 000						50 000			
			发生额		50 000	51 800	369 600	218 400	46 400		1 500	600	72 800	72 800	72 800	23 160	80 000	50 000	50 000			20 000
	31		本月余额		700		281 200		88 400		8 200				83 340		83 000		1 140 000			110 000

表 10-90（2）

日记总账

2017年		凭证	摘要	应付账款		短期借款		应付职工薪酬		应交税费		应付利润		应付利息		其他应付款		实收资本		盈余公积		利润分配		生产成本	
月	日	字号		借方	贷方	借方	贷方	借方	贷方	借方	贷方	借方	贷方	借方	贷方	借方	贷方	借方	贷方	借方	贷方	借方	贷方	借方	贷方
7	1		期初余额		53 000		92 000				42 000		20 000		2 500		300		900 000		48 700	90 000		90 000	
	4	转1		40 000			40 000																		
	6	转2			58 000					8 000															
	8	转3																							
	9	转4																						18 100	
	13	转5													400										
	22	转6									6 400														
	28	转7														300									
	30	转8																						3 060	
	31	转9																							
		转10																							
		转11							50 000															40 000	
		转12																						24 500	
		转13																							80 000
		转14																							
		转15									5 000														
		转16																							
		转17																							
		转18									6 990														
		转19																							
		转20																			8 000	8 000			
		转21											3 000									3 000			
			日记账转来					50 000																	
			日记账转来			30 000	100 000			33 200	9 600			1 200					200 000					18 000	
			发生额	40 000	58 000	30 000	140 000	50 000	50 000	41 200	27 990		3 000	1 200	400				200 000		8 000	11 000		103 660	
	31		本月余额		71 000		202 000				28 790		23 000		1 700				1 100 000		56 700	101 000		113 660	80 000

表 10-90（3）

日记总账

2017年		凭证	摘要	制造费用		主营业务收入		主营业务成本		税金及附加		销售费用		管理费用		财务费用		营业外收入		营业外支出		所得税费用		本年利润	
月	日	字号		借方	贷方	借方	贷方	借方	贷方	借方	贷方	借方	贷方	借方	贷方	借方	贷方	借方	贷方	借方	贷方	借方	贷方	借方	贷方
7	1		期初余额																						290 000
	4	转1																							
	6	转2																							
	8	转3																							
	9	转4		1 500										500											
	13	转5														400									
	22	转6					40 000																		
	28	转7																	300						
	30	转8																							
	31	转9												600											
		转10		15 000										5 000											
		转11		3 000										7 000											
		转12			24 500																				
		转13																							
		转14						50 000																	
		转15								5 000															
		转16							50 000		5 000		3 500		17 100		400				1 000			77 000	
		转17				100 000												300							100 300
		转18																				6 990			
		转19																					6 990	6 990	
		转20																							
		转21																							
			日记账转来																	1 000					
			日记账转来				60 000																		
				5 000								3 500		4 000											
			发生额	24 500	24 500	100 000	100 000	50 000	50 000	5 000	5 000	3 500	3 500	17 100	17 100	400	400	300	300	1 000	1 000	6 990	6 990	83 990	100 300
	31		本月余额																						306 310

④月末，根据对账要求，将库存现金日记账、银行存款日记账以及各明细分类账余额与日记总账余额相核对。

⑤根据核对相符的日记总账和明细分类账的资料编制财务报表。

10.6　分录日记账核算组织程序

10.6.1　分录日记账核算组织程序的基本内容

1. 分录日记账核算组织程序的概念及特点

分录日记账核算组织程序是将所发生的全部经济业务按涉及的会计科目，以分录的形式记入普通日记账，再根据普通日记账的记录登记总分类账，并定期编制财务报表的核算组织程序。

分录日记账核算组织程序的特点是：直接根据所发生的经济业务序时登记普通日记账，然后再根据普通日记账登记总账。

2. 分录日记账核算组织程序下记账凭证、账簿的种类与格式

在分录日记账核算组织程序下，由于会计分录直接反映在普通日记账中，因此，可以不再设置通用记账凭证或收款凭证、付款凭证和转账凭证等特种记账凭证；库存现金日记账和银行存款日记账可以采用收、付、余三栏式，也可以采用多栏式；明细分类账的格式可根据管理工作的需要，采用借、贷、余三栏式，多栏式和数量金额式等；总分类账的格式采用借、贷、余三栏式。除此之外，还需设置反映经济业务的普通日记账，即分录日记账。分录日记账核算组织程序下记账凭证、账簿的种类与格式如图 10-11 所示。

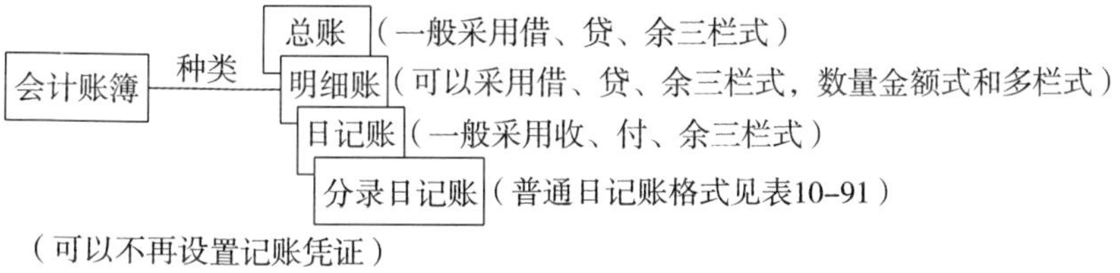

图 10-11　分录日记账核算组织程序下记账凭证、账簿种类与格式示意图

3. 分录日记账的格式与登记方法

分录日记账是反映全部经济业务会计分录的序时账簿。其格式见表 10-91。

表 10-91　分录日记账

年		摘　要	过账符号	借　方	贷　方
月	日				

分录日记账的登记方法是：当经济业务发生以后，将经济业务发生的时间记入日期栏，将所涉及的会计账户的名称填在摘要栏，借方账户紧靠在左边登记，在下一行较前者向右移一格，登记贷方账户，然后，再把相应的金额记入借方和贷方栏，并在账户名称的下一行写上说明，简明扼要地概括出经济业务的发生情况。

4. 分录日记账核算组织程序的基本步骤

在分录日记账核算组织程序下，对经济业务进行账务处理的基本步骤是：

①根据原始凭证或原始凭证汇总表填制分录日记账。

②根据原始凭证或原始凭证汇总表以及分录日记账登记库存现金日记账和银行存款日记账。

③根据原始凭证或原始凭证汇总表以及分录日记账登记各种明细分类账。

④根据分录日记账登记总分类账。

⑤月末，根据对账的具体要求，将库存现金日记账、银行存款日记账和明细分类账的余额与总分类账的有关账户余额相核对。

⑥月末，根据核对相符的总分类账和明细分类账的资料编制财务报表。

分录日记账核算组织程序的基本步骤如图 10-12 所示。

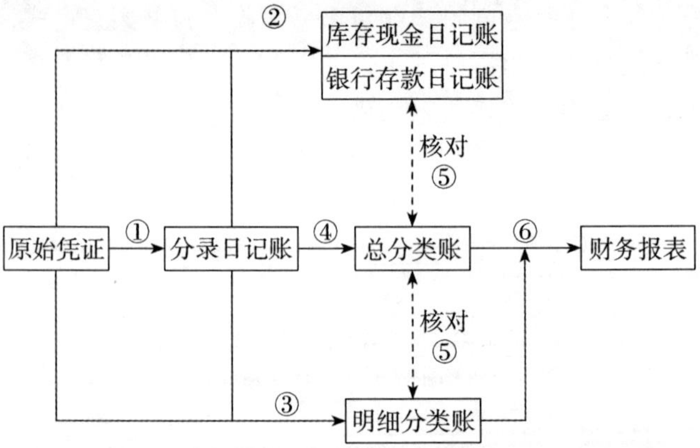

图 10-12　分录日记账核算组织程序的基本步骤示意图

10.6.2　分录日记账核算组织程序的优缺点及适用范围

1. 分录日记账核算组织程序的优缺点

（1）分录日记账核算组织程序的优点

在分录日记账核算组织程序下，可以通过一本普通日记账，即分录日记账，反映出一定时期全部经济业务的发生情况，清晰明了，易学易懂，使用灵活方便，尤其便于采用计算机操作。

（2）分录日记账核算组织程序的缺点

由于在分录日记账核算组织程序下，需要根据分录日记账逐笔登记总分类账，因此，登账工作量较大，并且不利于对经济业务进行分类、汇总。

2. 分录日记账核算组织程序的适用范围

分录日记账核算组织程序主要适用于采用计算机操作的单位。

10.6.3　分录日记账核算组织程序举例

【例 10-5】承例 10-2，以黎明工厂的主要经济业务为例，说明分录日记账核算组织程序。

分录日记账核算组织程序与其他会计核算组织程序的不同主要是直接根据分录日记账登记总分类账。除此之外，库存现金日记账、银行存款日记账和各明细分类账的登记等与其他会计核算组织程序基本相同。因此，这里只介绍分录日记账的登记，其他账务处理步骤略。根据黎明工厂所发生的经济业务，登记分录日记账，见表 10-92。

表 10-92　　分录日记账　　单位：元

2017年		摘　要	过账符号	借　方	贷　方
月	日				
7	2	银行存款		200 000	
		实收资本			200 000
		投资者追加投资			
	3	银行存款		100 000	
		短期借款			100 000
		取得短期借款			
	3	固定资产		50 000	
		银行存款			50 000
		购入机器设备			
	4	应交税费		30 000	
		银行存款			30 000
		交付税费			
	4	应付账款		40 000	
		短期借款			40 000
		以短期借款归还所欠货款			
	5	材料采购		20 000	
		应交税费——应交增值税		3 200	
		银行存款			23 200
		购买材料			
	5	短期借款		30 000	
		银行存款			30 000
		偿还短期借款			
	6	材料采购——A		800	
		库存现金			800
		支付采购A材料的装卸费			

续表

2017年		摘　要	过账符号	借　方	贷　方
月	日				
7	6	材料采购——B		50 000	
		应交税费——应交增值税		8 000	
		应付账款			58 000
		购买B材料，货款暂欠			
	7	材料采购——B		2 000	
		银行存款			2 000
		支付采购B材料的采购费			
	8	原材料——A		20 800	
		原材料——B		52 000	
		材料采购——A			20 800
		材料采购——B			52 000
		结转入库材料的采购成本			
	9	生产成本		18 100	
		制造费用		1 500	
		管理费用		500	
		原材料——A			20 100
		生产领料			
	11	生产成本		18 000	
		制造费用		5 000	
		管理费用		2 000	
		银行存款			25 000
		支付水电费等			
	13	财务费用		400	
		应付利息			400
		计提本月负担的借款利息			
	15	库存现金		50 000	
		银行存款			50 000
		从银行提取现金备发工资			
	15	应付职工薪酬		50 000	
		库存现金			50 000
		以库存现金发放职工工资			
	16	预付账款		1 500	
		银行存款			1 500
		预付下季度报刊杂志费			

续表

2017年 月	日	摘　要	过账符号	借　方	贷　方
7	17	管理费用		2 000	
		银行存款			2 000
		支付职工培训费			
	18	银行存款		69 600	
		主营业务收入			60 000
		应交税费——应交增值税			9 600
		销售产品取得收入			
	20	应付利息		1 200	
		银行存款			1 200
		支付本季度借款利息			
	22	应收账款		46 400	
		主营业务收入			40 000
		应交税费——应交增值税			6 400
		赊销产品取得收入			
	25	销售费用		3 500	
		银行存款			3 500
		支付销售产品的广告费			
	26	营业外支出		1 000	
		库存现金			1 000
		支付违约罚款			
	28	其他应付款		300	
		营业外收入			300
		没收押金收入			
	30	生产成本		3 060	
		原材料——B			3 060
		生产领料			
	31	管理费用		600	
		预付账款			600
		摊销财产保险费			
	31	制造费用		15 000	
		管理费用		5 000	
		累计折旧			20 000
		计提固定资产折旧			
	31	生产成本		40 000	
		制造费用		3 000	
		管理费用		7 000	
		应付职工薪酬			50 000
		分配结算工资费用			

续表

2017年 月	日	摘　要	过账符号	借　方	贷　方
7	31	生产成本		24 500	
		制造费用			24 500
		结转制造费用			
	31	库存商品		80 000	
		生产成本			80 000
		结转入库产品的生产成本			
	31	主营业务成本		50 000	
		库存商品			50 000
		结转已售产品的生产成本			
	31	税金及附加		5 000	
		应交税费			5 000
		结算本月应交消费税			
	31	本年利润		77 000	
		主营业务成本			50 000
		税金及附加			5 000
		销售费用			3 500
		管理费用			17 100
		财务费用			400
		营业外支出			1 000
		结转损益			
	31	主营业务收入		100 000	
		营业外收入		300	
		本年利润			100 300
		结转损益			
	31	所得税费用		6 990	
		应交税费			6 990
		计算本月应交所得税			
	31	本年利润		6 990	
		所得税费用			6 990
		结转所得税费用			
	31	利润分配		8 000	
		盈余公积			8 000
		计提盈余公积			
	31	利润分配		3 000	
		应付利润			3 000
		计算本月应分配利润			

拓展阅读 10

基本训练

一、单项选择题

1. 企业的会计凭证、会计账簿、会计报表相结合的方式称为（　　）。

A. 账簿组织　　B. 会计核算组织程序

C. 记账工作步骤　　D. 会计组织

2. 在下列各项中，属于最基本的账务处理程序的是（　　）。

A. 记账凭证账务处理程序　　B. 汇总记账凭证账务处理程序

C. 科目汇总表账务处理程序　　D. 日记总账账务处理程序

3. 各种账务处理程序的主要区别是（　　）。

A. 登记明细分类账的依据和方法不同

B. 登记总分类账的依据和方法不同

C. 总账的格式不同

D. 编制会计报表的依据不同

4. 记账凭证核算组织程序与其他核算组织程序不同之处是要根据记账凭证逐笔登记（　　）

A. 库存现金日记账　　B. 银行存款日记账

C. 各种明细账　　D. 总账

5. 记账凭证账务处理程序的缺点是（　　）。

A. 反映的内容不详细　　B. 程序复杂、不易掌握

C. 不便于查账、对账　　D. 登记总分类账的工作量大

6. 规模较大、业务量较多的企业适宜采用的账务处理程序是（　　）。

A. 记账凭证和汇总记账凭证账务处理程序

B. 科目汇总表和汇总记账凭证账务处理程序

C. 科目汇总表和记账凭证账务处理程序

D. 汇总记账凭证和原始凭证账务处理程序

7. 科目汇总表账务处理程序的缺点是（　　）。

A. 登记总分类账的工作量大　　B. 程序复杂、不易掌握

C. 不能对发生额进行试算平衡　　D. 不便于查账、对账

8. 科目汇总表的基本编制方法是（　　）。

A. 按照不同会计科目进行归类，定期汇总

B.按照相同会计科目进行归类，定期汇总

C.按照借方会计科目进行归类，定期汇总

D.按照贷方会计科目进行归类，定期汇总

9.（　　）的主要特点是直接根据记账凭证逐笔登记总分类账。

A.记账凭证核算组织程序　　B.科目汇总表核算组织程序

C.汇总记账凭证核算组织程序　　D.日记总账核算组织程序

10.（　　）的编制是根据一定期间的全部记账凭证、按照相同的会计科目归类，定期汇总每一个会计科目的借方发生额、贷方发生额。

A.记账凭证　　B.科目汇总表　　C.汇总记账凭证　　D.日记总账

二、多项选择题

1.各种核算组织程序的相同之处是（　　）。

A.直接根据记账凭证登记总账

B.根据原始凭证及记账凭证登记明细分类账

C.根据收、付款凭证登记库存现金日记账

D.根据总账和明细账编制会计报表

2.在下列各项中，属于设计账务处理程序原则的是（　　）。

A.应从本会计主体的实际出发　　B.应以保证会计核算质量为立足点

C.多数单位采用的账务处理程序　　D.力求降低会计核算成本

3.在我国，常用的账务处理程序主要有（　　）。

A.记账凭证核算组织程序　　B.科目汇总表核算组织程序

C.汇总记账凭证核算组织程序　　D.日记总账核算组织程序

4.在下列各项中，属于记账凭证核算组织程序缺点的是（　　）。

A.登记总账的工作量大

B.账页耗用多

C.登账的工作效率难以保证

D.总分类账的登记方法易于掌握

5.关于科目汇总表账务处理程序，下列说法不正确的有（　　）。

A.科目汇总表账务处理程序大大增加了总账的登记工作

B.科目汇总表账务处理程序可以对发生额进行试算平衡

C.科目汇总表账务处理程序下，总分类账能明确反映账户的对应关系

D.科目汇总表账务处理程序适用于规模较小、业务量较少的企业

三、判断题

1.会计主体所采用的会计凭证、会计账簿、会计报表的种类和格式与一定的记账程序有机结合的方法和步骤，称为账务处理程序。（　　）

2.企业采用何种会计核算形式，不要求统一，应根据各单位规模大小、业务繁简、工作基础强弱、经营业务特点而定。（　　）

3.账务处理程序是指记账和产生会计信息的步骤和方法，所以，各个单位的账

务处理程序是一样的。（　）

4. 记账凭证核算组织程序是适用于一切企业的会计核算形式。（　）

5. 记账凭证账务处理程序的总账，是根据各种记账凭证及其所附原始凭证登记的。（　）

6. 在科目汇总表账务处理程序下，登记总分类账的直接依据是科目汇总表。

7. 编制成的科目汇总表，不仅可以起到试算平衡的作用，而且可以反映账户之间的对应关系。（　）

8. 在各种账务处理程序中，由于科目汇总表账务处理程序优点较多，在实际应用中被广泛采用。（　）

9. 科目汇总表账务处理程序只适用于经济业务比较频繁，但又不是很复杂的中型企业或单位。（　）

10. 在科目汇总表账务处理程序下，总账与明细账不能进行平行登记。（　）

四、简答题

1. 简述设计和选用会计核算组织程序的原则。
2. 简述记账凭证核算组织程序的基本步骤。
3. 简述科目汇总表核算组织程序的优缺点及适用范围。
4. 简述汇总转账凭证的编制方法。
5. 简述日记总账核算组织程序的优缺点。
6. 简述分录日记账核算组织程序的基本步骤。

五、计算题

1.【目的】汇总收款凭证的编制。

【要求】编制该企业本月“汇总收款凭证”。

【资料】某企业某月1—10日发生如下现金收款业务。其中收回其他应收款业务有2笔；实现其他业务收入有3笔；收回应收账款业务有1笔。在收款凭证上编制的会计分录如下：

（1）借：库存现金　450
　　贷：其他应收款　450

（2）借：库存现金　780
　　贷：其他业务收入　780

（3）借：库存现金　500
　　贷：应收账款　500

（4）借：库存现金　6 000
　　贷：其他业务收入　6 000

（5）借：库存现金　600
　　贷：其他应收款　600

（6）借：库存现金　1 800
　　贷：其他业务收入　1 800

2.【目的】汇总付款凭证的编制。

【要求】编制该企业本月“汇总付款凭证”。

【资料】某企业某月1—10日发生如下银行存款付款业务。其中偿还应付账款业务有2笔；交纳税金业务有1笔；购置固定资产业务有2笔；归还短期借款业务有1笔。在付款凭证上编制的会计分录如下：

（1）借：应付账款 2 000
　　贷：银行存款 2 000

（2）借：固定资产 40 000
　　贷：银行存款 40 000

（3）借：应付账款 4 500
　　贷：银行存款 4 500

（4）借：应交税费 6 000
　　贷：银行存款 6 000

（5）借：短期借款 4 800
　　贷：银行存款 4 800

（6）借：固定资产 20 000
　　贷：银行存款 20 000

3.【目的】汇总转账凭证的编制。

【要求】编制该企业本月“汇总转账凭证”。

资料】某企业某月1—10日发生发出材料的转账业务共6笔。其中用于生产产品业务有2笔；制造部门一般耗用业务有2笔；与产品销售有关的耗用业务有1笔；企业管理部门耗用业务有1笔。有关业务如下：

（1）借：生产成本 5 000
　　贷：原材料 5 000

（2）借：销售费用 2 000
　　贷：原材料 2 000

（3）借：管理费用 1 500
　　贷：原材料 1 500

（4）借：制造费用 15 000
　　贷：原材料 15 000

（5）借：生产成本 35 000
　　贷：原材料 35 000

（6）借：制造费用 5 000
　　贷：原材料 5 000

4.【目的】科目汇总表的编制。

【要求】根据以上经济业务编制的会计分录汇总编制“科目汇总表”。

【资料】某企业在2016年12月1日至12月10日发生如下经济业务，在记账凭证上编制会计分录如下：

（1）借：库存现金　80

　　贷：其他应收款　80

（2）借：管理费用　813

　　贷：库存现金　813

（3）借：固定资产　6 000

　　贷：银行存款　6 000

（4）借：材料采购　7 000

　　贷：银行存款　7 000

（5）借：应收账款　2 400

　　贷：银行存款　2 400

（6）借：管理费用　1 420

　　贷：其他应收款　1 420

（7）借：原材料　83 200

　　贷：材料采购　83 200

（8）借：生产成本　3 000

　　贷：制造费用　3 000

（9）借：应付职工薪酬　85 000

　　贷：库存现金　85 000

（10）借：材料采购　73 000

　　应交税费——应交增值税（进项税额）　11 680

　　贷：银行存款　84 680

（11）借：在建工程　120 000

　　贷：银行存款　120 000

（12）借：库存现金　85 000

　　贷：银行存款　85 000

（13）借：制造费用　3 000

　　管理费用　2 000

　　贷：银行存款　5 000

（14）借：材料采购　3 200

　　贷：应付账款　3 200

（15）借：生产成本　36 200

　　在建工程　10 000

　　贷：原材料　46 200

第11章　会计法律规范

学习目标

◆ 了解会计规范的意义。

◆ 了解会计规范，特别是会计法律规范的体系构成。

◆ 掌握会计法、企业会计基本准则、企业会计具体准则的主要内容及它们之间的关系。

◆ 重点掌握会计核算的基本假设和会计信息质量要求。

11.1　会计规范概述

11.1.1　会计规范的意义

规范一词，是指标准或典范。会计规范就是会计行为的标准与典范。作为一种标准，它说明会计行为怎样是对的，怎样是错的；作为一种典范，它指导、约束、促进会计行为优化，保证会计信息质量。建立健全会计规范体系，是做好会计工作的前提条件，也是解决目前会计信息失真问题的有效措施，会计规范具有以下几个方面的意义：

1. 会计规范是会计人员进行会计核算、提供会计信息的基本依据

会计是信息的生产者，它运用特有的方法和程序把经济信息加工成会计信息，并使用一些具有明确、固定含义的符号，即人们所说的“通用的商业语言”，来有效地向信息使用者传递信息。由于会计程序的复杂性和会计方法的多样性，使用不同的程序和方法会生成不同的会计信息，使得同一数据在不同单位或同一单位的不同时期，代表不同的含义，这样生产出来的信息就不是“通用语言”，而变成“方言”。因此，会计信息的生产就不能随意和无规则的进行，否则，会计信息对于使用者就毫无意义，甚至会由于其误导作用而危害社会。为了使会计语言具有统一、明确的含义，就必须制定相应的规范，会计规范的主要作用就是实现会计信息生产的标准化。

2. 会计规范是信息使用者评价会计信息质量的客观标准

从形式上来看，会计信息只是一些数字的不同排列和组合。但从实质上来看，不同的数据代表不同的经济内容，直接影响到企业及企业外部各种利益关系人所可能取得的利益，包括投资者、债权人、企业经营管理者、政府管理部门等，会计数据是各方利益协调的依据。所以，会计信息的使用者必然关注会计工作的质量，都期望自己所得到的是对自己决策有效的信息。因此，对特定会计行为及其行为结果持肯定还是否定态度，是对还是错，是好还是坏，都要求在全社会范围内有一个公正的、统一的标准，对会计工作的质量作出评价，保证会计在各方利益协调时做到公平与公正，保证各利益关系人的权益不受侵犯。会计规范就是会计信息使用者评价会计工作和会计信息质量的基本依据。

3. 会计规范是国家进行宏观经济调控、维护社会经济秩序的重要工具

强调会计要满足国家宏观经济管理的需要，这是我国会计目标的一个重要特点。在我国，国家作为社会生活的组织者和管理者，在国有及国有控股企业，国家还是所有者。为履行其职能，政府有关部门必须掌握足够的、能够据以制定宏观调控政策的经济信息，这就必须由基层单位提供真实可靠的会计核算资料。社会统一的会计规范是市场经济运行规则的一个组成部分，它是社会各方从事与企业有关的经济活动和从事相应经济决策的重要基础，对于国家维护和保证财政利益、进行宏观经济调控、管理国有资产都具有十分重要的作用。

11.1.2　会计规范体系

会计规范体系应该由哪些规范构成，这与一个国家的经济环境密切相关。从我国目前的实际情况来看，我国会计规范体系主要由以下几个方面构成：

1. 会计法律规范

法律规范是由国家制定或认可，体现掌握国家政权阶级的意志，由国家的强制力保证实施的行为准则。会计法律规范实质上是法律规范在会计方面的具体应用，它是调整经济活动中会计关系的法律规范的总称，是调节和控制会计行为的外在制约因素。

世界各国都采取不同的法律方式对会计进行规范，其中有的是由国家直接制定会计法，如加拿大、西班牙等；还有的是在公司法、商法和税法等相关法律中制定有关法律条文，规范会计，如美国、英国、法国、日本等。各国经验证明，用法律形式规范会计具有极大的威慑力，为了保证会计信息质量，必须采用法律的形式对会计进行严格的规范。

2. 会计职业道德规范

道德规范是人们在社会生活中形成的、依靠社会舆论与内心信念来实现的一种行为规范。会计职业道德规范是会计人员所应该遵守的具有本职业特征的道德规范。会计职业道德规范采用道德的形式对会计人员进行理性规范，是对会计人员的一种主观心理素质的要求，它促使会计人员确立正确的人生观、价值观、会计观，使其行为符合社会习俗和惯例，从内心深处对自己“立法”。

会计法律规范是显性（外部）的规范，是一种他律，要求受律者必须无条件执行，而会计职业道德规范是对会计人员的一种隐性规范，它不强制会计人员遵守，但能铸造会计人员的信念、情操和品质。它的强制性较弱，但约束范围却极为广泛。

3. 会计理论规范

会计理论规范是对会计实践进行总结、概括而形成的，揭示会计内在规律的，用来指导会计实践的基础观念。一般来说，那些成熟的公认的会计理论，不仅可以解释和评价会计实践，而且可以指导会计实践，成为会计规范体系的组成部分，如会计目标、会计假设、会计要素、会计信息质量要求、会计处理程序和方法。这些会计理论揭示和规定了会计系统内在的特性问题，确定了会计管理行为所要遵循的内在要求，是引导会计管理行为科学化、有效化的重要标准。

以上三种会计规范，会计法律规范是会计规范体系中的最高层次，它强调的是“合法”，依靠国家的强制力保证实施；会计职业道德规范强调的是“合情”，依靠社会舆论与内心信念来实现；会计理论规范强调的是“合理”，依靠科学来武装会计人员、规范会计行为。各种规范相对独立又相互配合，构成完整的会计规范体系。本章重点研究的是会计法律规范。

11.1.3 我国会计法律规范的层次结构

我国会计法律规范体系由专门性规定与散见性规定构成。专门性规定是指专门用于规范会计问题的会计法律、法规与规章，如《中华人民共和国会计法》《企业会计准则》《会计基础工作规范》《中华人民共和国总会计师条例》等。专门性规定在会计法规体系中占据主导地位。散见性规定是指在相关法律、法规文件中有关会计方面或与会计有联系的规定，如《中华人民共和国公司法》中有关财务与会计的规定，证券法规中有关会计的规定，以及税法中与会计有关的规定等。

专门性会计法律规范体系，由会计法律、会计行政法规、会计规章三个层次构成。

1. 会计法律

按照我国现行立法制度的规定，会计法律是指由全国人民代表大会或者其常务委员会制定和颁布的有关调整会计关系的规范性文件或法律规范，如《中华人民共和国会计法》《中华人民共和国注册会计师法》等。会计法律依据《中华人民共和国宪法》基本精神制定，具有很高的强制性，是调整我国经济生活中会计关系的法律总规范，对会计行政法规、会计规章的制定与实施具有普遍的指导意义。

2. 会计行政法规

会计行政法规是指由国务院制定发布或者国务院有关部门拟订经国务院批准发布的，有关调整经济生活中某些方面会计关系的规范性文件，如国务院发布的《总会计师条例》《企业财务会计报告条例》等，国务院批准、财政部发布的《企业会计准则》等。会计行政法规制定的依据是《中华人民共和国会计法》。

3. 会计规章

会计规章是指由财政部或国务院其他各部、委，依据宪法、会计法律及会计行政法规的规定所制定颁布的在全国具有法律效力的有关会计方面的规范性文件，如财政部发布的《会计基础工作规范》《会计电算化管理办法》《会计从业资格管理办法》等，财政部与国家档案局联合发布的《会计档案管理办法》等。

会计法律规范的内容很多，以下各节分别就《中华人民共和国会计法》《企业会计准则》进行介绍。

11.2　中华人民共和国会计法

11.2.1　《中华人民共和国会计法》的形成和发展

《中华人民共和国会计法》是会计法律制度中层次最高的法律规范，是我国会计法律规范的“母法”，是制定其他会计法规的依据，是指导会计工作的根本法。

《中华人民共和国会计法》是会计发展到一定阶段产生的。我国最早的一部完整的封建法典——战国时期的《法经》，已经有了对会计问题的相关规定，可以说这是中国会计法律的鼻祖；之后的历朝历代均有成文法律对会计进行规范，例如，秦代的《秦律》、唐代的《唐律疏议》、明代的《大明律》、清代的《大清律》等都对会计问题作出了具体规定。不过，当时有关会计法律规范都是蕴含于其他法律之中。北洋政府于1912年起先后两次草拟《会计法草案》；1914年3月公布《会计法条例》，同年10月2日重新修订改称《会计法》，这是中国独立进行会计立法的首次尝试。1935年8月14日，国民政府重新发布了《会计法》。我国台湾地区现行的会计法有两部：一部是1935年8月14日公布的《会计法》，适用于预算单位；另一部是1948年1月7日公布的《商业会计法》，适用于以营利为目的商业单位。

中华人民共和国成立之后，我国一直以制定国家统一的会计制度为重点，逐步建立起会计法规体系。1985年1月21日，第六届全国人大常委会第九次会议通过了新中国第一部会计法，即《中华人民共和国会计法》，自1985年5月1日起施行。1993年12月29日，第八届全国人大常委会第五次会议通过了《关于修改〈中华人民共和国会计法〉的决定》，自公布之日起施行；第二次修订的《中华人民共和国会计法》于1999年10月31日由第九届全国人大常委会第十二次会议审议通过，自2000年7月1日起施行。

第三次修订的《会计法》于2017年11月4日由第十二届全国人大常委会第三十次会议审议通过，自2017年11月5日起施行。

11.2.2　《中华人民共和国会计法》的主要内容

现行《中华人民共和国会计法》的内容包括总则，会计核算，公司、企业会计核算的特别规定，会计监督，会计机构和会计人员，法律责任，附则等，共7章52条，现将其主要内容概括如下：

1. 总则部分

总则明确了《中华人民共和国会计法》的立法宗旨及适用范围：《中华人民共和国会计法》的立法宗旨是为了规范会计行为，保证会计资料真实、完整，加强经济管理和财务管理，提高经济效益，维护社会主义市场经济秩序。《中华人民共和国会计法》的适用范围是：国家机关、社会团体、公司、企业、事业单位和其他组织。

总则规定了单位负责人、会计人员的基本责任：单位负责人对本单位的会计工作和会计资料的真实性、完整性负责；会计机构、会计人员依照《中华人民共和国会计法》的规定进行会计核算，实行会计监督。任何单位或者个人不得以任何方式授意、指使、强令会计机构、会计人员伪造、变造会计凭证、会计账簿和其他会计资料，提供虚假财务会计报告。任何单位或者个人不得对依法履行职责、抵制违反本法规定行为的会计人员实行打击报复。

总则规定了会计工作的管理体制：国务院财政部主管全国的会计工作，县级以上地方各级人民政府财政部门管理本行政区域内的会计工作。国家实行统一的会计制度。统一的会计制度由财政部根据《中华人民共和国会计法》制定并公布。国务院有关部门可以依照本法和国家统一的会计制度，制定对会计核算和会计监督有特殊要求的行业实施国家统一的会计制度的具体办法或者补充规定，报国务院财政部门审核批准。中国人民解放军总后勤部可以依照《中华人民共和国会计法》和国家统一的会计制度，制定军队实施国家统一的会计制度的具体办法，报国务院财政部门备案。

2. 会计核算部分

《中华人民共和国会计法》规定，各单位必须根据实际发生的经济业务事项进行会计核算，必须按照国家统一的会计制度的规定填制会计凭证、登记会计账簿、编制财务会计报告。会计核算的具体内容为：①款项和有价证券的收付；②财物的收发、增减和使用；③债权债务的发生和结算；④资本、基金的增减；⑤收入、支出、费用、成本的计算；⑥财务成果的计算和处理；⑦需要办理会计手续、进行会计核算的其他事项。

《中华人民共和国会计法》还规定：会计年度自公历 1 月 1 日起至 12 月 31 日止。会计核算以人民币为记账本位币。业务收支以人民币以外的货币为主的单位，可以选定其中一种外币作为记账本位币，但是编报的财务会计报告应当折算为人民币。各单位采用的会计处理方法，前后各期应当一致，不得随意变更；确有必要变更的，应当按照国家统一的会计制度的规定变更，并将变更的原因、情况及影响在财务会计报告中说明。会计记录的文字应当使用中文。在民族自治地方，会计记录可以同时使用当地通用的一种民族文字。在中华人民共和国境内的外商投资企业、外国企业和其他外国组织的会计记录可以同时使用一种外国文字。各单位对会计凭证、会计账簿、财务会计报告和其他会计资料应当建立档案，妥善保管。

《中华人民共和国会计法》对公司、企业会计核算还作了特别的规定：公司、企业必须根据实际发生的经济业务事项，按照国家统一的会计制度的规定确认、计量和记录资产、负债、所有者权益、收入、费用、成本和利润。公司、企业进行会计核算不得有下列行为：①随意改变资产、负债、所有者权益的确认标准或者计量方法，虚列、多列、不列或者少列资产、负债、所有者权益；②虚列或者隐瞒收入，推迟或者提前确认收入；③随意改变费用、成本的确认标准或者计量方法，虚列、多列、不列或者少列费用、成本；④随意调整利润的计算、分配方法，编造虚假利润或者隐瞒利润；⑤违反国家统一的会计制度规定的其他行为。

3. 会计监督部分

《中华人民共和国会计法》规定，各单位应当建立、健全内部会计监督制度。会计机构、会计人员对违反《中华人民共和国会计法》和国家统一的会计制度规定的会计事项，有权拒绝办理或者按照职权予以纠正。有关法律、行政法规规定，须经注册会计师进行审计的单位，应当向受委托的会计师事务所如实提供会计凭证、会计账簿、财务会计报告和其他会计资料及有关情况。任何单位或者个人不得以任何方式要求或者示意注册会计师及其所在的会计师事务所出具不实或不当的审计报告。财政部门有权对会计师事务所出具的审计报告的内容和程序进行监督。财政、审计、税务、中国人民银行、证券监管、保险监管等部门应当依照有关法律、行政法规规定的职责，对各单位的会计资料实施监督检查。依法对有关单位的会计资料实施监督检查的部门及其工作人员对在监督检查中知悉的国家秘密和商业秘密负有保密义务。

4. 会计机构和会计人员部分

《中华人民共和国会计法》规定，各单位应当根据会计业务的需要，设置会计机构，或者在有关机构中设置会计人员并指定会计主管人员；不具备设置条件的，可以委托经批准设立从事会计代理记账业务的中介机构代理记账。国有的和国有资产占控股地位或者占主导地位的大、中型企业必须设置总会计师。会计人员应当具备从事会计工作所需要的专业能力。因有提供虚假财务会计报告，做假账，隐匿或者故意销毁会计凭证、会计账簿、财务会计报告，贪污、挪用公款，职务侵占等与会计职务有关的违法行为被依法追究刑事责任的人员，不得再从事会计工作。此外，会计人员有“不依法设置会计账簿”“私设会计账簿”“随意变更会计处理方法”等行为之一，情节严重的，五年内不得从事会计工作。会计人员调动工作或者离职，必须与接管人员办清交接手续。

5. 法律责任部分

《中华人民共和国会计法》规定，单位直接负责的主管人员、其他直接责任人员、会计人员、有关国家机关工作人员及其他有关人员，违反《中华人民共和国会计法》所应承担的法律责任，主要包括行政责任和刑事责任。

11.3　会计准则

11.3.1　会计准则的形成和发展

《中华人民共和国会计法》作为基本法，只能概括性地对会计核算、会计监督、会计机构和会计人员等方面进行规范，具体规范会计行为还需要通过会计准则。会计准则是依据《会计法》制定的有关会计要素确认、计量和报告的标准和规定。

会计准则经历了一个从无到有，从低级到高级，从不完善到逐步完善的发展过程。从国际上看，会计准则的研究和制定是从20世纪30年代开始的。20世纪初，资本主义经济获得了前所未有的发展，社会化大生产的规模日趋扩大，适应资本主义大企业的经营形式，即股份有限公司组织形式应运而生，并逐步成为在现代社会中占统治地位的企业组织形式。由于资本的所有权与经营权互相分离，公司的所有者和债权人等作为公司的外部利害关系人，不能直接参与企业的经营管理活动，只能从企业对外发布的财务报告中取得其决策有用的信息。在这种情况下，如果企业各自采用不同的会计处理程序和方法，就会导致企业的财务报表不易被其使用者所理解，也使企业间财务报表缺乏可比性。为保护所有者、债权人以及其他利害关系人的利益，避免企业经营管理层在编制报表时弄虚作假、主观臆造，就需要规范会计核算标准，统一会计的处理程序和方法，这就是会计准则产生的社会起因。美国于1938年成立会计程序委员会，负责制定会计准则。其他各国，如英国、法国、德国、日本、澳大利亚等，也都先后根据本国的具体情况制定各自的会计准则。第二次世界大战以后，由于跨国公司的产生和发展、国际经济活动以及资本流动的增多，必然要求协调不同国家的会计准则和政策，实现会计信息的国际化和国际的可比性。在这种情况下，1973年6月，英美等9个国家的16个会计职业团体，在英国伦敦成立了国际会计准则委员会，制定和发布国际会计准则，以协调各国会计实务。2001年，在原国际会计准则委员会的基础上改组成立了国际会计准则理事会，国际会计准则理事会发布的准则称为《国际财务报告准则》，这一总称涵盖了国际会计准则和解释公告。2014年1月1日，国际会计准则理事会修订一项准则：《国际财务报告准则第9号——金融工具》，发布两项新准则：《国际财务报告准则第14号——监管递延账户》和《国际财务报告准则第15号——源于客户合同的收入》；2014年7月发布《国际财务报告准则第9号——金融工具》，建立了金融资产、金融负债和某些非金融项目买卖合同的确认和计量要求。《国际财务报告准则第9号——金融工具》替代了《国际会计准则第39号——金融工具：确认和计量》。

在我国，研究和探索会计准则工作，是从20世纪80年代初开始着手进行的。为了适应改革开放，建立和发展社会主义市场经济体制的要求，我国在总结会计改革实践的基础上，充分借鉴国际惯例，开始建立与国际会计惯例接轨的会计准则体系。为了研究会计准则问题，中国会计学会和财政部会计事务管理司于1988年先后成立了会计准则研究机构。1989年4月，财政部会计事务管理司提出了《关于拟订我国会计准则的初步设想（讨论稿）》和《关于拟订我国会计准则需要研究讨论的几个主要问题（征求意见稿）》，向社会有关各界广泛征集意见。在此基础上，着手起草了《会计准则（草案）提纲》，提出了我国会计准则的基本框架和内容，并于1990年11月将此提纲提交全国会计工作会议讨论。根据讨论的意见，在原提纲的基础上拟出了《企业会计准则第1号——基本准则（草案）》，并印发至各地各部门再次征求意见。1992年，财政部集中组织了精干力量，进行会计准则的修改完善工作，形成了《企业会计基本准则》，并提交 1992 年 7 月份召开的全国财政工作会议讨论。1992 年 11 月 29 日，经国务院审批，中华人民共和国第一个会计准则——《企业会计准则》宣告诞生，并于 1993 年 7 月 1 日起在全国所有企业施行，从而结束了中国没有会计准则的历史，标志着我国的会计改革与发展进入新的阶段。根据形势发展的需要，在 1992 年发布的《企业会计准则》基础上又作了重大修订和调整，于 2006 年 2 月 15 日以第 33 号部长令签发了《企业会计准则——基本准则》，还分别于 2006 年 2 月 15 日和 2006 年 10 月 30 日以财政部文件印发了 38 项企业会计具体准则及应用指南。为保持与国际财务报告准则的协调和趋同，近年来财政部对我国企业会计准则进行了两次大规模修订和增补：2014 年 1—3 月，财政部修订了基本准则和 5 项具体准则，发布了 3 项具体准则；2017 年 4—7 月修订了 6 项具体准则，2017 年 5 月发布了 1 项具体准则，到目前为止，我国企业会计准则形成了 1 项基本准则和 42 项具体准则的新局面。

11.3.2　会计准则的层次结构

我国会计准则由基本准则和具体准则两个层次构成。

1. 基本准则

基本准则是进行会计核算工作必须共同遵循的基本规范。它规定了财务报告目标、会计基本假设、会计信息质量要求、会计要素的定义及其确认、计量原则、财务报告等在内的基本问题，是制定具体准则的基础，对各具体准则的制定起着统驭作用，可以确保各具体准则的内在一致性。

我国财政部 2014 年 7 月 23 日颁发的《企业会计准则——基本准则》共 11 章 50 条。主要包括四个部分：①总则部分，明确会计准则制定的目的与依据，会计准则的适用范围，财务报告目标，会计基本假设和会计基础；②会计信息质量要求部分，建立了企业会计信息质量要求体系，规定企业财务报告中提供的会计信息应当满足会计信息质量要求；③ 会计要素部分，明确了资产、负债、所有者权益、收入、费用、利润六个会计要素的确认、计量、记录和报告的内容和标准；④财务报告部分，主要对财务报告的体系、内容和要求作出规定。

2. 具体准则

具体准则是根据基本准则的要求，对有关经济业务的会计处理所作出的具体规定。按规范对象的不同，大体上可以分为三类：

第一类是一般业务准则，如存货准则、长期股权投资准则、固定资产准则、无形资产准则、收入准则等。

第二类是特殊业务准则，其中又分为普通行业的特殊业务和特殊行业的特殊业务。普通行业的特殊业务不是所有企业都会发生的，具有一定特殊性的业务，如外币业务、租赁业务等；特殊行业的特殊业务，如银行的存贷款业务、证券公司的证券投资业务、石油天然气企业的业务等，对于这些特殊行业来说，这些特殊业务又是它们的主要业务，因此又称为特殊行业的基本业务。

第三类是报告类准则，比如财务报表列报、现金流量表、中期财务报告、分部报告、关联方披露、资产负债表日后事项等。

11.3.3 基本会计准则的主要内容

1. 会计基本假设

在组织会计核算工作之前，需要对会计核算所处的时间、空间环境作出合理的设定。这就是会计的基本假设，包括：会计主体、持续经营、会计分期、货币计量。会计核算对象的确定、会计方法的选择、会计数据的搜集都要以这一系列的基本假设为依据。

（1）会计主体

会计主体假设是对会计工作的空间范围的设定。这一假设明确了会计人员站在谁的立场上，以多大的空间范围的经济活动作为核算内容。在商品经济发展的初期，会计人员一般是站在业主兼经营者的立场上，以业主企业的经济活动作为核算内容。因此，会计人员所核算的经济活动，实际上是业主的经济活动。随着商品经济的发展，经营形式的变化，特别是公司的出现，使经营权和所有权相分离，这就要将一定经济实体的经济活动同其所有者的其他经济活动区分开来，独立核算经济实体的盈亏。这时，会计人员是站在一定经济实体的立场上，以实体的经济活动作为核算内容，明确会计主体具有重要意义。

明确会计主体，才能把握会计处理的立场，明确会计人员作用的是某一特定空间范围内的经济活动，而不是某一个人或这一空间范围以外的经济活动。这样，会计人员就能够正确地反映该范围内的一切经济活动，客观、准确地计算经营过程中所取得的收益和发生的损失。

明确会计主体，才能划定会计所要处理的各项交易或事项的范围。在会计核算工作中，只有那些影响企业本身经济利益的各项交易或事项才能加以确认和计量，那些不影响企业本身经济利益的各项交易或事项则不能加以确认和计量。会计核算工作中通常所讲的资产、负债的确认，收入的取得，费用的发生，都是针对特定会计主体而言的。

明确会计主体，才能将会计主体的经济活动与会计主体所有者的经济活动以及其他会计主体的经济活动区分开来。无论是会计主体的经济活动，还是会计主体所有者的经济活动，都最终影响所有者的经济利益，但是，会计核算工作只涉及会计主体范围内的经济活动。为了真实地反映会计主体的财务状况、经营成果和现金流量，必须将会计主体的经济活动与会计主体所有者的经济活动以及其他会计主体的经济活动区别开来。

需要注意的是，会计主体不同于法律主体。一般来说，法律主体必然是一个会计主体。例如，一个企业作为一个法律主体，应当建立财务会计核算体系，独立地反映其财务状况、经营成果和现金流量。但是，会计主体不一定是法律主体。例如，在企业集团中，一个母公司拥有若干个子公司，企业集团在母公司的统一领导下开展生产经营活动。母子公司虽然是不同的法律主体，但是，为了全面反映企业集团的财务状况、经营成果和现金流量，就有必要将这个企业集团作为一个会计主体，编制合并财务报表。

（2）持续经营

持续经营假设是对企业生产经营活动能持续多久的设定。这一假设是指企业的经营活动将无限期的连续下去，也就是说，在可以预见的未来，企业不会面临破产和进行清算。因而它所拥有的资产，将在正常的经营过程中被耗用或出售，而它所承担的债务，也将在正常的经营过程中清偿。所以，会计核算所选择的程序和方法，应当以企业持续、正常的生产经营活动为前提，而不考虑是否破产清算。

从逻辑上看，这第二个会计假设是上述第一个会计假设的引申，因为，确定会计主体后，势必要进一步假设该会计主体能存在多久。只有假定企业可以连续地经营下去，企业在会计信息收集和处理上所使用的会计程序和方法才能保持稳定，才能作出正确地记录和反映，为决策者提供可靠的会计信息。例如，会计人员为一个连续经营的企业编制财务报表时，其厂房和设备等固定资产是按历史成本入账，而不是按企业在解散时的清算价值入账。因为企业购置资产的目的是使用，而不是转售，企业如果将资产售出，就必然会影响企业的连续经营。因此，在会计人员的日常核算中，资产变现价值的相关性是不大的，资产应以历史成本列示于资产负债表。又例如，固定资产的价值按使用年限分期转为费用，也是以这个假设为前提的。如果判断企业不会持续经营，固定资产就不应采用历史成本记账，也不应按期提取折旧。

当然，有些企业可能会变得无力偿债，不得不宣布破产或进行改组。但在这种情况下，这个会计假设就不再适用了，并且以这个会计假设作为依据的会计方法和会计程序，也自然都不再适用，而应采用特殊的会计处理方法进行清算。

（3）会计分期

会计分期假设是对会计核算时间范围的具体设定 。这一假设把企业持续不断的生产经营过程划分为较短的相等的会计期间，分期结算账目和编制财务报表。上面假定会计主体持续经营，意味着企业的经济活动在时间长河中将无终止进行。那么，在会计实践活动中，会计人员应提供多长时间范围的企业经营状况和财务成果的信息呢？企业的经济活动从时间上来说，是一个连续不断的输入输出流，要对连续不断的输入输出流进行计量、记录和报告，从而提供经济管理方面的信息。那么，对这一假定连续不断的经济活动流进行计量、记录和报告从何时开始，又到何时截止。显然，在企业连续不断的经营活动过程中，要等到企业的经营活动全部结束时再进行盈亏核算，编报表是不可能的。因此，为了充分发挥会计的作用，及时地向有关方面提供信息，必须把假定连续不断的经营过程从时间上人为地划分若干“间隔”或“片断”，分期对企业的经济活动进行反映和控制，提供企业经营状况和成果。

会计分期假设对于制定会计方法和会计程序具有极为重要的作用。由于有了会计分期，才产生了本期与非本期的区别；由于有了本期和非本期的区别，才产生了收付实现制和权责发生制；由于采用权责发生制，才出现了应收、应付、递延、预付等会计处理方法。

会计期间通常是一年，称为会计年度。会计年度可以与日历年度相一致，也可以不一致。在后一种情况下，通常以每年中企业经济活动的最低点作为会计年度的起点和终点。我国规定以日历年度作为企业的会计年度，即以公历 1 月 1 日起至 12 月 31 日止为一个会计年度。此外，企业还需要按半年度、季度、月份编制财务报表，即把半年度、季度和月份也作为一种会计期间，称为会计中期。

（4）货币计量

货币计量假设是对会计核算所使用的计量单位的设定。这一假设要求对所有会计核算的对象采用同一种货币作为统一的尺度予以计算，并把企业经营活动和财务状况的数据化为按统一货币单位反映的会计信息。具体地说，这一假设包括以下三个方面的内容：

其一，财产物资可以采用不同的计量单位，如有自然单位、物理单位、劳动时间单位、货币单位等。但在会计核算中，只有货币计量单位是前后一致，贯穿始终的，也唯有采用货币计量单位，才能系统、全面、连续地记录、汇总、分析和揭示企业的经营过程和财务成果。从这个意义上讲，货币单位是会计的基本计量单位，其他计量单位都是辅助性质的。当然，在会计报告中还需要用文字或附注方式揭示企业经营中重大的，但不能用货币计量的信息。很显然，这些内容是无法进入复式簿记系统的。

其二，在多种货币存在的条件下，或某些业务是用外币结算时，就需要确定某一种货币为记账本位币，编制分录和登记账簿时，需采用某种汇率折算为记账本位币单位登记入账。在我国境内，应以人民币作为记账本位币，业务收支以外币为主的企业，也可以选定某种外币作为记账本位币，但编制的财务报表应当折算为人民币反映。境外企业向国内有关部门编报财务报表，应当折算为人民币反映。

其三，以货币作为统一计量单位，包含着币值稳定的假设，即假定货币本身的价值是稳定的，货币购买能力的波动可以不予考虑。按照各国的会计惯例，当货币本身的价值波动不大，或前后波动能相互抵消时，会计核算中可以不考虑这些波动，仍然认为币值是稳定的。但在发生恶性通货膨胀时（如年通货膨胀率达 26%，或三年的通货膨胀率达 100%），就需要采用特殊的会计准则来加以处理。

以上四项会计假设，是进行会计核算应具备的基本前提，离开了这些前提，会计核算的各种数据便无从产生，无从解释，也无法运用。这四项假设缺一不可，相互联系，共同构成会计核算的基础。

2. 会计信息质量要求

会计信息质量要求是指对企业财务报告中所提供会计信息质量的基本要求，是使财务报告中所提供会计信息对投资者等使用者决策有用应具备的基本特征。根据《企业会计准则——基本准则》的规定，它包括可靠性、相关性、可理解性、可比性、实质重于形式、重要性、谨慎性和及时性等。

（1）可靠性

可靠性要求企业应当以实际发生的交易或事项为依据进行确认、计量和报告，如实反映符合确认和计量要求的各项会计要素及其他相关信息，保证会计信息真实可靠、内容完整。会计工作提供信息的目的是满足会计信息使用者的决策需要，要使会计信息对决策有用，就应在会计核算工作中坚持可靠性要求。其一是真实可靠，那就要实事求是，尊重事实，不能按照任何个人意志来加工或提供信息。任何歪曲、粉饰或掩盖事情真相的信息，不仅是完全错误的，而且是严重违法的。其二是做到会计信息可以验证。所谓可以验证是指有可靠的凭证可据以复查其数据的来源和转化为信息的计算过程，以核实其是否真实。如果企业的会计核算不是以实际发生的交易或事项为依据，没有如实地反映企业的财务状况、经营成果和现金流量，会计工作就失去了存在的意义，甚至会误导会计信息使用者，导致决策的失误。

应当指出："可靠性"和"精确性"是两个既有联系又有区别的概念。作为会计对象的许多经济现象与过程往往带有不确定性（如固定资产使用期和磨损价值的确定），或在数量上难以明确区分（如共同费用和间接费用需要归属于产品）。解决这些问题的办法，只能借助于估计或在理论上认为合理的分配标准，因此，几乎离不开会计人员的主观判断，更离不开多少带有条件性的分类、汇总与分配。严格地说，会计核算的结果是客观真实的，但在很大程度上是近似的，而不是精确的。

（2）相关性

相关性要求企业提供的会计信息应当与投资者等财务报告使用者的经济决策需要相关，有助于投资者等财务报告使用者对企业过去、现在或者未来的情况作出评价或者预测。

信息的价值在于其与决策相关，有助于提高人们的决策能力。相关的信息应具有预测价值和反馈价值。预测是决策的基础和决策科学化的前提，要使信息达到决策的有用性，就要求信息具有预测价值，用户根据相关的信息，能够预见未来企业的经营活动的发展趋势。信息的反馈能够有助于会计信息使用者评价过去的决策，证实或纠正过去对企业经营状况的预期，有助于进一步改进经营管理和作出正确决策。在会计核算工作中坚持相关性要求，就要求在收集、加工、处理和提供会计信息过程中，充分考虑会计信息使用者的信息需求。对于特定用途的会计信息，不一定都能通过财务会计报告来提供，也可以采用其他形式加以提供。如果会计信息提供以后，没有满足会计信息使用者的需要，对会计信息使用者的决策没有什么作用，就不具有相关性。

（3）可理解性

可理解性要求企业提供的会计信息应当清晰明了，便于投资者等财务报告使用者理解和利用。

企业编制财务报告、提供会计信息的价值在于对决策有用。每个会计信息都应当使信息使用者理解它的含义和用途，并懂得怎样加以使用。企业会计信息的使用者，不仅包括企业的负责人，国家有关部门，而且包括职工群众。在这种情况下，通俗易懂必然成为会计信息的重要质量要求。这个质量要求既是对信息使用者的要求，也是对信息提供者的要求，从使用者方面说，他们应当尽可能学习会计的基础知识，掌握会计信息的含义、用途，并力争懂得如何使用；从提供者方面说，他们应当在保证可靠性和相关性等主要质量要求的前提下，力求使会计信息通俗易懂，对于那些本来可以用浅显易懂的解释就能表述一个会计信息的含义和作用的，绝不应当故意加上若干晦涩难懂的专门术语来为难信息使用者，会计记录应当做到准确、清晰，填制会计凭证、登记会计账簿应当做到依据合法、账户对应关系清楚、文字摘要完整，编制财务报表应做到项目勾稽关系清楚、内容完整、数字准确。

（4）可比性

可比性要求企业提供的会计信息应当相互可比。这主要包括两层含义：

一是同一企业不同时期可比。为了便于投资者等财务报告使用者了解企业财务状况、经营成果和现金流量的变化趋势，比较企业在不同时期的财务报告信息，全面、客观地评价过去、预测未来，从而作出决策，会计信息质量的可比性要求同一企业不同时期发生的相同或者相似的交易或者事项，应当采用一致的会计政策，不得随意变更。企业发生的交易或事项复杂多样，对于同一交易或事项可以采取多种会计处理方法。如固定资产折旧方法可以采用年限平均法、工作量法、年数总和法、双倍余额递减法等。存货的领用和发出的计价可以采用先进先出法、加权平均法、移动平均法、个别计价法等。企业应当根据自己的具体情况分别选择恰当的会计方法，并在各个会计期间保持一致。如果企业在不同的会计期间采用不同的会计方法，不同时期的财务报表就无法比较，而且容易产生误解，使人们错误地将会计程序和方法的变动，误解为企业财务状况和经营成果的实际变动，将不利于会计信息作用的发挥。但是，满足会计信息可比性要求，并非表明企业不得变更会计政策，如果按照规定或者在会计政策变更后可以提供更可靠、更相关的会计信息，可以变更会计政策。有关会计政策变更的情况，应当在附注中予以说明。否则，将会使报表使用者发生误解。

二是不同企业相同会计期间可比。为了便于投资者等财务报告使用者评价不同企业的财务状况、经营成果和现金流量及其变动情况，会计信息质量的可比性要求不同企业同一会计期间发生的相同或者相似的交易或者事项，应当采用规定的会计政策，确保会计信息口径一致、相互可比，以使不同企业按照一致的确认、计量和报告要求提供有关会计信息。将不同企业的财务报表建立在相同的会计程序和会计方法之上，便于报表使用者进行企业之间的比较，从而有效地判断企业经营的优劣，据以作出投资决策。

（5）实质重于形式

实质重于形式要求企业应当按照交易或事项的经济实质进行会计确认、计量和报告，而不应当仅仅以交易或事项的法律形式作为依据。在实际工作中，交易或事项的外在法律形式并不总能完全真实地反映其实质内容。例如，以融资租赁方式租入的资产，虽然从法律形式来讲企业并不拥有其所有权，但是由于租赁合同中规定的租赁期相当长，接近于该资产的使用寿命；租赁期结束时承租企业有优先购买该资产的选择权；在租赁期内承租企业有权支配资产并从中受益，所以，从其经济实质来看，企业能够控制其创造的未来经济利益，所以，会计核算上将以融资租赁方式租入的资产视为企业的资产。

如果企业的会计核算仅仅按照交易或事项的法律形式进行，而其法律形式又没有反映其经济实质和经济现实，那么，其最终结果将不仅不会有利于会计信息使用者的决策，反而会误导会计信息使用者的决策。所以，就必须根据交易或事项的实质和现实，而不能仅仅根据它们的法律形式进行核算和反映。

（6）重要性

重要性要求企业提供的会计信息应当反映与企业财务状况、经营成果和现金流量有关的所有重要交易或者事项。对于一些能够预期对报表使用者的决策发生重大影响的项目，列为报表的重点；而对一些无关紧要的项目则不必要求过严。同时，在实务中，对会计程序、方法的精确度及对会计数据的详略程度和容许的误差范围，都要根据企业的实际情况确定。例如，企业的办公用品等低值易耗品，虽然从理论上讲，应按原始成本列为固定资产；但由于价值较小，即使不按期计提折旧，而是领用或报废时一次作为费用摊销，也不会影响成本计算的精确性。

一般来说，一项会计事项是否重要，既取决于金额的大小，如占年度销售收入和利润的比重；而且还取决于会计事项的性质。究竟哪些会计事项属于重要的，哪些属于不重要的，并没有一个明确的划分标准。例如，在小企业中，存货计价的某项不大的误差可能是重大的，因为它会对企业的盈利额产生很大影响；但在大企业中，同额的误差就可能认为是不重大的，因为它不过使企业的盈利额出现一个微不足道的波动。

（7）谨慎性

谨慎性要求也称稳健性要求，是指某项经济业务有几种会计处理方法可供挑选时，应当选用对所有者权益产生乐观影响最小的那种方法。例如，对资产的计价，当有两种价格可供选择时，就应选用较低的价格入账；如果是负债，则相反。同样，假设有可能发生某项损失，应当在本期内予以确认；但如果有可能获得收益，则宁可少计或不计。概括地说，谨慎性要求确认一切可能的损失，但避免预计任何可能的收益，从而使财务报表不会引起人们的过于乐观。

谨慎性原则最典型的应用主要有加速折旧、计提坏账准备和存货采用成本与可变现净值孰低法计价等。我国在市场经济条件下，企业的经营活动必然存在着市场竞争和经营风险，为保全企业资产的完整，提高企业应付风险的能力，企业的会计核算业务应当体现有关谨慎性的具体要求。但是，这并不意味着企业可以任意设置各种秘密准备，如果企业故意低估资产或者收入，或者故意高估负债或者费用，将不符合会计信息的可靠性和相关性要求，损害会计信息质量，扭曲企业实际的财务状况和经营成果，从而对使用者的决策产生误导，这是会计准则所不允许的。

（8）及时性

及时性要求企业对于已经发生的交易或者事项，应当及时进行确认、计量和报告，不得提前或延后。会计信息的价值在于帮助所有者或其他方面作出经济决策，具有时效性。即使是可靠、可比、相关的会计信息，如果不及时提供，对于会计信息使用者也没有任何意义，甚至可能误导会计信息使用者。在会计确认、计量和报告过程中坚持及时性，一是要求及时收集会计信息，即在经济业务发生后，及时收集整理各种原始单据；二是及时处理会计信息，即在国家统一的会计准则规定的时限内，及时编制出财务报告；三是及时传递会计信息，即在国家统一的会计准则规定的时限内，及时将编制出的财务报告传递给财务报告使用者。如果企业的会计确认、计量和报告不能及时进行，会计信息不能及时提供，就无助于经济决策。

以上八项会计信息质量要求，可靠性、相关性、可理解性和可比性是会计信息的首要质量要求，是企业财务报告中所提供会计信息应具备的基本质量特征；实质重于形式、重要性、谨慎性和及时性是会计信息的次级质量要求，是对可靠性、相关性、可理解性和可比性等首要质量要求的补充和完善，尤其是在对某些特殊交易或者事项进行处理时，需要根据这些质量要求来把握其会计处理原则，另外，及时性还是会计信息相关性和可靠性的制约因素，企业需要在相关性和可靠性之间寻求一种平衡，以确定信息及时披露的时间。

拓展阅读 11

基本训练

一、单项选择题

1. 会计规范体系中的最高层次是（　　）

A. 会计法律规范　　B. 会计职业道德规范

C. 会计理论规范　　D. 会计法律

2. 专门性会计法律规范体系由（　　）三个层次构成。

A. 全国人大制定的、国务院制定的、财政部制定的

B. 会计法律、会计行政法规、会计规章

C. 会计法、会计准则、会计制度

D. 基本准则、具体准则、会计制度

3. 会计法律是由（　　）制定和颁布的。

A. 国务院

B.国务院有关部门拟订，经国务院批准

C.国务院各部委

D.全国人民代表大会或者其常务委员会

4.以下属于会计行政法规的是（　　）。

A.《中华人民共和国会计法》　B.《总会计师条例》

C.《会计基础工作规范》　D.《会计档案管理办法》

5.中华人民共和国第一部会计法是（　　）。

A.《中华人民共和国会计法》　B.《总会计师条例》

C.《会计法草案》　D.《会计法条例》

6.对会计工作空间范围进行设定的假设是（　　）。

A.会计主体　B.法律主体　C.会计分期　D.货币计量

7.以实际发生的交易或事项为依据进行确认、计量和报告，如实反映符合确认和计量要求的各项会计要素及其他相关信息，保证会计信息真实可靠、内容完整是指会计信息质量要求中的（　　）

A.准确性　B.可比性　C.谨慎性　D.可靠性

8.下列各项会计信息质量要求中对相关性和可靠性起制约作用的是（　　）。

A.可比性　B.谨慎性

C.及时性　D.实质重于形式

9.在下列各项中，体现实质重于形式这一会计信息质量要求的是（　　）。

A.确认预计负债

B.对应收账款计提坏账准备

C.对外公布财务报告时提供可比信息

D.将融资租入固定资产视为自有资产入账

10.在下列各项中，体现谨慎性这一会计信息质量要求的是（　　）。

A.对资产的计价，当有两种价格可供选择时，就应选用较低的价格入账

B.对费用的计价，当有两种价格可供选择时，就应选用较低的价格入账

C.对负债的计价，当有两种价格可供选择时，就应选用较低的价格入账

D.对收入的计价，当有两种价格可供选择时，就应选用较高的价格入账

二、多项选择题

1.我国会计规范体系主要由（　　）构成。

A.会计法律规范　B.会计职业道德规范

C.会计理论规范　D.会计法律

2.我国会计准则由（　　）两个层次构成。

A.基本准则　B.具体准则　C.报告制度　D.业务准则

3.会计基本假设包括（　　）。

A.会计主体　B.持续经营　C.会计分期　D.货币计量

4.可比性的含义包括（　　）。

A.同一企业不同时期可比

B.不同企业不同会计期间可比

C.不同企业相同会计期间可比

D.不同企业任何期间可比

5.会计期间包括（　　）。

A.月份　　B.季度　　C.半年度　　D.年度

三、判断题

1.会计法律规范是由国家的强制力保证实施的。（　　）

2.会计职业道德规范是依靠社会舆论与内心信念来实现的一种行为规范。（　　）

3.会计行政法规是指由财政部或国务院其他各部委所制定颁布的在全国具有法律效力的有关会计方面的规范性文件。（　　）

4.《中华人民共和国会计法》是指导会计工作的根本法。（　　）

5.会计主体就是法律主体。（　　）

6.可比性原则主要解决企业自身不同时期的比较问题。（　　）

7.谨慎性原则就是要尽量低估费用和损失。（　　）

8.在会计核算工作中，不影响企业本身经济利益的各项交易或事项不能加以确认和计量。（　　）

9.按照各国的会计惯例，当货币本身的价值波动不大，或前后波动能相互抵消时，会计核算中可以不考虑这些波动，仍然认为币值是稳定的。（　　）

10.可靠性、相关性、可理解性和可比性是会计信息的次级质量要求，是对实质重于形式、重要性、谨慎性和及时性等首要质量要求的补充和完善。（　　）

四、简答题

1.什么是会计规范？它具有哪些重要意义？

2.会计规范由哪几部分内容构成？我国会计法律规范包括哪几个层次？

3.我国企业会计准则由哪几个层次构成？

4.会计基本假设包括哪些内容？

5.会计信息质量要求包括哪些内容？

五、练习题

1.【目的】熟悉会计法对会计人员行为的约束。

【要求】(1) 请逐项分析下列哪些行为违反了《会计法》的规定？

(2) 财政部门和有关部门对该企业违反会计法的行为应如何处理？

【资料】某市财政局在2016年4月《会计法》执法检查中，发现某小型企业为节省开支，只任用了两名会计，其中已取得会计师职称的王某被单位负责人指定为会计主管人员，负责登记总账，编制财务会计报告和稽核工作，另一名张某被单位负责人指定担任出纳工作，兼记日记账、各种明细账和会计档案的保管。该企业出纳员在单位负责人的授意下，将收到的下脚料销售款5 000元另行存放不入账，以便负责人日常应酬。会计主管王某发现后，向上级主管部门举报，上级主管部门将检举材料一并转给该企业，责令其自行纠正。该企业负责人遂以工作需要为由，将会计主管王某调离会计工作岗位，另外聘用一名经济管理专业应届大学毕业生担任会计主管人员，由于该会计主管人员经验不足使得会计管理混乱，会计处理方法随意改变，会计核算中时有多报、漏记的会计差错发生，并仍秉承单位负责人意图，私设小金库。

2.【目的】会计法律规范规定的相关责任人的责任及处罚。

【要求】(1) 分析该厂的下列做法违反了哪些法律法规的规定（请说明法律法规名称及对会计资料规定的相关内容)?

(2) 厂长杨某应当承担何种责任?

(3) 对造纸厂和厂长应如何处罚?

【资料】2017 年 3 月 5 日，时任某造纸厂厂长的杨某，召集该厂经营副厂长、财务科长、副科长、出纳到其办公室，指使上述人员共同对该厂上年度的财务收支流水账、凭证等会计资料进行审核，确认无误后，由在场人员签名，之后，杨某指示沿用该厂以往的做法，将审核过的会计资料让人拿到锅炉房予以烧毁，2017 年 4 月 5 日，杨某再次沿用上次做法，将审核过的该厂财务和该厂劳动服务公司上年度的财务流水账、凭证等会计资料，指使他人拿到锅炉房予以烧毁。该厂两次被烧毁的会计资料，涉及金额共计 567 952.52 元。

第12章　会计工作组织

学习目标

- ◆ 掌握会计工作组织的意义和要求。
- ◆ 重点掌握会计机构的岗位责任制，理解会计人员的职责、权限及其职业道德。
- ◆ 了解设置会计机构的要求以及会计档案的归档和管理。

12.1　会计工作组织的意义和要求

12.1.1　会计工作组织的意义

要做好会计工作，就必须建立专门的会计机构，要有专职的工作人员，并按照会计规范从事会计工作，这就是我们所说的会计工作组织。具体来讲，会计工作组织应该包括会计人员的配备及其职责权利的履行、会计机构的设置、会计法规的制定与执行，以及会计档案的保管。科学地组织会计工作，对全面完成会计工作，充分发挥会计在经济管理中的作用具有重要意义。

1. 科学地组织会计工作，有利于提高会计工作的质量和效率

会计工作是一项严密细致的经济管理工作。会计要为经营管理提供会计信息，就要采用会计凭证——会计账簿——财务报告等一系列专门方法及相应的手续和程序对数据进行记录、计算、分类、汇总、分析、检查等。会计数据的传输、加工在各种手续、各个步骤之间存在着密切的联系。在任何一个环节上出现了问题，都必然造成整个核算结果不正确或不能及时完成，影响整个会计核算工作的质量和效率，甚至造成决策失误。因此，科学地组织会计工作，使会计工作按照预先规定的手续和处理程序有条不紊地进行，才能保证会计工作正常、高效地运行，圆满完成会计的各项工作任务。

2. 科学地组织会计工作，有利于保证同其他经济管理工作协调一致

会计工作是一项综合性的经济管理工作，它和其他经济管理工作有着十分密切的联系 。会计工作既有独立性，又同其他经济管理工作存在着相互制约，相互促进的关系，科学而有序的会计工作组织，需要其他经济管理工作的协调与配合，同时也能促进其他经济管理工作的顺利进行。因此，科学地组织会计工作，能使会计工作同其他经济管理工作更加协调，共同完成经济管理任务。

3. 科学地组织会计工作，有利于巩固和发展各单位内部的经济责任制

会计是经济管理的重要组成部分，是一项经济管理工作。然而，经济管理的一个重要手段就是实行各单位的内部经济责任制。实行内部经济责任制就离不开会计。科学的经济预测、正确的经济决策、公正的业绩考评等，哪一项工作的开展也离不开会计提供的有效信息。因此，科学地组织会计工作，可以促使各单位巩固和加强内部经济责任制，不断提高经济效益。

4. 科学地组织会计工作，有利于贯彻执行国家的法律、法规，维护财经纪律

会计工作是一项复杂的系统工程，政策性很强，它不只是单纯的记账、算账、报账工作，会计工作时时、事事、处处涉及执法守规方面的问题。科学地组织会计工作，可以促使各企业、事业、行政机关等单位更好地贯彻执行国家的法律、法规，维护好财经纪律，为建立良好的社会经济秩序打下基础。

12.1.2 会计工作组织的要求

为科学地组织会计工作，必须要遵循以下几项要求：

1. 按照国家的统一要求组织会计工作

在社会主义市场经济条件下，会计所提供的会计信息要满足有关各方了解会计主体财务状况、经营成果、财务状况变动情况的需要和加强内部经营管理的需要；同时，会计信息的提供对国家宏观经济管理来说有着更加现实的意义。因此，会计工作要由国家统一管理，按照“统一领导，分级管理”的原则建立会计工作的管理体制。各企业、事业和行政机关等单位组织会计工作，必须以国家的法令、法规为依据，符合国家对会计工作的统一要求。

2. 根据各单位生产经营活动的规律和特点来组织会计工作

各企业、事业和行政机关等单位的经济活动范围、业务内容不同，对会计信息的要求也有差别，各个单位必须结合实际情况和具体要求组织会计工作。因此，会计工作组织形式、内部分工、各项内部会计核算制度的制定既要符合国家统一的要求，又要考虑本单位业务经营的特点和经营规模的大小等具体情况，将会计工作紧密地与本单位的生产经营活动联系在一起，充分发挥会计工作的职能作用。

3. 协调同其他经济管理工作的关系

各企业、事业和行政机关等单位发生的经济业务，都要通过会计予以核算和监督。会计工作同其他经济管理工作之间既有分工，又有协作。会计工作一方面能够促进其他经济管理工作；另一方面也需要其他经济管理工作配合。在组织会计工作时，要同其他各项经济管理工作互相协调、互相配合、互相补充，共同完成经济管理的任务。

4. 保证会计工作质量，讲求工作效率，有效节约费用

为了提供会计信息，会计人员要将日常发生的、大量的、纷繁复杂的经济业务，通过确认、计量、记录、报告等一系列程序和手续，将其转换为有用的会计信息。这是一项要求严密而又细致的工作，需要精心设计，科学组织。如果组织不好，就会造成重复劳动，浪费人力和物力。因此，对会计核算组织程序的规定，会计凭证、会计账簿、财务报告的设计，会计机构的设置以及会计人员的配备都应避免繁琐，力求精简，在保证会计工作质量的同时，也要注意提高会计工作效率，尽量节约会计工作时间和费用，以较少的人力、物力消耗取得尽可能大的工作效果。

12.2 会计机构

12.2.1 会计机构的设置

会计机构是直接从事和组织领导会计工作的职能部门。建立和健全会计机构是做好会计工作的组织保证，是保证会计工作顺利进行，充分发挥会计职能作用的重要条件。

在我国，由于会计工作和财务工作都是综合性经济管理工作，它们之间的关系非常密切，因此，通常把两者合并在一起，设置一个财务会计机构，统一办理财务会计业务。所以，会计机构通常是指财务会计部门。

《中华人民共和国会计法》明确规定：国务院财政部门主管全国的会计工作。县级以上地方各级人民政府的财政部门管理本行政区域内的会计工作。我国财政部是负责管理全国会计工作的领导机构，下设会计事务管理司，主管全国的会计事务工作。其主要职责是：拟定并组织实施全国统一的会计法规、规章和制度；制订全国会计干部培训计划；管理全国会计人员技术职称评定工作；管理和监督注册会计师事务所工作；根据我国会计工作中出现的新情况、新问题，组织全国范围内的会计工作经验交流，不断提出改进和实施意见。

各级地方政府财政部门、各级业务主管部门一般设置会计处、科等机构，主管本地区、本系统所属单位的会计工作。其主要职责是：根据财政部的统一规定，制定适合本地区、本系统的会计规章制度；组织、领导和监督所属单位的会计工作；审核、分析、批复所属单位的财务会计报告，并编制本地区、本系统的汇总会计报表；了解和检查所属单位的会计工作情况；负责本地区、本系统会计人员的业务培训，以及会同有关部门评聘会计人员技术职称等。同时，各级业务主管部门在会计业务上要受同级财政部门的指导和监督。

为了保证会计工作顺利进行和充分发挥其作用，各企业、事业和行政机关等单位一般都应单独设置会计机构。基层单位的会计机构，一般称为会计（财务）处、科、股、组等。在一些规模大、会计业务复杂而且业务量大的单位，在单位内部设置各级、各部门的会计组织。各单位的会计机构，在行政领导人的领导下开展会计工作。在设置总会计师的单位，其会计机构由总会计师直接领导，负责企业的具体财务会计工作，同时，也接受上级财务会计部门的指导和监督。

企业、事业、行政机关等单位是否设置会计机构，因各单位情况不同而异。在一些规模小、会计业务简单的单位，如果不单独设置会计机构，可以在有关机构中设置会计人员并指定会计主管人员。不具备条件的单位，还可以不设置会计机构、不配备会计人员，其会计业务委托经批准设立的从事会计代理记账业务的中介机构进行账务处理，以保证会计工作的正常进行。

会计机构作为一个综合性经济管理部门，与单位内部其他各职能部门、各生产经营业务单位保持着十分密切的联系，既互相制约又互相补充。因此，会计机构要主动为各职能部门、各业务单位服务，并依靠各职能部门和业务单位共同做好会计工作，实现会计目标。

12.2.2　会计机构内部稽核制度和内部牵制制度

《中华人民共和国会计法》规定，会计机构内部应当建立内部稽核制度和内部牵制制度。

稽核是稽查与复核的简称。会计稽核是会计机构本身对会计核算工作进行的一种自我检查或审核工作。建立会计机构内部稽核制度，目的在于防止会计核算工作上的差错和有关人员的舞弊。内部稽核工作一般包括以下内容：

①审核财务、成本、费用等计划指标项目是否齐全，编制依据是否可靠，有关计算是否正确，各项计划指标是否相衔接等。审核之后应提出建议或意见，以便修改和完善计划与预算。

②审核实际发生的经济业务或财务收支是否符合现行法律、法规、规章、制度的规定。对审核中发现的问题，及时予以制止或者纠正。

③审核会计凭证、会计账簿、财务会计报告和其他会计资料的内容是否真实、完整，计算是否正确，手续是否齐全，是否符合有关法律、法规、规章、制度的规定。

④审核各项财产物资的增减变动和结存情况，并与账面记录核对，确定账实是否相符。不符时，应查明账实不符的原因，并提出改进措施。

内部牵制制度，也称钱账分管制度，是指凡是涉及款项和财物收付、结算及登记的任何一项工作，必须由两人或两人以上分工办理，以起到相互制约作用的一种工作制度。实行内部牵制制度，主要是为了加强会计人员之间的相互制约、相互监督、相互核对，提高会计核算工作质量，防止会计处理中发生失误和差错，以及经济活动中营私舞弊行为的发生。

12.2.3　会计机构的岗位责任制

会计机构的岗位责任制，又称会计人员岗位责任制，就是在会计机构内部按照会计工作的内容和会计人员的配备情况，将会计机构的工作划分为若干个岗位，使每个岗位都有专人负责，每位会计人员都能明确自己职责的一种责任制度。各企业、事业、行政机关等单位建立健全会计机构岗位责任制有利于加强会计管理，改进工作作风，提高工作效率，保证会计工作有序进行，加强会计人员的工作责任心和纪律性，促使会计人员不断提高业务水平。

各企业、事业、行政机关等单位建立会计机构的岗位责任制，一要同本单位的经济责任制相联系，实行以责定权，权责明确，严格考核，有奖有惩的原则。二要从本单位会计业务量和会计人员配备的实际情况出发，按照效益和精简的原则划分工作岗位。会计人员的工作岗位一般可分为：会计机构负责人或者会计主管人员、出纳、财产物资核算、工资核算、成本费用核算、财务成果核算、资金核算、往来结算、总账报表、稽核、档案管理等。这些岗位可以一人一岗、一人多岗或一岗多人，各单位可以根据自身特点具体确定。为贯彻内部牵制原则，出纳人员不得兼管稽核、会计档案保管和收入、费用、债权债务账目的登记工作。在较大规模的单位中，由于会计业务量大，会计人员较多，会计机构内部还可以按经济业务的类别划分岗位，设立若干职能组，如设立综合财务组、工资组、资金组、成本组、会计组等，分别负责各项业务工作，并按分管的业务明确职责要求。有些单位按经济业务和会计方法相结合的原则进行分工，如设立资金核算组、成本核算组、综合报表组、审核分析组和计划决策组等，以便充分发挥会计的职能作用。

各个岗位上的会计人员，既要认真履行本岗位职责，又要从单位全局出发，与其他岗位上的会计人员密切配合，互相协作，共同做好本单位的会计工作。实行会计人员岗位责任制，并不要求会计人员长期固定在某一工作岗位上，会计人员的工作岗位应当有计划地进行轮换，以便会计人员能够比较全面地了解和熟悉各项会计工作，提高业务水平和办事效率，便于相互协作，做好会计工作。

12.2.4 会计工作的组织形式

独立核算单位的会计工作的组织形式，一般分为集中核算和非集中核算两种组织形式。

集中核算就是把整个单位的主要会计核算工作集中在会计部门来进行，单位内部的各生产车间、工段、各职能部门一般不进行单独核算。在这种组织形式下，各生产车间、工段、各职能部门只对其发生的经济业务填制原始凭证或原始凭证汇总表，送交会计部门，原始凭证或原始凭证汇总表由会计部门审核，然后据以填制记账凭证，登记有关账簿，编制财务报告。

非集中核算又称分散核算，就是将会计工作分散在单位内部的各个生产车间、各职能部门进行，在会计部门的指导下，各个生产车间、各职能部门对其自身所发生的各项经济业务进行比较全面的核算。在这种组织形式下，会计部门只是根据单位内部各部门上报的资料进行总分类核算，编报整个单位的会计报表。

采用集中核算和非集中核算形式进行会计工作组织各有利弊。采用集中核算形式，由于核算工作集中在会计部门进行，所以便于对会计人员进行分工，可以减少核算层次，简化和加速核算工作，节约核算费用，根据会计部门的集中核算资料，随时了解单位内部各生产车间、各职能部门的生产经营活动情况。但这种形式不利于各生产车间、各职能部门及时掌握核算资料，不便于控制和考核本部门的生产经营活动。采用非集中核算形式，可以使单位内部各部门随时利用有关核算资料检查本部门工作，因地制宜地解决生产、经营管理上的问题。但这种形式对会计部门来说，不便于会计人员的合理分工，对整个单位来说，核算工作量相对加重，核算费用增大，也不利用会计部门及时了解各生产车间、各职能部门的经济活动情况。在一个单位内部，对各部门和下属单位所发生的经济业务可以分别采取集中核算和非集中核算。实行集中核算或非集中核算，主要取决于企业单位规模的大小、经济业务复杂程度以及经营管理的需要。但是，不论采用哪种组织形式，各生产车间、各职能部门都不能单独与外单位签订购销合同，也不能在银行开设结算账户，同外单位发生应收和应付款项的结算，要通过会计部门负责办理。

实行内部经济核算制单位的各生产车间和各职能部门并不是独立核算单位。所谓独立核算单位，是指对本身生产经营活动或业务活动过程及其结果，进行全面、系统、独立地记账、算账，定期编制财务报告，并对其经营活动进行分析检查的单位。这些单位通常拥有供生产、经营活动用的资金，在银行中独立开设账户，对外办理结算业务，具有完整的凭证、账簿系统，独立编制计划，单独计算盈亏和编报财务报告。而非独立核算单位，亦称报账单位，是指向上级机构领取一定量的物资和备用金从事业务活动，平时只进行原始凭证的填制、整理、汇总以及现金账、实物明细账登记的一系列具体会计工作，定期地报送日常业务资料，由上级机构综合进行会计核算的单位。这些单位取得的一切收入全数上缴给上级机构，发生的各项开支则向上级机构报销，没有完整的会计核算，不独立计算盈亏，不单独编制财务报告。会计机构要对单位内部各个非独立核算单位的核算工作加强指导和监督。

12.3　会计人员

12.3.1　会计人员的职责与权限

会计人员是从事会计工作、处理会计业务、完成会计任务的人员。配备一定数量和素质相当、具备从业资格的会计人员，这是各企业、事业、行政机关等单位做好会计工作的决定性因素。各企业、事业、行政机关等单位应根据其规模大小、业务繁简及会计机构岗位设置的要求，配置适量的会计人员。

1. 会计人员的职责

根据会计法的规定，会计人员的主要职责有以下几方面：

（1）进行会计核算

会计人员要对实际发生的经济业务事项进行会计核算，填制会计凭证，登记会计账簿，编制财务报告，做到手续完备，内容真实，数字准确，账目清楚，日清月结，按期报账，满足国家宏观经济管理，企业加强内部经营管理和有关各方了解本单位财务状况、经营成果、现金流量情况的需要。

进行会计核算，对生产经营活动或者预算执行过程及其结果进行连续、系统、全面地记录、计算、分析，定期编制并提供财务会计报告和其他一系列内部管理所需的会计资料，为作出经营决策和宏观经济管理提供依据，是会计人员最基本的职责，也是会计工作的核心和重点。

（2）实行会计监督

各企业、事业、行政机关等单位的会计机构、会计人员对本单位实行会计监督，就是通过会计工作，对本单位的各项经济业务和会计手续的合法性、合理性进行监督。对不真实、不合法的原始凭证，不予受理；对伪造、变造、故意毁灭会计账簿或账外设账的行为应当制止和纠正；发现账簿记录与实物、款项不符的时候，应当按照有关规定进行处理，无权自行处理的，应当立即向本单位行政领导人报告，请求查明原因，作出处理；对指使、指令编造、篡改财务报告的行为，应当制止和纠正，制止和纠正无效的，应当向上级主管单位报告，请求处理；对财务收支进行监督；对违反单位内部会计管理制度的经济活动，应当制止和纠正，制止和纠正无效的，向单位领导人报告，请求处理；对单位制定的预算、财务计划、业务计划的执行情况进行监督。

此外，各单位必须接受审计机关、财政机关和税务机关依照法律和国家有关规定进行的监督，如实提供会计凭证、会计账簿、财务报告和其他会计资料以及有关情况，不得拒绝、隐匿、谎报。

（3）制定本单位办理会计事务的具体办法

国家制定的统一的会计法规只对会计工作管理和会计事务处理办法作出一般规定。会计人员要依据国家颁发的会计法规、制度以及准则等其他相关规定，结合本单位的具体情况，制定本单位办理会计事务的具体办法，包括会计人员岗位责任制度、内部牵制和稽核制度、财产清查制度和费用开支报销手续办法等。

（4）办理其他会计事务

随着社会经济的发展，社会分工越来越细，生产力水平不断提高，逐渐扩大会计信息内容，人们对经济管理的要求也就越高，作为经济管理的重要组成部分的会计也就越重要，经济越发展，会计事务也必然日趋丰富多样。

2. 会计人员的工作权限

会计人员在工作中必须认真履行自己的职责，国家对他们也赋予了必要的工作权限，主要有以下几个方面：

①会计人员有权要求本单位有关部门、人员认真执行国家批准的计划、预算，遵守国家法律及财经纪律和财务会计制度。对违反会计法律、法规以及国家统一的会计制度规定的会计事项，会计人员有权拒绝办理或者按照职权予以修正。

②会计人员有权参与本单位编制计划，制定定额，签订经济合同，参加有关的生产、经营管理会议，并以会计人员特有的专业地位就有关财务开支和经济效益等方面的问题提出自己的建议和意见。

③会计人员有权监督、检查本单位有关部门的财务收支、资金使用和财产保管、收发、计量、检验等情况。有关部门要提供资料，如实反映情况，大力支持和协助会计人员工作。

为了保障会计人员行使其工作权限，目前已从法律上给予了保护。《中华人民共和国会计法》第四十六条规定：单位负责人对依法履行职责、抵制违反本法规定行为的会计人员以降级、撤职、调离工作岗位、解聘或者开除等方式实行打击报复，构成犯罪的，依法追究刑事责任；尚不构成犯罪的，由其所在单位或者有关单位依法给予行政处分。对受打击报复的会计人员，应当恢复其名誉和原有职务、级别。

12.3.2　会计人员职业道德

会计职业道德是指在会计职业活动中应当遵循的、体现会计职业特征的、调整会计职业关系的职业行为准则和规范。会计人员在会计工作中应当遵守职业道德，树立良好的职业品质、严谨的工作作风，严守工作纪律，努力提高工作效率和工作质量。《会计基础工作规范》专门对会计人员的职业道德作出了规定。

12.3.3　会计人员专业技术职务

为了合理使用会计人员，充分发挥会计人员的积极性和创造性，企业、事业和行政机关等单位的会计人员依据学历、从事财务会计工作的年限、业务水平和工作成绩，并通过专业职务资格考试后，可以确定专业技术职务。目前我国会计专业职务名称定为会计员、助理会计师、会计师、高级会计师。会计员和助理会计师为初级职务，会计师为中级职务，高级会计师为高级职务。各种会计专业职务的任职条件和基本职责是有差别的。

1. 会计员的基本条件

初步掌握财务会计知识和技能，熟悉并能按照要求执行有关会计法规和财务会计制度，能担负一个岗位的财务会计工作，大学专科或中等专业学校毕业，在财务会计工作岗位上见习1年期满，并通过会计员专业技术职务资格考试。

会计员的基本职责是：负责具体审核和办理财务收支，编制记账凭证，登记会计账簿，编制财务报告和办理其他会计事务。

2. 助理会计师的基本条件

掌握一般的财务会计基础理论和专业知识，熟悉并能正确执行有关的财经方针、政策和财务会计法规、制度，能担负一个方面或某个重要岗位工作；取得硕士学位或取得第二学士学位，或研究生班结业证书，具备履行助理会计师职责的能力，或大学本科毕业，在财务会计工作岗位上见习1年期满，或大学专科毕业，并担任会计员职务2年以上，或中等专业学校毕业并担任会计员职务4年以上，并通过助理会计师专业技术职务资格考试。

助理会计师的基本职责为：负责草拟一般的财务会计制度、规定、办法；解释、解答财务会计法规、制度中的一般规定；分析检查某一方面或某些项目的财务收支和预算的执行情况。

3. 会计师的基本条件

较系统地掌握财务会计基础理论和专业知识，掌握并能正确贯彻执行有关的财经方针、政策和财务会计法规、制度，具有一定的财务会计工作经验，能担负一个单位或管理一个地区、一个部门、一个系统某个方面的财务会计工作；取得博士学位，并具有履行会计师职责的能力，或取得硕士学位并担任助理会计师职务2年左右，或取得第二学士学位或研究生班结业证书，并担任助理会计师职务2~3年，或大学本科或大学专科毕业并担任助理会计师职务4年以上，掌握一门外语，并通过会计师专业技术职务资格考试。

会计师的基本职责为：负责草拟比较重要的财务会计制度、规定、办法；解释、解答财务会计法规、制度中的重要问题；分析检查财务收支和预算的执行情况；培养初级会计人员。

4. 高级会计师的基本条件

较系统地掌握经济、财务会计理论和专业知识，具有较高的政策水平和丰富的财务会计工作经验，能担负一个地区、一个部门或一个系统的财务会计管理工作；取得博士学位，并担任会计师职务2~3年，或取得硕士学位、第二学士学位或研究生班结业证书，或大学本科毕业并担任会计师职务5年以上，较熟练地掌握一门外语。

高级会计师的基本职责为：负责草拟和解释、解答在一个地区、一个部门、一个系统或在全国施行的财务会计法规、制度、办法；组织和指导一个地区或一个部门、一个系统的经济核算和财务会计工作；培养中级以上会计人才。

确定专业职务对学历和从事财务会计工作年限都有相应的要求，但对确有真才实学、成绩显著、贡献突出、符合任职条件的，在确定其相应专业职务时，可以不受学历和工作年限的限制。

12.3.4 总会计师

早在中华人民共和国成立初期，我国就借鉴苏联的经验，在一些大、中型国营企业中试行总会计师制度，目的是加强经济核算和会计管理。为了进一步推动这一制度的建立和不断完善，1963年10月，国务院批转了国家经委、财政部《关于国营工业、交通企业设置总会计师的几项规定（草案）》，规定国营工业、交通企业设置总会计师，并对总会计师的地位、任职条件、任免办法及总会计师的职责和权限等问题作了具体规定。1978年9月，国务院颁发施行的《会计人员职权条例》中规定：企业要建立总会计师的经济责任制。大、中型企业要设置总会计师，主管本单位的经济核算和财务会计工作；小型企业要指定一名副厂长行使总会计师的职权。1990年年底，为了确定总会计师的职权和地位，发挥总会计师在加强经济管理、提高经济效益中的作用，国务院发布施行了《总会计师条例》。条例明确规定：总会计师是单位行政领导成员，协助单位主要行政领导人工作，直接对单位主要行政领导人负责；总会计师组织领导本单位的财务管理、成本管理、预算管理、会计核算和会计监督等方面的工作，参与本单位重要经济问题的分析和决策，并具体组织本单位执行国家有关财经法律、法规、方针、政策和制度，保护国家财产。

总会计师是一个行政职位，而不是会计人员专业技术职务。但是，总会计师必须是取得会计师任职资格后，主管一个单位或者单位内一个重要方面的财务会计工作时间不少于3年的会计人员。

1. 总会计师的基本职责

根据《总会计师条例》的规定，总会计师的基本职责包括以下 3 个方面：

①负责组织本单位的下列工作：编制和执行预算、财务收支计划、信贷计划，拟订资金筹措和使用方案，开辟财源，有效地使用资金；进行成本费用预测、计划、控制、核算、分析和考核，督促本单位有关部门降低消耗，节约费用，提高经济效益；建立、健全经济核算制度，利用财务会计资料进行经济活动分析；承办单位主要行政领导人交办的其他工作。

②负责对本单位财会机构的设置和会计人员的配备、会计专业技术职务的设置和聘任提出方案；组织会计人员的业务培训和考核；支持会计人员依法行使职权。

③协助单位主要行政领导人对企业的生产经营、行政事业单位的业务发展以及基本建设投资等问题作出决策；参与新产品开发、技术改造、科学研究、商品（劳务）价格和工资奖金等方案的制定；参与重大经济合同和经济协议的研究、审查等。

2. 总会计师的工作权限

根据《总会计师条例》的规定，总会计师的工作权限包括以下 5 个方面：

①对违法违纪问题的制止和纠正权。即对违反国家财经法律、法规、方针、政策、制度和有可能在经济上造成损失、浪费的行为，有权制止和纠正。制止或者纠正无效时，提请单位主要行政领导人处理。

②建立健全本单位经济核算制度的组织指挥权。即有权组织本单位各职能部门、直属基层组织的经济核算、财务会计和成本管理方面的工作。

③对单位财务收支具有审批权。即总会计师主管审批财务收支工作，除一般的财务收支可以由总会计师授权的财会机构负责人或者其他指定人员审批外，重大的财务收支须经总会计师审批或者由总会计师报单位主要行政领导人批准。

④对单位财务收支具有签署权。即预算与财务收支计划、成本和费用计划、信贷计划、财务专题报告、会计决算报表须经总会计师签署；涉及财务收支的重大业务计划、经济合同、经济协议等在单位内部须经总会计师会签。

⑤对本单位会计人员的管理权。即会计人员的任用、晋升、调动、奖惩应当事先征求总会计师的意见；财会机构负责人或者会计主管人员的人选，应当由总会计师进行业务考核，依照有关规定审批。

12.4　会计档案

12.4.1　会计档案的内容

会计档案是指单位在进行会计核算等过程中接收或形成的，记录和反映单位经济业务事项的，具有保存价值的文字、图表等各种形式的会计资料，包括通过计算机等电子设备形成、传输和存储的电子会计档案。其具体包括：

①会计凭证类：包括原始凭证、记账凭证；

②会计账簿类：包括总账、明细账、日记账、固定资产卡片及其他辅助性账簿；

③财务会计报告类：包括月度、季度、半年度、年度财务会计报告；

④其他会计资料：包括银行存款余额调节表、银行对账单、纳税申报表、会计档案移交清册、会计档案保管清册、会计档案销毁清册、会计档案鉴定意见书及其他具有保存价值的会计资料。

会计档案是国家档案的重要组成部分，也是各单位日常发生的各项经济活动的历史记录，是总结经营管理经验，进行决策所需利用的重要资料，也是进行财务会计检查、审计检查的重要资料。因此，各单位的会计部门对会计档案必须高度重视，严格建立会计档案的立卷、归档、保管、查阅和销毁等管理制度，保证会计档案妥善保管，不得丢失、损坏、抽换或任意销毁。

12.4.2 会计档案的管理

为了规范会计档案管理工作，提高会计档案现代化管理水平，统一全国会计档案管理制度，更好地为社会主义市场经济建设服务，在 2015 年 12 月 11 日，中华人民共和国财政部、国家档案局令第 79 号发布了修订的《会计档案管理办法》，该办法自 2017 年 1 月 1 日起实施。同时废止了 1998 年 8 月 21 日财政部、国家档案局发布的《会计档案管理办法》。统一规定了会计档案的立卷、归档、保管、调阅和销毁的具体内容。

各单位每年形成的会计档案，都应由财务会计部门按照归档的要求，负责整理立卷或装订成册。当年的会计档案，在会计年度终了后，由本单位会计管理机构临时保管一年。期满后，再移交单位管理机构保管。因工作需要确需推迟移交的，应当经单位档案管理机构同意。单位会计管理机构临时保管会计档案最长不超过三年。临时保管期间，会计档案的保管应当符合国家档案管理的有关规定，且出纳人员不得兼管会计档案。单位会计管理机构在办理会计档案移交时，应当编制会计档案移交清册，并按照国家档案管理的有关规定办理移交手续。纸质会计档案移交时应当保持原卷的封装。电子会计档案移交时应当将电子会计档案及其元数据一并移交，且文件格式应当符合国家档案管理的有关规定。特殊格式的电子会计档案应当与其读取平台一并移交。单位档案管理机构接收电子会计档案时，应当对电子会计档案的准确性、完整性、可用性、安全性进行检测，符合要求的才能接收。单位应当严格按照相关制度利用会计档案，在进行会计档案查阅、复制、借出时履行登记手续，严禁篡改和损坏。单位保存的会计档案一般不得对外借出。确因工作需要且根据国家有关规定必须借出的，应当严格按照规定办理相关手续。会计档案借用单位应当妥善保管和利用借入的会计档案，确保借入会计档案的安全完整，并在规定时间内归还。会计档案的保管期限分为永久、定期两类。定期保管期限一般分为 10 年和 30 年。会计档案的保管期限，从会计年度终了后的第一天算起。单位应当定期对已到保管期限的会计档案进行鉴定，并形成会计档案鉴定意见书。经鉴定，仍需继续保存的会计档案，应当重新划定保管期限；对保管期满，确无保存价值的会计档案，可以销毁。目前，企业会计档案保管期限的有关规定见表12-1。

表12-1　**企业会计档案保管期限表**

序　号	档案名称	保管期限	备　注
一	会计凭证		
1	原始凭证	30年	
2	记账凭证	30年	
二	会计账簿		
3	总账	30年	
4	明细账	30年	
5	日记账	30年	
6	固定资产卡片		固定资产报废清理后保管5年
7	其他辅助性账簿	30年	
三	财务会计报告		
8	月度、季度、半年度财务会计报告	10年	
9	年度财务会计报告	永久	
四	其他会计资料		
10	银行存款余额调节表	10年	
11	银行对账单	10年	
12	纳税申报表	10年	
13	会计档案移交清册	30年	
14	会计档案保管清册	永久	
15	会计档案销毁清册	永久	
16	会计档案鉴定意见书	永久	

在会计档案销毁前，单位档案管理机构应编制会计档案销毁清册，列明拟销毁会计档案的名称、卷号、册数、起止年度、档案编号、应保管期限、已保管期限和销毁时间等内容。单位负责人、档案管理机构负责人、会计管理机构负责人、档案管理机构经办人、会计管理机构经办人在会计档案销毁清册上签署意见。单位档案管理机构负责组织会计档案销毁工作，并与会计管理机构共同派员监销。监销人在会计档案销毁前，应当按照会计档案销毁清册所列内容进行清点核对；在会计档案销毁后，应当在会计档案销毁清册上签名或盖章。电子会计档案的销毁还应当符合国家有关电子档案的规定，并由单位档案管理机构、会计管理机构和信息系统管理机构共同派员监销。

目前，财政总预算、行政单位、事业单位和税收会计档案保管期限的有关规定见表12-2。

表 12-2　财政总预算、行政单位、事业单位和税收会计档案保管期限表

序号	档案名称	保管期限			备注
		财政总预算	行政单位事业单位	税收会计	
一	会计凭证				
1	国家金库编送的各种报表及缴库退库凭证	10年		10年	
2	各收入机关编送的报表	10年			
3	行政单位和事业单位的各种会计凭证		30年		包括：原始凭证、记账凭证和传票汇总表
4	财政总预算拨款凭证和其他会计凭证	30年			包括：拨款凭证和其他会计凭证
二	会计账簿				
5	日记账		30年	30年	
6	总账	30年	30年	30年	
7	税收日记账（总账）			30年	
8	明细分类、分户账或登记簿	30年	30年	30年	
9	行政单位和事业单位固定资产卡片				固定资产报废清理后保管5年
三	财务会计报告				
10	政府综合财务报告	永久			下级财政、本级部门和单位报送的保管2年
11	部门财务报告		永久		所属单位报送的保管2年
12	财政总决算	永久			下级财政、本级部门和单位报送的保管2年
13	部门决算		永久		所属单位报送的保管2年
14	税收年报（决算）			永久	
15	国家金库年报（决算）	10年			
16	基本建设拨、贷款年报（决算）	10年			
17	行政单位和事业单位会计月、季度报表		10年		所属单位报送的保管2年
18	税收会计报表			10年	所属税务机关报送的保管2年
四	其他会计资料				
19	银行存款余额调节表	10年	10年		
20	银行对账单	10年	10年	10年	
21	会计档案移交清册	30年	30年	30年	
22	会计档案保管清册	永久	永久	永久	
23	会计档案销毁清册	永久	永久	永久	
24	会计档案鉴定意见书	永久	永久	永久	

拓展阅读 12

基本训练

一、单项选择题

1. 以下不属于内部稽核工作内容的是（　　）

A. 审核成本、费用等指标项目是否齐全

B. 审核账簿、报告内容是否真实、完整

C. 审核各项物资的增减变动和结存情况

D. 审核职员工资发放是否真实、合理

2. 企业会计工作组织的组织形式有（　　）。

A. 独立核算　　B. 集中核算与非集中核算

C. 独立核算与集中核算　　D. 独立核算与非集中核算

3. 管理全国会计工作的部门是（　　）。

A. 国务院　　B. 国务院财政部门

C. 各地区财政厅、局　　D. 各级政府

4. 进行会计核算，实行会计监督，属于会计人员的（　　）。

A. 权限　　B. 职责　　C. 职业道德　　D. 任务

5. 各企业、单位应当配备（　　）。

A. 具备从事会计工作所需要的专业能力的会计人员

B. 持有会计证或没有会计证的人员

C. 具有会计员职务的会计人员

D. 具有中专以上学历的会计人员

6. 能担任一个单位或管理一个地区、一个部门、一个系统某个方面的财务会计工作，是对（　　）。

A. 会计员职务的要求之一　　B. 助理会计师职务的要求之一

C. 会计师职务的要求之一　　D. 高级会计师职务的要求之一

7. 国有企业、事业单位的会计机构负责人、会计主管人员的任免，应当（　　）。

A. 由主管财务会计工作的行政领导人同意

B. 由厂长、经理同意

C. 由行政领导集体讨论同意

D. 经过上级主管单位同意

8. 要求本单位有关部门、人员认真执行国家批准的计划、预算，属于会计人员

的（　　）。

A.权限　　B.职责　　C.职业道德　　D.任务

9.（　　）指在会计职业活动中应当遵循的、体现会计职业特征的、调整会计职业关系的职业行为准则和规范。

A.权限　　B.职责　　C.职业道德　　D.任务

10.各单位按规定销毁会计档案时应当由（　　）。

A.单位内的财务会计部门销毁

B.单位内的档案保管部门销毁

C.单位内的档案保管部门和财务会计部门共同派员监销

D.单位内的档案部门、会计部门、同级财政部门、审计部门共同派员监销

二、多项选择题

1.会计工作组织的内容有（　　）。

A.会计机构的设置　　B.会计人员的配备

C.报表的编制　　D.会计档案的建立

2.独立核算单位的会计工作的组织方式有（　　）。

A.集中核算　　B.非集中核算

C.独立核算　　D.非独立核算

3.有关会计人员的法规主要包括（　　）。

A.会计人员职权条例　　B.总会计师条例

C.企业会计工作条例　　D.注册会计师条例

4.会计工作组织的要求（　　）。

A.按照国家的统一要求组织会计工作

B.根据各单位生产经营活动的规律和特点来组织会计工作

C.协调同其他经济管理工作的关系

D.保证会计工作质量，讲求工作效率，有效节约费用

5.会计人员的职责有（　　）。

A.进行会计核算

B.实行会计监督

C.制定本单位办理会计事务的具体办法

D.办理其他会计事务

三、判断题

1.《会计法》明确规定，国务院直接管理全国的会计工作。（　　）

2.企业会计工作的组织形式是统一领导，分级管理。（　　）

3.实际工作中，企业可以对某些业务采用集中核算，而对另外一些业务采用非集中核算。（　　）

4.在《企业会计准则》中，对会计机构负责人和会计主管人员的任免，都作了若干特殊的规定。（　　）

5. 我国的会计法规制度体系由三个层次构成，即会计法、企业会计准则、企业财务通则。（　）

6. 独立核算单位的会计工作的组织形式，一般分为集中核算和非集中核算。（　）

7. 出纳人员可以兼管稽核，会计档案保管和收入、费用、债权债务账目的登记工作。（　）

8. 会计制度包括全国统一的行业会计制度和企业单位内部的会计制度。（　）

9. 会计人员的职责包括决定经营方针。（　）

10. 任何企业都需要设置总会计师。（　）

四、简答题

1. 企业会计工作组织包括哪些要求？

2. 会计机构内部稽核制度包括哪些内容？

3. 会计工作的组织形式有哪两种？

4. 会计人员的职责与权限有哪些？

5. 总会计师的职责与权限是什么？

6. 什么是会计档案？如何保管会计档案？

五、练习题

【目的】能够正确组织会计工作。

【要求】根据以下事实，回答下列问题。

（1）出纳李某临时兼管王某的债权债务账目的登记工作是否符合规定？

（2）会计人员王某脱产学习一周，是否需要办理会计工作交接手续？

（3）该厂档案科会同会计科销毁保管期满的会计档案在程序上是否符合规定？

（4）该厂厂长授意会计人员采取伪造会计凭证等手段调整企业的财务会计报告是否需承担法律责任？

【资料】2017年1月，某服装厂发生如下事项：

（1）7日，该厂会计人员王某脱产学习一周，会计科长指定出纳李某临时接管王某的债权债务账目的登记工作，未办理会计工作交接手续。

（2）10日，该厂档案科会同会计科销毁了一批保管期限已满的会计档案，未经厂领导批准，也未编造会计档案销毁清册，销毁后未履行任何手续。

（3）该厂2016年度亏损20万元，20日，厂长授意会计人员采取伪造会计凭证等手段调整企业的财务会计报告，将本年利润调整为盈利50万元。

主要参考文献

［1］中华人民共和国财政部. 企业会计准则（2018 年版）［M］. 北京：经济科学出版社，2018.

［2］中华人民共和国财政部. 企业会计准则应用指南 2018 年［M］. 上海：立信会计出版社，2018.

［3］刘金星. 基础会计［M］. 2 版 . 上海：上海财经大学出版社，2017.

［4］陈国辉. 基础会计［M］. 5 版 . 大连：东北财经大学出版社，2017.

［5］杨承亮，陈小英. 基础会计［M］. 北京：清华大学出版社，2017.

［6］余朝晖 . 基础会计学［M］. 北京：中国财政经济出版社，2017.

［7］朱小平，周华，秦玉熙. 初级会计学［M］. 8 版. 北京：中国人民大学出版社，2017.

［8］刘永泽，陈文铭. 会计学［M］. 5 版. 大连：东北财经大学出版社，2017.

［9］石雄飞. 会计学基础［M］. 成都：西南财经大学出版社，2017.

［10］刘倩. 基础会计［M］. 北京：北京理工大学出版社，2017.

［11］会计档案管理办法（2015 年 12 月 11 日中华人民共和国财政部、国家档案局令第 79 号）.